中公新書 2663

宮下 遼著

物語 イスタンブールの歴史

「世界帝都」の1600年

中央公論新社刊

はしがき　世界帝都に耳を欹《そばだ》てる

イスタンブールという街が語られるとき、そこには必ずと言ってよいほど「文明の十字路」や「東西文化の架け橋」のような称号が冠せられる。アジアとヨーロッパの東西、地中海と黒海の南北を結ぶ交通路が、まさにこの都市において交錯するのだから不思議なことではない。ギリシア語聖書やアラビア語、シリア語の哲学書に学術書、あるいは香辛料に珈琲《コーヒー》、香木に貴石、絹に磁器、毛皮にペスト。ありとあらゆる文物がこの街を経て世界へもたらされ、人々の生活を激変させてきたのもまた、紛れもない事実である。その一方で「十字路」や「架け橋」という言葉は、ともすればそこがたんなる通過点であるかのようなイメージを惹起《じゃっき》させないだろうか。こうした枕詞《まくらことば》は、イスタンブールの地政学的な優位性を言い表しはするものの、どうもこの都市が発する稀有《けう》な求心力を十全に表現しているようには思われない。なにせこの街は、三三〇年にローマの都を受け継ぐ「新ローマ」としての名乗りを上げて以来、一九二三年にオスマン帝国の最後の帝王が去るまでの実に一六〇〇年余もの間、世界の支配者が座すべき都として星霜を重ねてきたのだ。ある時代、この都市が支配する世界はローマと呼ばれ、またビザンツと呼ばれ、そしてオスマンと呼ばれた。そこに暮らす人々の言葉や信仰、文化は時とともに大きく移り変わったが、世界の支配者の住まう地として周辺世界にとって唯一絶対の中心であるというその在り様が変わることはなかった。イスタンブールは、歴史がその頭上を駆け抜けていく通過点にあらず、歴史がまさにこの都に収斂《しゅうれん》して紡がれる世界の中心でもあったわけだ。

ひとつの世界の支配者としての宿命を背負った「世界帝都」——当然ながら、この眩《まばゆ》い都に捧《ささ》げられた書物は随想から旅行記、地誌、都市史、小説、頌歌《しょうか》にいたるまで数知れない。そして、大書にあってはその歴史をビュザンティオンの小邑《しょうゆう》から語り起こして年代記にまとめ上げるのがおよその習いとなっている。そうした時間の流れに筆を委ねた一書は、世界帝都イスタンブールの盛衰をあたかも一人の人間の生涯のように物語ってくれることだろう。しかしながら、本書ではそうした時間の不可逆性に首を垂《こうべ》れる描き方は早々に放棄したい。なぜなら、イスタンブールはそれを観《み》る者、語る者によってその姿が千変万化する都市であるからだ。本書の時間旅行の水端《みずはな》に一枚の版画を広げてみよう。西欧化の最初のひとそよぎが帝都を吹き抜けたチューリップ時代（一七一八—一七三〇）と呼ばれる時期のイスタンブール旧市街の大広場を写し取った一葉である。

さあ、何が見えるだろうか。

もしあなたがルネサンス華やかなりし一六世紀にこの場所に立ったユマニストであったなら、

図1　18世紀初頭のアト広場／ヒッポドローム。トプカプ宮殿を出た貴人の御成りが前景をなす。先導するイェニチェリが生命樹を掲げているところを見ると（左端）、輿入《こしい》れの様子であろうか。画面手前の珈琲売りや犬は呑気《のんき》にそれを眺め、画面奥にはジリトに興ずる騎者や連れ立って歩く女性が描かれるなど、全体としてのどかな広場の風景が写し取られている。（ド・ラ・モトレー『ヨーロッパ、アジア、アフリカ旅行』1727）

迷わず真ん中の方尖柱《オベリスク》を指さすだろう。そして、イェニチェリ（常備歩兵軍団）に率いられた「野蛮なトルコ人」を悉《ことごと》く無視しながら、ラテン語で書かれた六世紀の都市案内記を開き、これがコンスタンティヌス大帝によってエジプトから戦利品としてもたらされ、テオドシウス帝によってここに据えられた古代遺物《アンティキテ》であることを語りながら、この街が西のローマを受け継いだ新たなローマであったことを、私たちに思い出させようとするに違いない。

では、あなたが同じく一六世紀のオスマン帝国の詩人であったなら？　あなたは預言者ムハンマドの生誕以前に異教徒どもが建てた気味の悪い数本の柱など歯牙にもかけない。「無知な民草《たみくさ》があれらの柱に祟《たた》りがあるの、ないのと騒いでいるが無知の極み」と嘆息するのが精々で、むしろその奥にあるお屋敷を恭《うやうや》しく示すのではないか。あれに見えるはスレイマン大帝陛下が重用なさる大宰相パルガル・イブラヒム・パシャのお屋敷。大帝は幼馴染《おさななじみ》にして股肱《ここう》の臣たる彼を処刑したことを、その晩年まで悔いていらした——あなたはそう慨嘆して君臣の情に挽歌《メルスィイェ》の一つも捧げて、私たちにこの都市こそが最大にして最後のイスラーム世界帝国の都コンスタンティニイェであることを思い知らせるかもしれない。

あるいは、あなたが一九世紀初頭の愛国心に燃えるギリシア人青年としてこの広場に立ったとしたら？　あなたは古代ギリシア世界最大の危機であるペルシア戦争について語り出し、もしあの戦争に敗北したなら近代世界の思想的礎《いしずえ》は失われていただろうと、やや手前味噌《みそ》な熱弁をふるった末に、オベリスクの隣の三蛇頭の円柱を示す。見よ、あれこそがペルシア戦争において野蛮にして隷属的なオリエントの民を降《くだ》した偉大なアテナイ人《びと》たちが戦勝を祝してデルフォイ神殿に奉納した神器にほかならないのだ、と。彼の話に耳を傾けるうち観衆は、ここがギリシア正教の総本山にしてギリシア語を話すローマ人たちの帝国ビザンツの首府コンスタンティノポリスであったことを思い出し、新参の侵略者トルコ人どもからギリシア民族の手に取り戻さねばならないと感化されてしまうかもしれない。

想像を逞《たくま》しくしてしまったけれど、一枚の版画を前にしただけでもイスタンブールの都市景観が、どの辻《つじ》に立っていずれの方角へ視線を向けるかによっていかようにも姿を変え、依代を同じくしつつも異種多様のトポスを顕《あらわ》し、かくして時代も言語も異なる別々の物語を語りだす驚くべき文化的多元性を秘めていることが見て取れると思う。だからこそ本書では、この街の物語を時間の流れに沿った一つの主筋《しゅすじ》に沿って進ませていくという年代記的な語りは行わない。むしろ、私たち自身が時間旅行者となって都市の津々浦々を周遊し、折々に立ち止まっては街角のそこかしこに宿る都市の記憶を掘削しながら、語られた都市の断片を集めるというやり方を選ぼうと思う。そうやって、あるときは急峻《きゅうしゅん》な坂を上り、あるときは渡し舟に揺られ、またあるときは空中に浮遊して都市の遊歩者を気取りながら、さきほどお見せした版画の前に佇《たたず》んだ観察者たちのような複数の語り手たちの声に耳を澄ませ、彼らの多言語によるさわめきの多重奏に包まれながら、やがてこの街そのものが自らのことを語り出してくれる沈黙が訪れるのを待つことにしたい。

目次

凡例

一、固有名詞については原則的には現代の発音に即してカタカナ転写を行った。ただし、学界や日本社会に広く定着している転写がある場合には、分かりやすさを優先してこれに従った。

一、地名や専門用語については、和訳の上でルビによって原音を冠したものも少なくない。これはカタカナ語の氾濫による無用な混乱を避けるとともに、当時のイスタンブールの生活者たちの感覚を少しでも再現するためである。

一、本書では「イスタンブール」の名称を基本的に用いるが、場合によってはコンスタンティノポリス、コスタンティニイェ、イスタンブルなどの名称を用いている箇所もある。これについては序章「1　世界帝都の名前」を参照いただきたい。

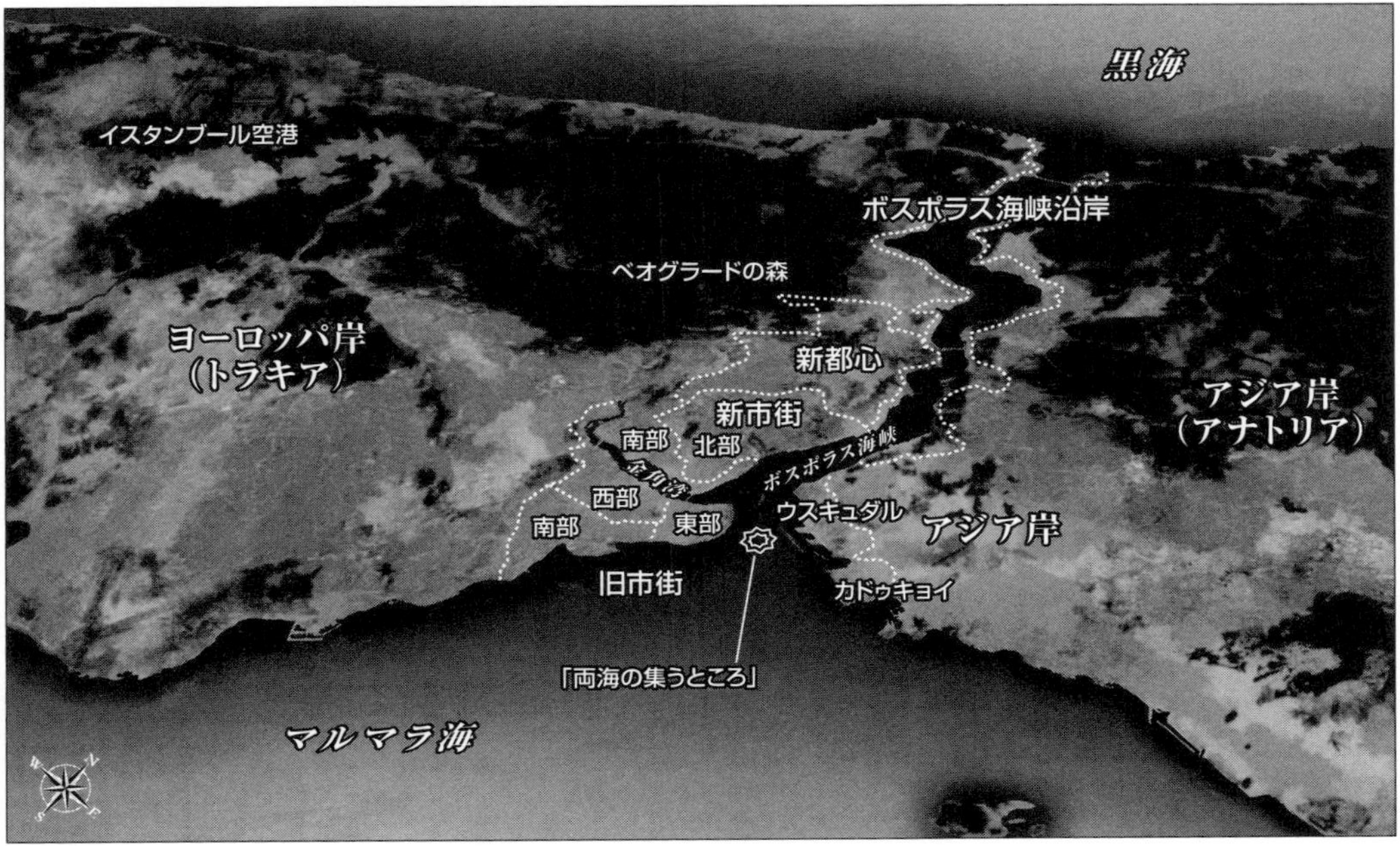
黒海
イスタンブール空港
ボスポラス海峡沿岸
ベオグラードの森
ヨーロッパ岸
（トラキア）
新都心
アジア岸
（アナトリア）
新市街
南部
北部
ボスポラス海峡
金角湾
西部
ウスキュダル
アジア岸
南部
東部
旧市街
カドゥキョイ
「両海の集うところ」
マルマラ海

物語　イスタンブールの歴史

序　章

世界帝都の記憶と身体

南海上より見た1493年のイスタンブール。オスマン帝国に征服された後に制作された版画であるが、聖使徒教会や元老院、リュゴス川の河口など、すでに失われたビザンツ期コンスタンティノポリスの建造物が紙面上にその姿を留める。(『シェーデルの世界地誌（ニュルンベルク年代記)』)

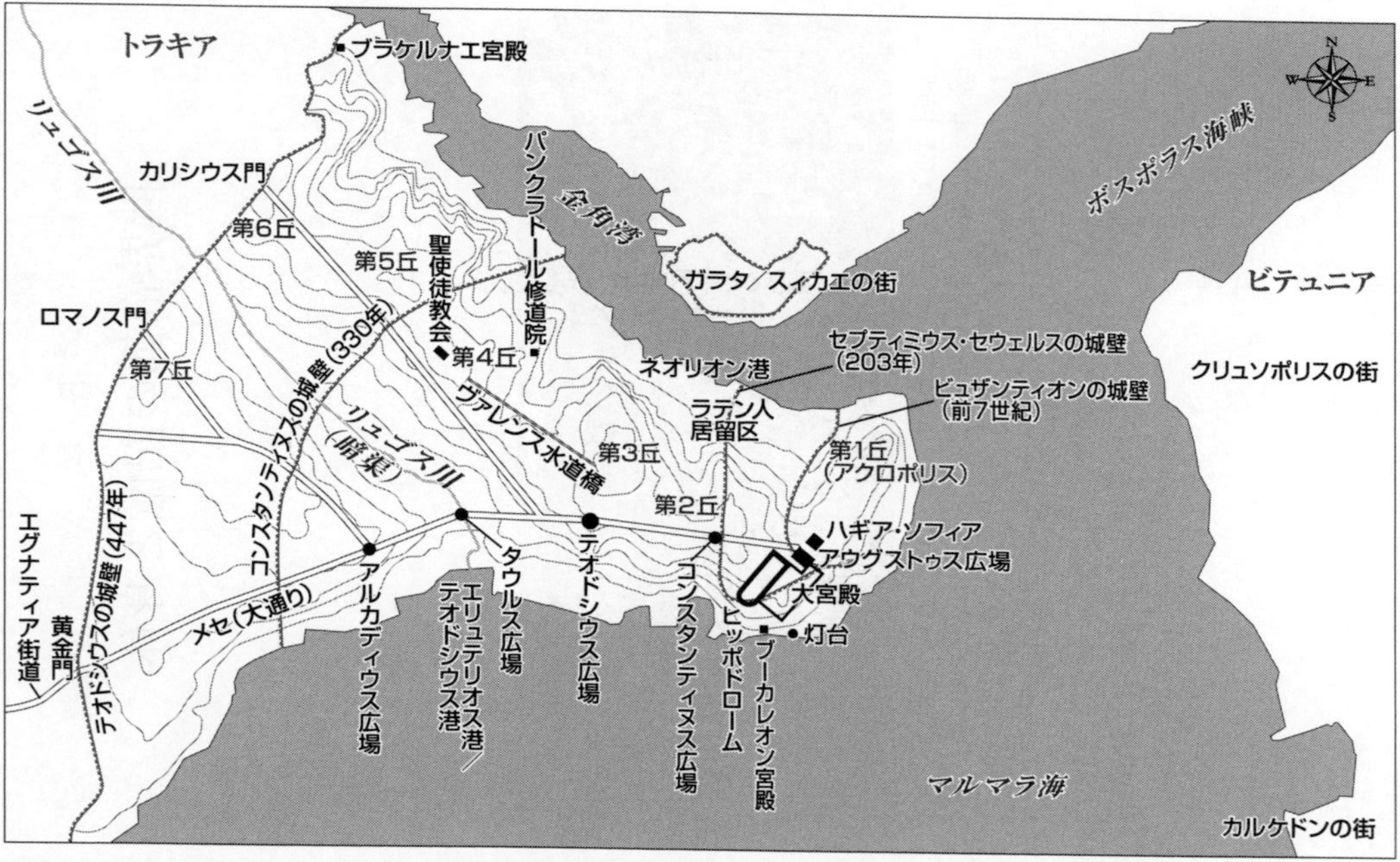
トラキア
ブラケルナエ宮殿
リュコス川
カリシウス門
第6丘
第5丘
聖使徒教会
パンクラトール修道院
金角湾
ボスポラス海峡
ガラタ／スィカエの街
ビテュニア
ロマノス門
第7丘
第4丘
コンスタンティヌスの城壁（330年）
ヴァレンス水道橋
ネオリオン港
セプティミウス・セウェルスの城壁（203年）
クリュソポリスの街
ビュザンティオンの城壁（前7世紀）
ラテン人居留区
リュコス川（暗渠）
第3丘
第1丘（アクロポリス）
第2丘
テオドシウスの城壁（447年）
エグナティア街道
黄金門
メセ（大通り）
アルカディウス広場
エリュテリオス港／テオドシウス港
タウルス広場
テオドシウス広場
コンスタンティヌス広場
ヒッポドローム
ブーカレオン宮殿
灯台
大宮殿
ハギア・ソフィア
アウグストゥス広場
マルマラ海
カルケドンの街
N
W
E
S

1　世界帝都の名前

ビュザンティオン、ノウア《新しい》・ローマ、ミクラガルド、コンスタンティノポリス、メガロポリス、クスタンティニーヤ、デル・サアデト、魯迷城《ルーミーチェン》、君府《くんふ》、イスタンブール——この都市は歴史上、いくつもの名で呼ばれたが、いまも耳にするのはそのうちの主に三つだ。まず、紀元前七世紀にギリシア人が植民して以来、ローマ帝国末期の三三〇年までを指すギリシア植民都市の名である「ビュザンティオン」、ついで三三〇年にコンスタンティヌス一世が行った（とされる）遷都以降、一四五三年のコンスタンティノポリス陥落に至るビザンツ帝国一千年の帝都としての「コンスタンティノポリス」、そしてオスマン帝国というイスラーム世界の覇権国家の帝都として空前の平和と繁栄を享受した「イスタンブール」である。ただし、これらは現代人による便宜的な呼び分けに過ぎない。おのおのの都市名への移行時期についてはいくらでも異説があり、またそもそも同時期にこの三つの名前を筆頭にさまざまな名称が並行して用いられた。

たとえばビュザンティオンという名称。こちらはおおよそ五、六世紀あたりからコンスタンティノポリスという名称に取って代わられていったが、いま私たちがこの街をビュザンティオン（希）とかビザンティウム（羅）と呼ぶ直接の契機は古代末期ではなく、ルネサンス期に求められる。東フランク王国の裔《すえ》であったドイツ語圏の人々が神聖ローマ帝国をローマの後継国家と見なす際に、コンスタンティノポリスに拠《よ》ってローマ人を称するギリシア人を、その住処《すみか》の名を取ってビザンツ人と呼び習わすようになっていったためだ。

この街の数ある名乗りのうちもっとも長く用いられ、あまねく知られたのは「コンスタンティノポリス」である。日本語の「君府」もここに発するし、欧米諸語ではいまなお「コンスタンティノープル」（英、仏、独、伊など）のような旧称が十分に通用する。また、オスマン帝国期にもコンスタンティノポリスのオスマン語訛《なま》りであるコスタンティニイェが都市の正式名称とされていた。

そして、コンスタンティノポリス／コスタンティニイェと並行して用いられたのが「イスタンブール」である。ビザンツ期に話された中世ギリシア語の「都市の中へ《エイス・スティン・ポリン》」という表現が転じて、周辺諸都市を凌駕《りょうが》する「大都会」のような意味合いを持つ通称になったとされる。現代トルコ語の「イスタンブル」もこれが起源で、トルコ史ではこの名称が一般的である。

ところで、なぜ日本語では「イスタンブール」と言うのだろう。現代トルコ語で「イスタンブル」と発音される都市名を、私たち日本人だけがわざわざ「ブ」を長音にして読むのは少し奇妙にも思える。残念ながら筆者もいまだ答えを見つけられずにいるのだが、三つほど推測は提示できる。第一に、当時のオスマン帝国で用いられたアラビア文字綴《つづ》りを音写した可能性。オスマン語やペルシア語寄りの綴りならば「イスターンブール」、アラビア語寄りであれば「イスタンブール」となり、いずれも「ブ」は長音である。第二にIstanbulというラテン文字綴りの最終音節を長めに、あるいは強めに発音するオランダ語やフランス語を音写した可能性。フランス語で用いられた別称「スタンブゥール」(Stamboul)の存在などが、この西欧語からの音写説を補強するように思う。第三に、lとrを明確に発音し分けない日本人の常で、たとえばストラスブールのような西ヨーロッパの地名に見られるbourg(ブール、城市)と混同した可能性。日本とイスタンブールの接触が、基本的には西欧を介して行われてきたことを勘案すると、おそらくは第二の可能性が高いと思われるが、さらに江戸期、明治・大正期の史料を渉猟する必要がある。

とはいえ、本書の目指すところはギリシア・ローマ文化の故地としての印象が強い「ビュザンティオン」や、東方正教を信じギリシア語を話すローマ人を自任したビザンツ帝国の都「コンスタンティノポリス」、そしていまに残る宮城や堂宇を林立せしめたオスマン帝国の帝都

「コスタンティニイェ」、さらにはヨーロッパと中東に跨《また が》る地域大国トルコ共和国のメガシティ「イスタンブル」とさえも、等しく距離を保ちながらこの都市の多元的な姿を探索することである。となると、極東の島国において由来不詳のまま用いられる「イスタンブール」といういささか曖昧な呼び名は、かえってその目的にお誂《あつら》え向きではないだろうか。だから本書では、堂々と胸を張って「イスタンブール」と、この街に呼び掛けることにしたい。では次節において、イスタンブールの二六〇〇年におよぶ歴史を簡単にさらいつつ、都市周遊に備えることにしよう。

2　世界帝都の記憶

古代（前六六七―四世紀）

ボスポラスの畔、植民都市ビュザンティオン

昔々、ギリシアの国で神々と人が交わっていた時代のこと、ギリシア本土の北東に広がる辺境トラキアのさらに東に一筋の海峡があった。あるとき妻ヘラに女神官との密通を疑われた主神ゼウスは、その可憐《かれん》な娘を白い牝牛《めうし》に変える。お陰で娘はこの海峡を渡り、無事にアジアへと逃げおおせたという。のちにエジプト人の信ずる神イシスとなったともギリシア人が伝えるイオの東遷譚《とうせんたん》だ。それ以来、この海峡は「牝牛の渡り」を意味するボスポラスと呼ばれている。

狭いところでは幅六〇〇メートルほどの海峡は、潮の流れこそ速いものの牝牛でなくとも泳ぎ達者であれば渡ることができる。ボスポラス海峡は神話の時代より、アジアとヨーロッパを分かつと同時に、両岸を結ぶ「渡し」であったのだ。

　南北に三〇キロメートルほどのこのボスポラス海峡の南端、西の岸から三角形の半島が東に向けて突き出している。この半島は丘がちで起伏に富むため交通にはやや難渋するが、水捌《は》けと日当たりはよく、なにより三方を海に囲まれた天然の要害をなす。最初にこの半島に目をつけたのは、ギリシアはアッティカ地方の都市メガラからやって来た人々だった。紀元前六六七年、入植者たちはボスポラス海峡を見下ろす半島東端の丘の頂に神殿を建設し、城壁を築き、植民事業の指導者ビュザンタスの名を取ってビュザンティオンと名付けた。もっとも、ビュザンティオン開都の主については異説がある。海神ポセイドンと、土地の女とも、また他でもないゼウスとイオの間に生まれた娘とも言われるケロエッサの子である半神ビュザスこそをその由来とする伝説も伝わるからだ。後者は神話に見えて、原住者たるイリュリア人かトラキア人の首長の名前がビュザスであったかもしれないとする現代の推測を補強するところもある。

　メガラ人の首長ビュザンタスか、半神半人ビュザスか。いずれが真の建都者かはともかく、少なくともケロエッサはいまでもイスタンブールに健在である。ケロエッサとは「角の女」の意。すなわち、現在の新市街と旧市街の間を分かつ金角湾の擬人であるからだ。気性荒き神ポセイドンが支配し、世界の四方《よも》から珍品万宝を運ぶボスポラスの急流と、その荒波からいまも船と人を守る良港たる金角湾《ケロエッサ》の申し子こそが、交易都市ビュザンティオンなのである。

しかし、物流の要路は富とともに敵をも招き寄せる。トラキア人たちのオドリュサイ王国、対岸のアジアを勢力下に治めるハカーマーニシュ朝ペルシア、同じギリシア語を話すものの慣習を違《たが》えるマケドニア人——敵は絶え間なく押し寄せた。このように書くと、ビュザンティオンはまるでバルバロイの海に浮かぶヘレネスの孤島のように思われるが、実際にはビュザンティオンが面するマルマラ海はもちろん、黒海沿岸にまでギリシア植民都市が乱立していて、母都市《メガロポリス》を違えるギリシア植民都市同士の争いも絶えなかった。こうした戦乱に抗して長く自治を保った点で、ビュザンティオンは他都市からやや抜きんでていた。半島という防御に適する地形は、マケドニア王国のピリッポス二世（アレクサンドロス大王の父）さえ征服することができなかったのだ。

ローマ都市ビザンティウム

西からローマ人が到来したのは紀元前二世紀のことだ。当時のビュザンティオンはマケドニア王国治下の自由都市であったが、四次にわたるローマとマケドニアの戦争（前二一五—前一四八）の結果、自治権を保ったまま共和政ローマへと組み込まれる。

街の命運が大きく傾くのはセプティミウス・セウェルス帝（在位一九三—二一一）の時代である。彼の対立皇帝を支持したビュザンティオンは、セウェルス帝による三年間の包囲戦ののち陥落し、自治都市としての地位を剝奪《はくだつ》され、城壁はもちろん劇場や浴場のような公共施設までもが破壊されてしまう。アクロポリスの神殿を中心として市街が広がり、港に公営市場が賑《にぎ》わうギリシア植民都市としての都市景観は、このときに失われた。もっとも、ゲルマン系のゴート族がバルカン半島のローマ帝国領土に侵攻しはじめた時期であったため、城壁は一〇年も経《た》たずに再建される。セウェルス帝によって「パンとサーカス」の要《かなめ》たるローマ都市の象徴として戦車競技場《ヒッポドローム》が造られたのもこのときだ。二世紀末、ビュザンティオンはギリシア都市からローマ都市へ変貌を遂げたのである。

ビザンツ期（四世紀―一四五三）

遷都は一日にして成らず

四世紀、度重なる外寇《がいこう》と財政の逼迫《ひっぱく》に見舞われ、領土の維持に腐心していたローマ帝国は、三世紀末以来の伝統に従って、広大な領土を分割統治することで難局を打破しようとしていた。そして、コンスタンティヌス大帝（一世、在位三〇六―三三七）が東方領土の支配の要となる都市を探し求めた結果、その竜眼に留まったのがビュザンティオンであった。三三〇年五月一一日の軍神マルスの日。華々しい開都式が執り行われ、ビュザンティオンには新しい名前が下賜される。

コンスタンティノポリス《コンスタンティヌスの都》。

コンスタンティヌスはこれまで幾人かのローマ皇帝がそうしたように、自らの名前を都市に与えた。さらには、それまでの市域の四倍弱の面積を囲う城壁を新築したのだから、大帝は新都に名のみならず新たな身体をも賜《たまわ》したわけだ。ただし、「三三〇年にコンスタンティヌス大帝は西のローマを放棄し、ローマ帝国の首都をコンスタンティノポリスに遷都させた」という類《たぐい》の通説は正確ではない。大帝の都として名と体が一致していたとしても、そこにはローマ帝国の帝都としての実が伴っていなかったからだ。コンスタンティノポリスには元老院が付置され、格別の高い地位を与えられはしたものの、支配機構はローマに残されたままであり、東方領土の中心にしてもニコメディア（現イズミト）やアンティオキア（現アンタクヤ）がその地位にあり続けたのである。コンスタンティヌスに続く皇帝たち、たとえば甥《おい》のユリアヌスなどもこの街で過ごしたのはわずか半年ほどで、すぐにアンティオキアに移っている。当初、皇帝たちはこの街にさしたる関心を払わず、大規模な都市開発も行わなかったのである。ローマからの「遷都」は一日にして成らず、それどころか一〇〇年以上かけてゆっくりと進む。ローマ皇帝がコンスタンティノポリスに長く暮らすようになるのは、ようやくテオドシウス二世（在位四〇八―四五〇）の御代《みよ》である。

テオドシウスの大城壁と新ローマ

四四〇年代、アッティラ率いるフン族がバルカン半島を侵したこの時期、帝国各都市の防衛強化は急務であった。テオドシウス二世は、父帝アルカディウスが着手した新城壁の完成を急がせ、コンスタンティヌス大帝の城壁の二キロほど西の半島の付け根を丸々、城壁で囲うことでこれに対処する。総延長六キロ弱、三重の城壁とその外に幅四〇メートルもの堀を備え、まずは大城壁の名に恥じないその威容は、フン族やゲルマン諸族の攻勢の前にも難攻不落を誇った。同じころ、西のローマがゴート族やヴァンダル族によって劫略《ごうりゃく》され、ついに四七六年に灰燼《かいじん》に帰したことを思えば、他でもないこのテオドシウスの大城壁こそがその後の西のローマと東のローマの命運を分けたとも言えるだろう。

テオドシウス二世の御代から下ること三〇年、この都の主となったのがユスティニアヌス大帝（一世、在位五二七―五六五）である。『ローマ法大全』（ユスティニアヌス法典）編纂《へんさん》の偉業とともに、プラトンによって創設されて以来一〇〇〇年続いたアテネのアカデメイアを閉鎖し、あるいは踊り子を皇妃とした最初で最後の皇帝として、古代末期のローマ帝国史上でも無二の知名度を誇るこの皇帝は、ローマ市をはじめとする旧領回復にも努めた。悲劇の名将ベリサリオスを走狗《そうく》のようにこき使いながら、彼の帝国の復活《レスタウラティオ・インペリイ》が果たされたのは五三六年のこと。ついにローマを奪還したのである。

ところが、東のローマ人たちが目にしたのは、廃墟《はいきょ》の立ち並ぶ寒村と見まがう荒廃した小邑であった。のちにローマが教皇領として早々に復興を遂げることなど知る由もない彼らは、どうやらこの頃からある自覚を持ちはじめたようだ。つまり、自分たちの都コンスタンティノポリスが、テオドシウスの大城壁内で守ってきたものこそが、真のローマであったのだと。このあとユスティニアヌスは、聖ハギア・ソフィア大聖堂や聖エイレーネー教会、聖使徒教会など、伝統ある教会群の再建と補修によってコンスタンティノポリスを美々しく飾り立てることだろう。六世紀、コンスタンティノポリスは、西のローマを継ぐ新《ノウァ》ローマであり、唯一無二の世界帝都であるという自意識を明白に抱くようになったのである。

新ローマとしてすべての道が通じ、万民の集う国際都市として栄えるコンスタンティノポリスではあったが、ビザンツ帝国滅亡までの一〇〇〇年間、この街が父たるローマ市のような安逸に身を委ねることがなかった点には注意が必要だ。ローマの平和《パクス・ロマーナ》（前二七―一八〇年）の時代、イタリア半島において外敵は遠く国境線の外にあるものと了解され、都市の城壁は放棄され、それを補修しようものなら帝国への叛意《はんい》の表れとさえ受け取られたのとは対照的に、コンスタンティノポリスを防備するテオドシウス城壁には片時も休む暇が与えられなかったのである。

六一〇年八月一〇日、ヘラクレイオス一世（在位六一〇―六四一）の治世下で繁栄を謳歌《おうか》するコンスタンティノポリスから約二四〇〇キロ離れたメッカにおいて、ムハンマド・イブン・アブドゥッラーフ（五七〇頃―六三二）という名前の明敏な商人が神の御言葉を賜る。当時、激しく争っていたビザンツ帝国とサーサーン朝ペルシアのあずかり知らぬアラビア半島で、やがて両大国を滅ぼすイスラームが産声《うぶごえ》を上げたのである。

イスラームの誕生と東方の「ルーム」

ムハンマドの言葉と行いを記した預言者言行録《ハディース》には幾度となく「ルーム」なる地名が現れる。その響きが雄弁に語るように「ルーム」とはローマを表すアラビア語。しかし、それが指すのはイタリア半島のローマにあらず、コンスタンティノポリスの皇帝が支配するビザンツ帝国である。アラブ人にとって、そしてのちにはペルシア人やトルコ人のような東方の民にとって、コンスタンティノポリスこそがローマであったのだ。

そのルームの光輝を我がものにせんとして、イスラーム勢力は幾度となくコンスタンティノポリスに挑戦している。六六九年に最初の包囲戦が行われて以降、一四五三年までの間に包囲攻撃は大規模なものだけで一〇回を数える。中でもイスラーム、ビザンツ両世界において記憶されるのは七一七年の包囲である。ウマイヤ朝は周到な準備を整え、陸海からコンスタンティノポリスを一年にわたって包囲したが、最終的には軍政官時代からアナトリアでイスラーム勢と戦ってきた歴戦の将軍レオーンがこれを退け、のちにレオーン三世（在位七一七—七四一）として即位している。この包囲戦は、その後の両勢力の命運を分けた点で、まずは天下分け目の大戦《おおいくさ》と評してよいだろう。それというのも、敗者ウマイヤ朝は著しく国力を減じて内紛に窮し、ついにはアッバース家による蜂起によって滅亡し、新たにイスラーム世界の主《あるじ》となったアッバース朝は都をシリアのダマスカスからイラクのバグダードへ東遷する。これによって、西にタウロス山脈（現トロス山脈）を控えるキリキア周辺——現在のトルコ南東部——が、両勢力のひとまずの国境地帯として定着する。九世紀、空前の繁栄を享受したアッバース朝との戦争は、幾度もアナトリアへの侵攻を許したとはいえ、結局は古くからのアルメニア人たちの王国があるこの緩衝地帯を軸に展開した。戦場は東へ遠ざかったのである。

恩恵は直ちに現れる。コンスタンティノポリスは人口三〇万余を誇るキリスト教世界最大の都市へと成長するのだ。このマケドニア朝期（八六七—一〇五七）、コンスタンティノポリスは、各地から学者が集って散逸していた古代ギリシア・ローマ期の文献の再収集が図られ、バグダードのムスリムたちとも盛んに交流する世界有数の学芸都市として、そしてまた東方正教徒にとっては総主教座ハギア・ソフィア大聖堂を擁《よう》し、イェルサレムと並んでローマを凌駕する聖都として、眩いばかりの威光を帯びるにいたる。これがビザンツ期コンスタンティノポリスの最盛期とされる所以《ゆえん》である。

「トルコ人」の到来

ところで、アッバース朝の発する軍隊の中に、アトラークと呼ばれる兵士たちがいた。アトラークとはアラビア語で「テュルク語を話す者たち」の意。つまりテュルク（トルコ系民族）である。

そもそも、コンスタンティノポリスとテュルクの接触は非常に古く、五六八年まで遡る。この年、モンゴル高原西部に都を置くテュルクの遊牧帝国突厥《とっけつ》からの使者が到来しているのだ。また七世紀以降のビザンツ帝国は、フン族に代わって黒海北岸からバルカン半島を侵すブルガールやペチェネグなどのテュルクたちと幾度となく戦い、ときに和し、やがて教化して取り込んでいった。つまるところ、コンスタンティノポリスの民にとってテュルクとは既知の人々だったのだ。

ところが、九世紀に東から現れたアトラークは、これまでとは毛並みが異なっていた。彼らは黒海の北からやって来たテュルクとは別系統のオグズという部族集団に属していて言語もやや異なったが、なによりの違いはイスラームを奉じていたことだ。歴史的にはトゥルクマーンと呼ばれる人々である。諸説あるが、ペルシア語のトゥルク・マーネンド《トゥルク・マーネンド》（トルコ人に似た者）が語源とされ、テュルク語（トルコ系の諸言語の総称）を話すのは同じでも既知のテュルクのようにモンゴロイド（黄色人種）の相貌ではなくコーカソイド（白色人種）のそれを備えていたためだとされる。そして、彼らトゥルクマーンこそが、十字軍騎士たちが干戈《かんか》を交えた「トルコ人」であり、現代トルコ人の祖先に当たる。イスラーム勢力との接触から四〇〇年を経た一一世紀、コンスタンティノポリスはアラブ人やペルシア人に代わってイスラーム世界の尖兵《せんぺい》を担うようになった彼ら「トルコ人」と対峙《たいじ》するようになるのである。

一〇七一年八月末、現在のトルコ東部ワン湖北方のマラーズギルトの野において、ビザンツ皇帝ロマノス四世（在位一〇六八―一〇七一）と、四半世紀前にイランの大半を支配下に治めたセルジューク朝のスルタン、アルプ・アルスラーン（在位一〇六四―一〇七二）の軍勢が会する。相手を優に倍する兵力で臨んだとされるビザンツ勢であったが、傭兵《ようへい》を主体とする軍勢は派閥争いとトルコ人傭兵の離反によって開戦二日目にして壊滅する。これによって、それまではアナトリア東部で停滞していたと思われるトルコ系遊牧民の移住が一挙に本格化する。マラーズギルトの戦いから三年と経たずにアナトリアは走破され、一〇七五年にはニカイア（現イズニク）の街が陥落、ルームの地のセルジューク朝を称するトルコ人たちの王都とされてしまう。ニカイアからコンスタンティノポリスまでは直線距離にしてわずか一〇〇キロ。そこにムスリムの王都が置かれたとなれば、それは彼らがマルマラ海を渡って西進する意思の表明でもあった。もっとも、彼らがこのわずかに見える一〇〇キロを踏破するのには、なお四〇〇年という長大な時間を要した。そして、その間にコンスタンティノポリスに破滅をもたらしたのは、東から迫る異教徒ではなく、西から押し寄せたカトリック教徒たちであった。

十字軍戦争と破滅

兵員と食糧の大供給地であるアナトリアの大半を失ったビザンツ勢には、単独で領土回復を図る余力がなかった。そこで、ときの皇帝アレクシオス一世（在位一〇八一―一一一八）はカトリック教徒たちに救援を求めることにする。それはこれまでも度々そうしてきたのと同じ、異教徒に対する傭兵派遣の無心であった。しかし、これまでと異なったのは、一一世紀末のその要請に王侯貴族のみならず、西方の民衆たちまでもが応えた点である。

一〇九六年八月、諸侯に先んじて隠者ピエールに率いられた最初の十字軍がコンスタンティノポリスの城壁下に到着する。アレクシオス一世は、烏合《うごう》の民衆十字軍を大城壁の内へは入れず、さっさと船でアジアへ送り出す。コンスタンティノポリス対岸に跋扈《ばっこ》するトルコ人たちと潰しあうのを期待したのだ。試みは当たり、ルーム・セルジューク朝はいったんニカイアを放棄し、アナトリア内陸部のイコニウム（現コンヤ）まで後退、内部抗争と同じトルコ系王朝同士の争いに忙殺される。イスラーム勢がエーゲ海、マルマラ海を渡海してくる危機はひとまず去ったわけだから、結果としてはアレクシオスの試みは成功したと言えるだろう。ただし、このあとコンスタンティノポリスを待ち受けるのは、西から押し寄せる十字軍の槍先《やりさき》が自らに向けられぬよう御するのに四苦八苦する一〇〇年である。

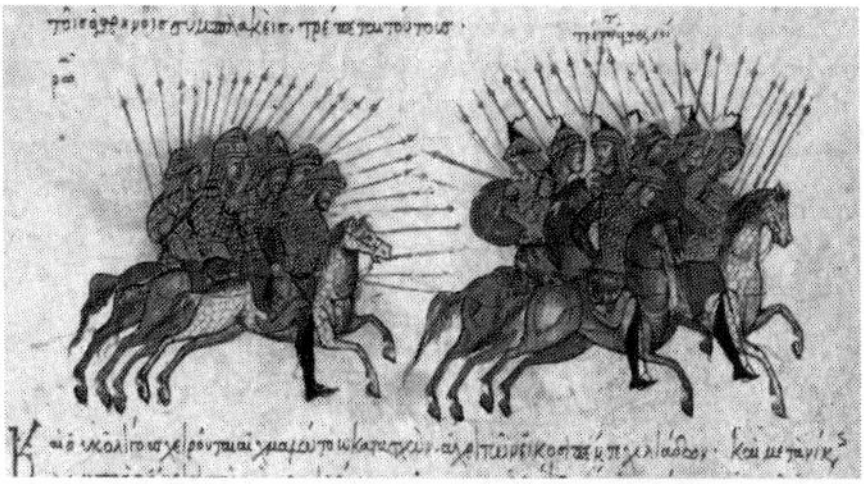

図2　マラーズギルトにて。左手のビザンツ騎兵がトゥルクマーン騎兵を追い立てている。（スキリティス『歴史概要』マドリード写本）

この時代、コンスタンティノポリスの通商は帝国から関税特権と引き換えに海上防衛を任されたヴェネツィアやジェノヴァのようなイタリアの海洋都市国家に握られるようになっていた。帝都に居留する彼ら「ラテン人」の専横は帝都市民

図3　画面中央のコンスタンティノポリスへ向け、陸海から十字軍が押し寄せる。第四次十字軍に従軍したフランスの史家ド・ヴィルアルドゥワンの遠征記より。（ド・ヴィルアルドゥワン『十字軍によるコンスタンティノポリスの征服の歴史』1261）

の怒りを掻《か》き立てたが、東方へ来たカトリック教徒たちもまた、自ら助けを請うておきながら聖戦に非協力的で、ダニシュメンド朝などのトルコ系君侯と容易に通じるビザンツ勢への不信を募らせていた。十字軍戦争開始から一〇〇年を経た一二世紀末、正教徒とカトリック教徒双方の不信と憎悪の発露の舞台となったのは、他でもないコンスタンティノポリスであった。一一八二年四月、反ラテン人政策を掲げるアンドロニコスが皇帝として即位すべくコンスタンティノポリスに入城すると、パレードの熱狂の中でコンスタンティノポリス市民がラテン人に襲いかかった。知らせが伝わるや市民たちはこぞってラテン人地区襲撃に加わり、数万に及ぶ居留民が殺された。ラテン人虐殺事件として知られるこの一事は、すでに東西教会の分裂によって隔たりの著しかったカトリック諸国とビザンツ帝国の対立を決定づける。

一一八九年から第三次十字軍が足掛け三年にわたって実行されたものの、エジプトを発したアイユーブ朝のスルタン・サラーフッディーン（サラディン、在位一一六九―一一九三）によってイェルサレムを奪還され、十字軍国家群が滅亡するという大失敗に終わる。西欧ではビザンツ側の非協力的な態度こそを敗因と見る向きも少なくなく、教皇と王侯たちの間ではコンスタンティノポリス征服が真剣に論じられるようになる。

そして一二〇一年、四回目の十字軍がヴェネツィアを発《た》つ。足りない船賃の代わりにヴェネツィアの示す街々を征服しながら十字軍は東進していく。その途上、ビザンツ帝国の帝位請求者アレクシオス（四世）が十字軍に合流する。彼はアンドロニコスを倒したイサキオス二世の息子であった。二〇歳の若きアレクシオスは、自分をコンスタンティノポリスの帝位に据えてくれた暁には大量の報酬を与えたうえで、東西教会の統一を実現すると約束する。これまで幾度も計画されたコンスタンティノポリス攻撃の大義名分が、向こうから転がり込んできたのである。

一二〇三年七月、最初の包囲戦はものの一週間ほどで終わり、八ヵ月にわたる和平交渉がはじまる。この間、十字軍の諸侯や兵士はハギア・ソフィア総主教座大聖堂や聖使徒教会の威容、ヒッポドロームの驚異、コンスタンティヌス広場やテオドシウス広場、アルカディウス広場などの数々のフォールム（公共広場）の巨大さと、それらを彩る無数のモザイク画や塑像の美に感嘆したものの、街中に公然とモスクやシナゴーグが並ぶさまには目をむき、聖なるラテン語ではなくギリシア語で典礼を行う民に眉を顰《ひそ》めた。十字軍兵士とコンスタンティノポリスの人々の八ヵ月に及ぶ交流は融和ではなく、むしろ互いへの蔑視を生んだわけだ。交渉が決裂した一二〇四年三月、二度目の包囲戦がはじまる。おおよそ一ヵ月後、ヴェネツィア軍が背の低い海沿いの城壁を越えて上陸に成功すると守備勢は総崩れとなり、テオドシウス城壁からも続々と兵士たちが市内になだれ込んだ。騎士の報告によればフランスの三大都城――おそらくパリ、ルーアン、モンペリエ――よりも多くの家屋が燃え落ち、許された三日間の略奪ののちも家屋に居座った兵士たちの民衆への狼藉《ろうぜき》が続いた。また、このとき奪われ、踏みにじられたのは人だけではない。この世の富の三分の二と評された莫大《ばくだい》な戦利品が奪われた。教会、修道院の聖遺物や財物、市内各所を彩った記念碑の多くがヴェネツィアなどに持ち去られ、四世紀以来九〇〇年をかけて築かれ、収集された知と財、それらによって美しく飾られた新《ノウァ》ローマそのものが破壊されてしまったのである。

その後、パレオロゴス家の人々が半世紀をかけてコンスタンティノポリスを奪還するが、かつての大帝都はひび割れた葡萄酒《ぶどうしゅ》の盃《さかずき》のようで、人も富もまばらな小都市と化していた。ビザンツ帝国最後の王朝となるパレオロゴス期には古典文化の復興が懸命に行われたが、コンスタンティノポリスという盃がギリシア・ローマの葡萄酒で満たされることは二度となく、古代の夢をルネサンスの名の下に見事に蘇《よみがえ》らせたのは、むしろこの街を破壊したラテン人たちであった。

オスマン期

近世（一四五三―一八三八）

辺境の主都からムスリムの都へ

コンスタンティノポリスが無残に奪いつくされていたころ、アナトリアではルーム・セルジューク朝の王都コンヤが繁栄を極め、一時はアナトリアの南北両岸を征してクリミアに遠征軍を送るほどの勢いを見せていた。やがてはコンスタンティノポリスを征服するかにも見えたその威勢はしかし、一三世紀半ばに唐突に断ち切られる。モンゴルが襲来したのだ。一二四三年、キョセ・ダーの戦いにおいて大敗を喫したルーム・セルジューク朝は急速に衰退し、アナトリアは大国なき群雄割拠の地となる。最大の軍事力を誇るトルコ系君侯たちはもとより、ギリシア系やアルメニア系の地方領主や戦士集団、フランス人やイタリア人、ノルマン人の傭兵集団が混住して相争い、また和して同邑に暮らすという独特な政治空間が形作られるのである。コンスタンティノポリスは、トルコ史において辺境《ウジ》と呼ばれるこの領域における主都として、隙あらばボスポラス海峡を渡ってヨーロッパ側へ溢《あふ》れ出ようとするトルコ系君侯たちと対峙することになる。

主だった者だけでも一〇を超えるトルコ系君侯たちの中で、ビザンツ帝国と国境を接するアナトリア西北の辺境に勢力圏を築いたのが、オスマン家であった。彼らはビザンツ帝国と争い

図4　晩年のメフメト2世。詩人としても名高い帝王らしく、左手には手拭いを持ち、薔薇《ばら》の芳香を楽しむ雅人の佇《たたず》まいと、右親指に弓かけをはめる征服者の姿が、イタリアへ派遣され絵画を学んだ絵師スィナン・ベイによって写し取られる。（トプカプ宮殿博物館所蔵）

ながらも、その立地上、他の君侯国への盾となるのと引き換えにコンスタンティノポリスから皇女を娶《めと》り、また貢納金を得ながら力を蓄えていく。一三四六年、対セルビア戦争のためビザンツ帝国側からの救援要請を受けたオスマン家郎党はダーダネルス海峡を渡ってバルカン半島に上陸する。ニカイア征服から一七一年、トルコ人たちはついにコンスタンティノポリスに地続きのトラキア、彼らの言うところのルーメリ《ルームの地》に足跡を印《しる》すのである。二〇年と経たずにコンスタンティノポリス対岸のアナトリアとダーダネルス海峡両岸が、そして一四世紀末にはコンスタンティノポリスを除くトラキアのほぼ全域が、オスマン家の領土に組み込まれた。

一四五一年、前年の世界的冷夏による飢饉《ききん》のさなか、そのオスマン家の当主にメフメト二世（正式在位一四五一―一四八一）が即位する。政権安定のため華々しい戦勝を必要としていた弱冠一九歳のこの若王の竜眼が向けられたのは、蝶々《ちょうちょう》のようにバルカン、アナトリア両岸に広がった自らの帝国の蝶番《ちょうつがい》に当たるところに残されたコンスタンティノポリスであった。

一四五三年、大宰相チャンダルル・ハリル・パシャの反対を押して集められた一〇万の軍勢がエディルネを発する。オスマン軍がコンスタンティノポリスに到着したのは四月一七日。テオドシウス城壁の前には、大軍とともに大王砲《シャーヒー・トプ》と呼ばれた空前の規模の巨砲群が並べられた。それまでのオスマン帝国によるコンスタンティノポリス包囲は、後背のバルカン諸国からの援軍を気にしながら長期戦へもつれ込んだ結果、失敗に終わってきた。メフメト二世が千金を費やして巨砲群を鋳造させ、万金を以《もっ》て大量の火薬を贖《あがな》ったのは、これを大城壁崩しに当て、短期決戦を期するためであった。少数の援軍のみで孤立したビザンツ帝国側は一ヵ月以上にわたって善戦したが、辛抱強く城壁に突撃を続けるオスマン軍には抗し得ず、一四五三年五月二九日、ヒジュラ暦（イスラーム暦）八五七年五月一一日の早朝に、ついにテオドシウスの城壁が破られる。市内へ入ったオスマン軍による略奪がはじまったが、此度《このたび》は一二〇四年の果てしない破壊と暴虐は再現されなかった。当初は三日間の略奪を許可していたメフメト二世が、一転して同日の昼に略奪停止の命令を発し、この街を帝都とする旨を宣したからである。

オスマンの平和、イスラームの世界帝都

イスラーム創唱より実に八四〇年、ついにルームの都を征服したムスリムたちは、帝都《アスィターネ》、幸いなる御屋《デル・サアデト》、イスラームに満ちた都《イスラームボル》等々、さまざまな美名をこの都に捧げたが、中でも好まれたのは喜ばしき城市《ベレデテュンタイイベ》という異名で、いまも市内各所に記されている。この名を綴るのに用いられるアラビア文字の数価を足すと八五七という数字が現れるからだ。ヒジュラ暦八五七年、

すなわち西暦一四五三年に成った征服が、すでに神によって予見されていたことの顕《あらわ》れとして寿《ことほ》がれたのである。さらに半世紀後、メフメト二世の孫セリム一世（在位一五一二―一五二〇）がエジプトのマムルーク朝を滅ぼしてメッカ、メディナ両聖都の支配者となる。これによってイスタンブールは、もはや西の果ての異教徒の都にあらず、信徒の長《おさ》が住まうイスラームの世界帝都としての威光を帯びるようになるのである。

その権威に実を伴わせたのがセリムの息子スレイマン一世（在位一五二〇―一五六六）だった。彼は多数の法令を発布し――そのため立法王《カーヌーニー》と綽名《あだな》された――現代的な表現では中央集権的な、つまりはイスタンブール一極集中型の国家制度の礎を築く。かつてのローマ帝国の四分の三という広大な領土から集められた富が、この街へ流れ込む仕組みが作り出されるのである。一一世紀のアナトリア喪失以来、規模縮小していたイスタンブール経済圏は、この都市の歴史上、最大の規模となって再稼働し、人口も一六世紀半ばには少なくとも一五万程度、一七世紀末には四〇万、そして一八世紀にはユスティニアヌスの時代やマケドニア朝期を凌駕する五〇万人と、順調に増加していく。

オスマンの平和《パクス・オットマニカ》――イスタンブールはこれから帝都たる地位を失う二〇世紀初頭に至るまで、史上もっとも安定した四〇〇年間を愉《たの》しむこととなる。無論、都市騒乱もあれば、第一次世界大戦では連合国軍による占領の憂き目も見る。また、幾度となく大火災により市街が焼け落ち、地震やペスト、コレラのような疫禍《えきか》にも見舞われることだろう。しかし、少なくともテオドシウスの大城壁が破られ、人の手による無法な略奪と破壊がイスタンブールを襲うことは二度とないのである。

近代（一八三九―一九二二）

民族主義とコスモポリスの解体

帝都であるからには国家の趨勢《すうせい》は都市そのものの行く末を左右する。とくに一七世紀末の西欧諸国に対する相次ぐ敗戦はイスタンブールを変えずにはおかなかった。一八世紀初頭に束《つか》の間《ま》の平和が訪れると、西欧の文物がこれまで見られなかった規模で持ち込まれるようになるのだ。技術移転を主目的とするイスタンブールの西欧化は、幾度もの中断を経ながらも一八世紀を通じて進められ、帝国の退潮とは裏腹に豊かな都市文化を花開かせた。

しかし、一八世紀末から一九世紀初頭にかけてふたたび生じた戦争と混乱は、一〇〇年前のそれとは異質で、より深刻であった。それらが民族主義に基づく帝国臣民たちの離反を伴ったからだ。一八一七年、まずセルビア人が独立を果たす。一八二九年、ギリシアがそれに続き、伝統的に海上交易に従事し、近代には通詞《つうじ》としてオスマン帝国と西欧との橋渡しも担ってきたギリシア系臣民たちが、続々とイスタンブールを後にする。一九世紀、それまで無数の優秀な人材を送り出してイスタンブールの文化的後背地をなしてきたオスマン帝国ルーメリ州は、大量のムスリムが取り残される形で民族の火薬庫バルカンへと変貌しつつあったのである。

内憂外患まさに昭々《しょうしょう》たる一八三九年、ギュルハーネ勅令が発布される。声高く国内外に発せられた西欧的世界秩序への恭順宣言は、より性急な社会変化をイスタンブールにもたらした。街並みはオスマン・バロック様式の宮殿や劇場に彩られ、ターバンをトルコ帽《フェス》に、優美な長衣《カフタン》を詰襟《つめえり》の君府式フロックコート《イスタンブリン》に着替えた洋装のムスリムたちが街路を闊歩《かっぽ》し、ギリシア系やアルメニア系の非ムスリムたちが経済人、芸術家として八面六臂《はちめんろっぴ》の活躍を見せるコスモポリスが現出するのである。

もっとも、一九世紀中に絢爛《けんらん》たる輝きを放って人々を惹《ひ》きよせたこのコスモポリスも、オスマン帝国にとっての最後の聖戦となった第一次世界大戦と、それに伴う大小の民族浄化という悲劇によって解体される運命にあった。

一九一九年、大戦の傷の癒える暇もなく、ふたたび戦争がはじまる。アナトリア西部イズミルの街にギリシア軍が上陸したのだ。すぐさま、ムスタファ・ケマルを首班とする旧オスマン軍の将軍たちは軍を再編し、中部アナトリアの小都市アンカラを拠点として反攻を開始する。一方、トルコ独立戦争や希土戦争と呼ばれるこの戦争において、イスタンブールは列強に占領されたまま取り残され、あまつさえ都市の主たるスルタンとその政府が、列強に膝を屈しアナトリア分割統治案を受諾してしまう。それがイスタンブールという都市と市民の本意であろうとなかろうと、列強に迎合して同胞への背信を重ねた「イスタンブール」と、トルコ民族の大地として防衛されるべき神聖な「アナトリア」というひどく単純化された、それゆえ現代にいたるまでトルコの人々の心を捉える対立項が生まれたのも、このときである。一九一二年のバルカン戦争から数えれば一二年に亘《わた》る長く苦しい戦争の間に、イスタンブールは帝都としての権威を急速に失っていくのである。

現代（一九二三―）

一九二二年九月、ついにギリシア軍を追い落とし、イズミルの街が奪還される。翌年七月、トルコ共和国は正式に国際社会に認められ、ムスタファ・ケマル率いるトルコ国民議会は反攻の核となった小邑アンカラを首都と定める。まだなにもない新首都には新国家のなけなしの資本が注がれ、多くの若者がトルコ民族の理想国家建設のためこのトルコ人の都を目指すようになる。イスタンブールは変わらずトルコ共和国の最大都市として経済と文化の中心であり続けるが、新都アンカラが急速に政庁や教育機関、大使館を整え首都として開発され、真新しいトルコ民族文化の衣を纏《まと》うようになったのと比べれば、進歩から取り残された感は否めない。帝都という政治的重要性を失ったイスタンブールは、そのまま発展途上国の一地方都市と化すかとさえ思われた。

ところが、第二次世界大戦を無傷でやり過ごしたころ、大きな変化が到来する。五〇年代、六〇年代を過渡期として、およそ半世紀をかけて進行した都市化の過程で、イスタンブールは急激な人口増加と工業化を経験するのである。市域は従来の海岸沿いから急峻な丘の広がる内陸部へと拡大し、ものの半世紀で二〇世紀初頭の約二〇倍という広大な都市圏が形成される。二〇世紀初頭に世界帝都という栄誉を失ったかに見えたイスタンブールは、一〇〇年を費やして成長を続け、世界有数のメガシティとして息を吹き返すのである。

3　世界帝都の身体

五つの地域、新旧の都心

かくして世界帝都の二六〇〇年におよぶ歴史を足早に辿《たど》った私たちは、いよいよその記憶が宿るイスタンブールの街へ赴くことになる。まずは都市の上空に舞い上がり、空中からの眺望を地図がわりにしておおまかな地勢を頭に入れておきたい（巻頭地図）。いま足元に広がるのが、二一世紀のイスタンブールの全景だ。二〇二〇年の都市圏人口はおよそ一五〇〇万、この街一つで隣国ギリシア共和国の総人口を優に淩《しの》ぐというヨーロッパ、中東イスラーム圏有数のメガシティであり、国内総生産の約三割を支えるトルコ共和国最大の都市である。

入り組んだ海岸線や、海で隔てられた複雑な形状の市街地を見下ろしても、一見しただけでは都市の中心がどこかは判じがたい。そこで頁《ページ》から顔を離して市街地をぼんやりと眺めてみよう。東西に羽を広げた蝶のような形が浮かび上がってきはしないだろうか。そして、蝶に似るとなれば蝶番を探せば、そこがおのずと中心ということになる。つまり、ボスポラス海峡の南端の海上、この都市の両親たるボスポラス海峡と金角湾の交わるあたりが炙《あぶ》り出される。不思議なことに東西南北に延びる陸海の交通路が交錯するこの地点を指す明確な呼び名が、現代語には見当たらない。しかし、名前がないのは不便なので黒海と白海（地中海）の交わる場所に築かれたこの都市の、この地点こそが世界の中心であると歌ったオスマン帝国の詩人たちの用いた「両海の集うところ《メジュマウリュ・バフレイン》」という美称を借りておこう。

イスタンブールの各地域は、この両海《ふたつみ》の集うところを取り囲むようにして形成されている。「旧市街」、「新市街」、「アジア岸」である。それぞれビザンツ期にはコンスタンティノポリス、ペラエア、カルケドンおよびスクタリオン、オスマン期にはコスタンティニイェ／イスタンブル、ガラタ、ウスキュダル（およびカドゥキョイ）と呼ばれ、海を跨いで緊密に結びついた都市圏をなしてきた。

各々の地域についてもう少し詳しく見てみよう。まず「旧市街」は、トルコ語ではファーティフ地区、または城壁内《スルイチ》と呼ばれ、その名の通り西側をテオドシウス城壁によって囲われた街だ。この旧市街こそがビザンツ帝都コンスタンティノポリスであり、オスマン帝都コスタンティニイェである。前節で瞥見《べっけん》した皇帝やスルタンたちの物語も、ほとんどはこのごく狭い城壁内で紡がれた。古代から近世末期に至るまで、世界帝都イスタンブールの核となったのが、この旧市街なのだ。

一方、金角湾を隔てて旧市街と対面するのが「新市街」である。トルコ語ではベイオール地区と呼ばれるが、世界的にはペラというギリシア語の古名も通りがよい。一〇世紀末からラテン人、オスマン期にはフランク人と呼ばれた西方キリスト教徒が暮らし、外国人居留区の趣が強い。そのため、近代にはまっさきに西欧化が進み、いまなお東地中海随一のモダンな街として名高い。

他方、ボスポラス海峡を隔てて東に横たわるのは、言わずもがな「アジア岸」である。もっともトルコ語ではアナトリア《アナドル》岸《ヤカス》と呼ばれることの方が多い。ウスキュダル（古名スクタリオン）、カドゥキョイ（古名カルケドン）という南北二つの街が徐々に一体化して発展してきた。オスマン期にはアナトリアから続く街道が、一九世紀には同じく鉄道網がこのアジア岸地域に集約され、ヨーロッパからアジアへの玄関口をなしてきた。

このようにイスタンブール古来の都心部を形成する旧市街、新市街、アジア岸の三地域に、古くから風光明媚《ふうこうめいび》な行楽地として寄り添ってきたのが「ボスポラス海峡沿岸」である。ビザンツ期、オスマン期を通じて離宮や貴顕の別荘が立ち並び、舟遊び、野遊びが営まれてきた。

さらに、一九五〇年代以降の急速な人口増加を経た現在では、起伏にとんだ内陸部の丘陵地帯まで宅地が広がる。急速に広げられた揚羽《あげは》を支えるべく胴体の方も成長し、八〇年代以降は新市街のさらに北のレヴェント、マスラク両地区とその周辺に金融・商業機能が移転、集中することで経済的な「新都心」が形作られた。この新都心の発展によって、従来の旧市街、新市街、アジア岸から成る地域が「旧都心」化しつつある点は、近年のイスタンブールの都市構造

における もっとも大きな変化と言える。

二つの境海《きょうかい》と丘々

ついでイスタンブールの地形についても見ておこう。予《あらかじ》め断っておけば、この都市を基本的には徒歩で周遊しようという私たちの前には二つの難敵が立ちふさがる。丘と海である。イスタンブールは海峡都市と呼ばれて海のイメージが勝つかに見えるけれど、実のところ丘の街でもある。旧市街にしてからが六世紀以来、ローマと同じ七つの丘を聳《そび》やかすと信じられてきたし、他の地域でも海の際まで丘が迫り、内陸部へ入れば小谷が入り組んで通行を阻む複雑な地形が続く。畢竟《ひっきょう》、都市の発展は丘との戦いの歴史でもあり、結果としてこの街のメインストリートは文字通り「丘の上」の狭い平地を繋《つな》ぐようにして形成された。これが旧市街の「御前会議所通り《ディーワーンヨル》」、新市街の「独立大通り《イスティクラール》／旧ペラ大通り」、「共和国大通り《ジュムフリイエト》／旧パングアルトゥ大通り」、さらに新都心と呼ぶべきビジネス街が形成されたユルドゥズ丘陵頂の高台を貫く「大谷大通り《ビュユクデレ》」である。

いま一つ、この都市の地勢を特徴づけるのは、ヨーロッパ岸とアジア岸を分かつ「ボスポラス海峡」と、ヨーロッパ岸の旧市街と新市街を分かつ「金角湾」という二つの海だ。往古よりこの二つの海を渡るのは容易であったし、今日では橋上を歩き、あるいは地下鉄やフェリーに揺られて何百万もの人々が毎日、行き来している。その反面、この街と縁を持った作家や旅人はみな、同一の都市の中にあってなお異なる文化や宗教、文明を仮託された地域を弁別する境海の役割を、この二つの海に課し続けてもきた。

ボスポラス海峡がヨーロッパとアジア、ひいてはこの街に佇むとことさらに文明論的な響きを帯びる「東」と「西」を分けてきたのは言うまでもないが、金角湾もまた古くは正教徒とカトリック教徒を分け、のちにはムスリムとキリスト教徒を分け、新しくは「イスラーム的、オスマン的伝統文化」を表徴する旧市街と、「近代的西欧文化」を体現する新市街を峻別する境海となった。

私たちの都市周遊もまた、古代から現代にかけての新旧の都大路の通う丘の上を繋ぎ、二つの境海を越えることで時代を下りながら、徐々に古代から現代へと回帰する時間旅行となるだろう。

第1章

世界の中心

旧市街東部・南部

1537年に制作されたオスマン帝国の武芸家・宮廷人マトラークチュ・ナスーフの都市図。北を頭とするイスタンブールには、上から新宮殿（トプカプ宮殿、中央右上）、アヤソフィア・モスク（中央上）、ベゼスタン（四角形の黒屋根）、旧宮殿、ファーティフ・モスクというオスマン期の重要モニュメントが並ぶ。大胆なデフォルメに比して細部の描写が非常に正確である。（マトラークチュ・ナスーフ『スルタン・スレイマン・ハーンの両イラク遠征の諸駅屯』）

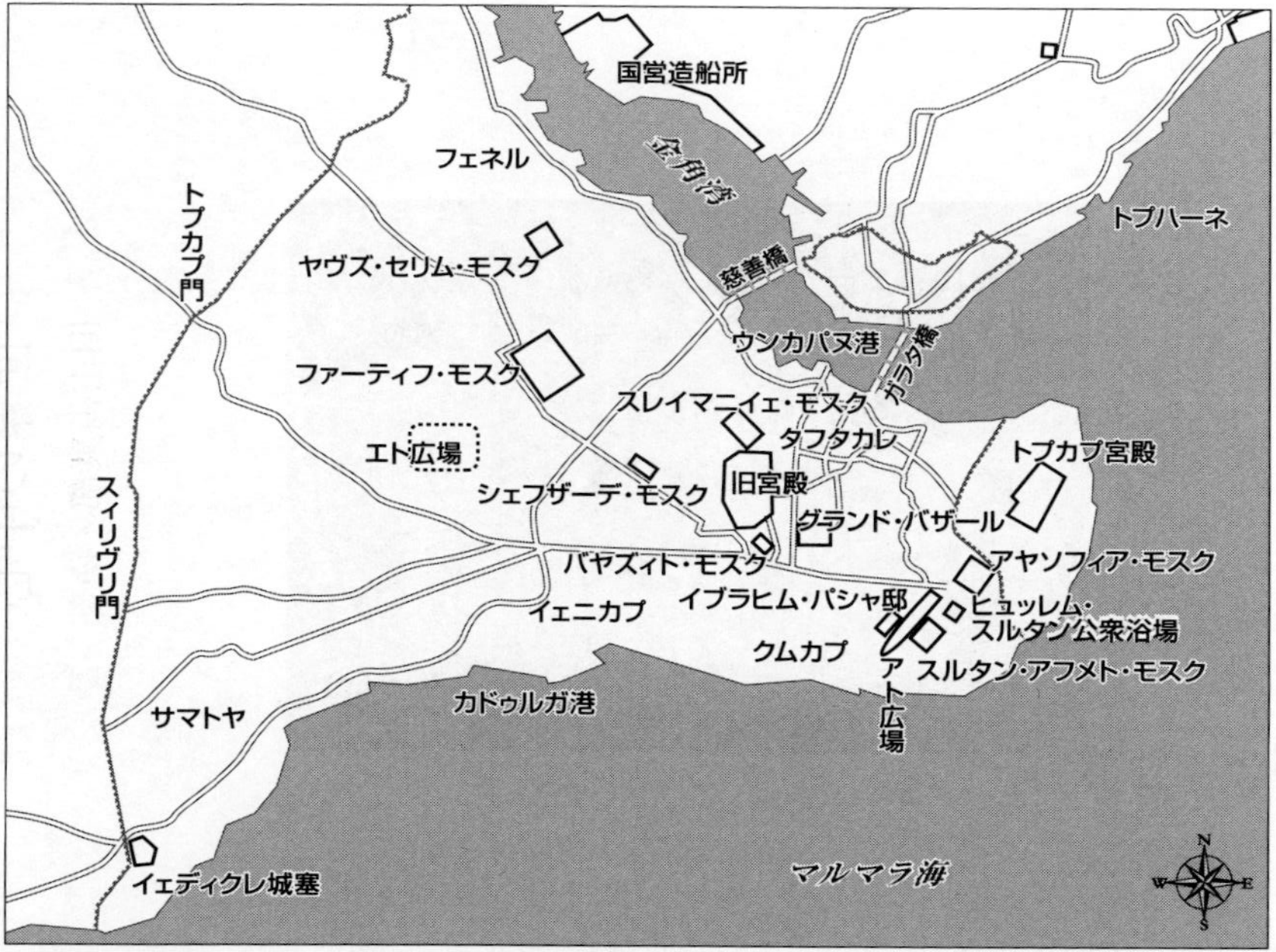
国営造船所
金角湾
フェネル
トプハーネ
トプカプ門
ヤヴズ・セリム・モスク
慈善橋
ウンカパヌ港
ガラタ橋
ファーティフ・モスク
スレイマニイェ・モスク
タフタカレ
エト広場
トプカプ宮殿
旧宮殿
シェフザーデ・モスク
グランド・バザール
スィリヴリ門
バヤズィト・モスク
アヤソフィア・モスク
イブラヒム・パシャ邸
ヒュッレム・スルタン公衆浴場
イェニカプ
クムカプ
スルタン・アフメト・モスク
アト広場
カドゥルガ港
サマトヤ
マルマラ海
イェディクレ城塞
N
W
E
S

1　トプカプ宮殿

アクロポリスの秘宮

上空から徐々に高度を下げつつ降下地点を探そう。イスタンブール周遊の第一歩は、この都市が産声を上げた場所に印されるべきだ。つまり、紀元前七世紀に最初の入植地が造られた古代ビュザンティオンの神殿の丘《アクロポリス》に。現代で言えば旧市街の東端、ボスポラス海峡に突き出た宮殿岬《サライブルヌ》の高台ということになる。

もっとも現在では、上空から目を凝らしたところで神殿の丘も、またビザンツ帝国の大宮殿《メガ・パラティオン》も見えはしない。それらすべてをイスタンブール最大の施設であるトプカプ宮殿が覆い尽くしているためだ。

オスマン帝国四〇〇年の宮城たるこの宮殿が世界的に有名なトプカプ《大砲門》の名で呼ばれるようになったのは、主《あるじ》たるオスマン家の人々が金角湾対岸のドルマバフチェ宮殿へ移った一八五六年以降のこと。それまではたんに帝宮《サライ・ヒュマーユーン》や新宮殿《サライ・ジェディード》と呼ばれた。一四五三年の征服当初、メフメト二世は幹線道路の交差する街の中心地に造宮《ぞうぐう》をはじめたものの、それが一四五八年に完成して数年と経たぬうちに、トプカプ宮殿の建設に取り掛かる。おおよそ一四六五年ころにひとまず完成し、街の中心に建てられた方を旧宮殿《サライ・アティーク》、この岬の丘の方を新宮殿と呼び分けるようになったのである。

南北約一・四キロメートル、東西八〇〇メートル、敷地面積約七〇万平方メートルという広大な敷地を持つこの宮殿は、幾重にも巡らされた城壁、高壁によって複雑な区画分けがなされている。空中からそのおおまかな構造を把握しておこう（次頁地図）。

宮殿南西の隅に佇むのが第一の門たる帝王門《バーブ・ヒュマーユーン》だ。その先には、宮殿の中心部をすっぽりと囲い込む第一庭園、またの名を帝王庭園《ハスバフチェ》が広がる。獲物を放って狩競《かりくら》が楽しまれたほどに広大で、宮殿全体の実に約九割を占める。この第一庭園までは、許可があれば民草も入城を許された、いわば宮中と市中を接続する外苑《がいえん》にあたった。

第一庭園内の御行列広場《アライ・メイダヌ》の北東に、特徴的な二本の尖塔《せんとう》が並ぶ挨拶門《バーブ・セラーム》が口を開ける。これが第二の門に当たり、その先には外廷《ビールーン》と呼ばれる第二庭園が開ける。外廷は政庁や国庫が置かれた政《まつりごと》の空間だ。この外廷の北東に佇む第三の門が至福門《バーブ・サアデト》、その先が内廷《エンデルーン》である。帝王の

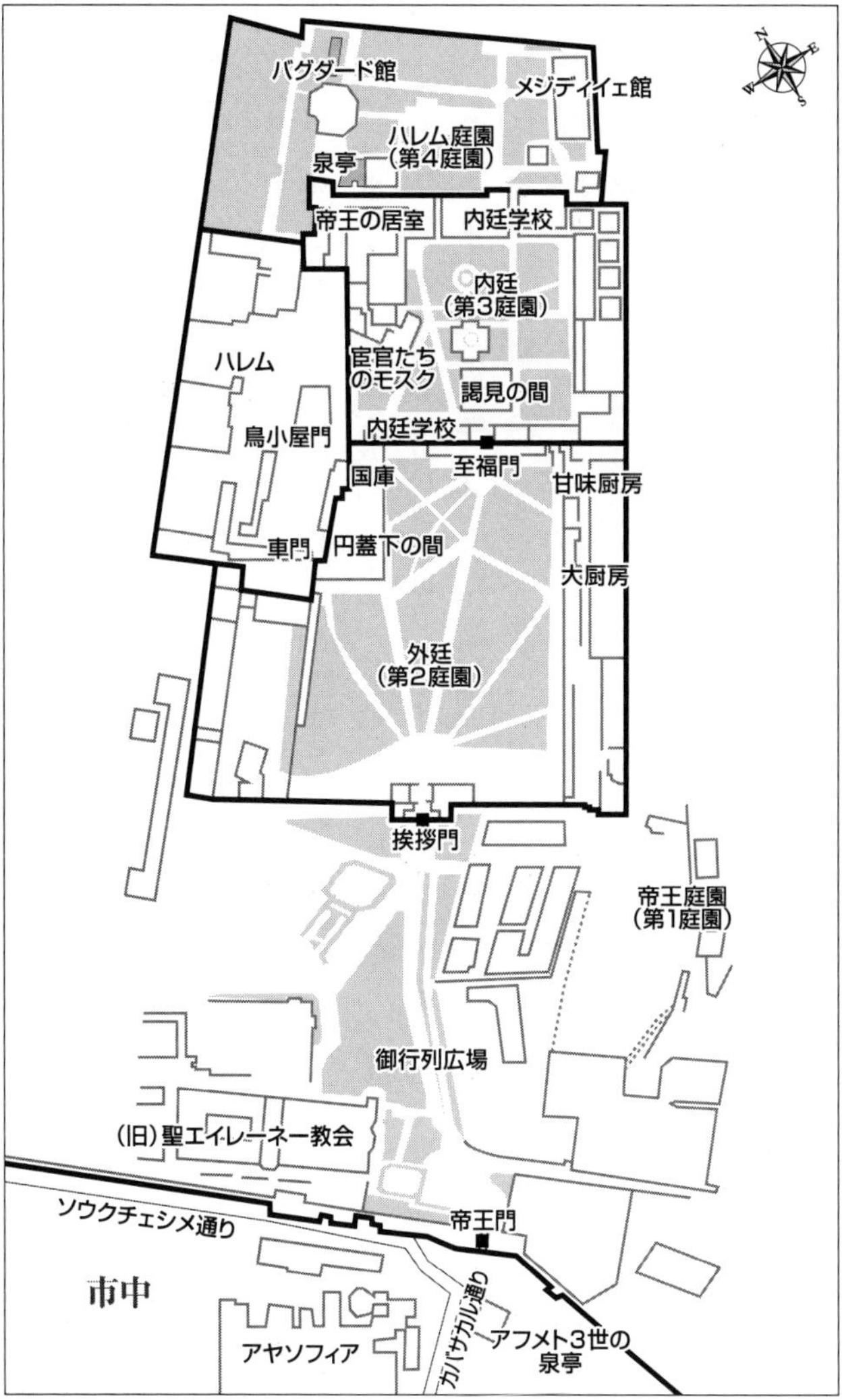
バグダード館
メジディイェ館
ハレム庭園
（第4庭園）
泉亭
帝王の居室
内廷学校
内廷
（第3庭園）
ハレム
宦官たちのモスク
謁見の間
鳥小屋門
内廷学校
至福門
国庫
甘味厨房
車門
円蓋下の間
大厨房
外廷
（第2庭園）
挨拶門
帝王庭園
（第1庭園）
御行列広場
（旧）聖エイレーネー教会
ソウクチェシメ通り
帝王門
市中
カバサカル通り
アフメト3世の
泉亭
アヤソフィア

トプカプ宮殿

住まいやその個人的な富を収めた宝物庫、内廷学校と呼ばれるエリート養成機関が置かれた第三の庭園域である。女たちと宦官《かんがん》の世界であるハレムは、この内廷と外廷の北側に高壁を挟んで隣接する。また内廷最奥に並ぶ建物の間を抜けた先にはハレム庭園が広がる。この内廷、ハレム、ハレム庭園を合わせた宮殿北西部は帝王の禁域《ハレミ・ヒュマーユーン》と総称され、その名の通りスルタンの私邸域を形作る。

トプカプ宮殿はヨーロッパ式の宮城とは一線を画し、巨大な主城館も、また要塞施設も持たない。この宮城においてはむしろ、広大な宮殿域を分かつ城壁と城門がその主たる身体をなしていて、城壁に穿《うが》たれた三大城門（帝王門、挨拶門、至福門）を越え——小さな門はもっとたくさんある——四つの庭園域に分け入るほどに、帝王の私的空間へと深化していく構造をなしている。歴代の帝王たちは城壁に守られた庭園域のそこかしこに気ままに城館を建て、宴を張り、あるいは政務の疲れを癒《いや》した。こうした庭園の只中《ただなか》に佇む別館をトルコ語でキョシュクと呼び、これが現代の駅に佇むキオスクの語源となった。庭園に抱かれ、城壁によって世人の視線を遮りながら段階的に市井《しせい》と内裏《だいり》とが隔てられていく秘宮、それがトプカプ宮殿なのである。

ハレム庭園、世界を見下ろす帝王の園

実際にイスタンブールを訪れたなら、第一門たる帝王門をくぐり外苑から順次、奥宮《おくのみや》へ歩を進めるところだが、私たちは時間旅行者の特権を生かして、むしろ宮殿の最奥のハレム庭園に

降り立つとしよう。そこが古代ビュザンティオンのアクロポリスだからである。

青々とした芝生に着地して辺りを見回せば、三棟の館《キョシュク》が散点するきり、他に大きな建物はなく、かわりに風にそよぐ糸杉の巨木が、新市街やアジア岸からの視線を遮るように聳《そび》える。いま私たちが踏みしめるこの地面の下のどこかに、古代ビュザンティオンの神殿が埋まっているはずだが、その面影を伝えるのは宮殿内の庭に安置された円柱などのわずかな遺構のみである。

木々のさわめきに耳を傾けながら、まずはハレム庭園の東の隅に建つメジディイェ館のバルコニーへ出てみよう。すると、途端に開ける視界に、ボスポラス海峡とマルマラ海、そしてアジア大陸が広がる。つまり、私たちは世界の中心とされた「両海《ふたつみ》の集うところ」を見下ろしているのだ。ハレム庭園は本来スルタンその人と招かれた者しか立ち入れなかった秘園であるから、これは世界帝都の支配者にのみ許された絶景というわけだ。トプカプ宮殿は、丘の上にあって海峡を往来する世界の四方《よも》から集った人々に見上げられ、それ自身は世界そのものを睥睨《へいげい》するべく高台に佇むのである。

帝王の居室と聖物

世界を見下ろすという帝王気分の一端を味わったなら、内廷へ足を踏み入れよう。向かうは北東側にある帝王の居室《ハス・オダ》、現在は聖典の朗誦《ろうしょう》が響く聖物展示室になっている区画だ。

トプカプ宮殿には帝国内外の文人、碩学《せきがく》から献呈された写本や、セリム一世期（一五一二―一五二〇）にはじまるオスマン朝装飾写本芸術の名品はもとより、アラビア書道の最高峰として認知されたこの国の書家たちの傑作、あるいはトプカプの短剣やターバン飾り、スプーン職人のダイヤといった音に聞こえた財宝もあれば、世界最大級の陶磁器コレクション等々、洋の東西を問わず集められた宝物が集う。中でもムスリムにとっての白眉《はくび》となるのが、聖物の種類と量である。預言者ムハンマドの外套《がいとう》や出エジプトの折に海を割った預言者ムーサー《モーゼ》の杖《つえ》、正統カリフたちや始祖オスマンなどが佩《は》いた（とされる）宝剣と並び、一冊の聖典クルアーンは是非にも見ておきたい。古いクーフィー書体で綴られた分厚い羊皮紙を束ねたそれが、世界でもっとも有名な聖典であるからだ。

預言者の薨去《こうきょ》ののち口伝によって徐々に不正確となりつつあった神の言葉を書写・編纂させた第三代の正統カリフ・ウスマーン（在位六四四―六五六）がメディナの自宅で暗殺されたときその御手《みて》のうちにあったとされるのが、この聖典である。同じ由来を持つ聖典はウズベキスタンのサマルカンドにも伝わっていて真贋《しんがん》は不明なのだが、ウマイヤ家のウスマーンの暗殺が起点となって新当主ムアーウィヤと第四代カリフ・アリーが対立を深め、やがては今日のスンナ派とシーア派の対立へいたったことを思えば、この聖典はイスラーム史の分岐点のまさに目撃者ということになる。

では聖物の鎮座するガラスケースではなく、壁面や天井の内装に視線を移しながら、時間の針を近世オスマン期に合わせてみよう。美しいタイルと木工装飾が飾る室内は、いまでこそ寒々しく床石もむき出しだが、往時には豪奢《ごうしゃ》な絨毯《じゅうたん》が敷き詰められ、スルタンとその側近たちの執務室となっていた。この区画には私室の司《ハスオダバシュ》、太刀持ちの長《スィラーフダール・アア》、衣の長《チュカダール・アア》、鐙の長《リカーブダール・アア》、ターバンの長《デュルベンド・アアス》、鍵の長《アナフタル・アアス》などの高位の侍従たちが、いわば帝王の秘書官として働いていたのだ。とくに私室の司などは、その名の通りスルタンの首席補佐官の役どころで、必ず信任篤《あつ》い者が起用された。大帝スレイマン一世の大宰相に名高いパルガ《パルガル》出身イブラヒム・パシャ（一四九三―一五三六）がいるが、彼も私室の司を経ているし、これに限らずスルタンの秘書官たちは、のちにほぼ例外なく軍政の高官として栄転する。つまり、私たちが立つこの部屋は、往年の帝王と股肱の臣たちがときに帝国の行く末を論じ、なによりも友情や愛情を育んだ空間なのである。では、帝王の寵臣《ちょうしん》たちは巨大なオスマン帝国のどこから、どのように選《よ》りすぐられてきたのだろうか？　オスマン帝国には中国の科挙《かきょ》のような一元的官吏登用制度も、西欧のような貴族制度もなかったというのに。答えは、すぐそこから、である。

内廷学校、帝国の支配エリート養成の要

帝王の居室の外へ出れば、時間の針を巻き戻した私たちは、現在に勝るとも劣らぬ多くの人々が行きかう内廷の光景に驚かされるはずだ。ここが宮城であった近世、内廷には常時、数百人に及ぶ人が暮らしており、しかもその多くが若々しい学人だったのだ。

オスマン帝国の人材登用制度としてデヴシルメはつとに名高い。征服地のキリスト教徒男子を徴発《デヴシルメ》し、御門の奴隷《カプ・クル》軍団の兵士に育て上げるシステムだ。帝都から距離的に近いバルカン半島を主としつつも、コーカサス諸地域などからも徴発され、一六世紀には毎年四〇〇〇人もの子弟が集められた時期もある。バルカン諸国の文芸作品では往々にして冷酷な圧政の象徴として描かれるが——もちろん、そうした側面は否定しえない——当時は一族の功名を願って自ら子息を送り出す家もあったし、立身した者が故郷に錦を飾ることもあれば、近衛《このえ》奴隷となった親族の威光を笠《かさ》に着て専横を究《きわ》める者もあった。叩《たた》き上げの一兵卒からスレイマン一世に見いだされたソコルル・メフメト・パシャ（一五〇五—一五七九）などはその典型で、帝王三代に仕えた名宰相として知られ、晩年には故郷に橋や泉亭を建設している。中でも橋の方は、ユーゴスラビアのノーベル文学賞作家イヴォ・アンドリッチ『ドリナの橋』（一九四五年）の表題となってつとに名高い。

徴発されて赤いお仕着せを与えられた少年たちは、はじめアナトリアの農家へ貸し出され農作業に従事させられる。そこで小突き殴られながらトルコ語とイスラームについて学んだのち、ふたたび呼集されて乗馬や各種武器の運用法などの訓練を受け、新兵《アジェミー》として軍団に配属される。その後は、欠員に応じて各部隊へ配属されることになるが、この過程で才気煥発《かんぱつ》、眉目秀麗な者は小姓《イチオーラヌ》の身分を与えられ、ここ内廷にある学校へ送られてくる。組織全体として見ればおおよそ一〇〇名の教員、八〇名の白人宦官の世話係、そして一五歳から三〇歳くらいまでの三五〇から四〇〇名におよぶ才子佳人が活動したのだから、大変な賑わいであったはずだ。ちなみに、徴発とは別系統で市井の才人が、高官の推薦などの伝手《つて》によって入学してくることもあった。

彼らはここ内廷に七つある共同部屋《コウシュ》のいずれかで学ぶが、大別すれば長衣《カフタン》組と尻絡げ《ドラマ》組に分かれている。いずれも衣服の名称で、前者はオスマン帝国の高官たちの衣服、後者はイェニチェリの装いであった。つまり、それぞれ政務と軍務の幹部候補生というわけだ。祭日になるとトゥラと呼ばれる布玉を結び付けた紐《ひも》で互いを叩き合ってはしゃぎ回り、平時には帝王その人と談笑を交わす私室の司や太刀持ちの長といった大先輩たちの姿を遠目に仰ぎ見つつ勉学に励む。学人たちはこの世の支配者の傍らに侍《はべ》る栄誉を現実のものとして見せつけられながら、大いに発奮したことだろう。そんな小姓たちは、いざ教育を終えるとこの宮廷から出廷《チュクマ》という名の実力試しの栄転を遂げ、帝国各地へ派遣されていく。ここ内廷学校からは六〇名の大宰相、一〇〇名を超える宰相、二三名の海軍提督、そして数えきれないほどの才人、官人、軍人が輩出した。ちなみに、現在もトルコ随一の進学校として不動の地位を誇る新市街のガラタサライ高校も、もともとはこの内廷学校組織を前身としている。

実学と芸術から成る多様な科目によって育まれる人材と、たかだか一ヘクタールほどの園内で君臣あい交じりながら過ごすことで育まれる紐帯《ちゅうたい》。これこそが西欧の人々が感嘆や恐怖、ときに呆《あき》れとともに記すところの、奴隷が大宰相になりうる帝国の政治文化の実態であり、オスマン帝国の精緻な中央集権体制の秘密というわけだ。

ハレム、あるいは帝王の家

その内廷の西の隅に、年若い小姓衆がどきどきしながら見守ったであろう扉がある。鳥小屋《クシュハーネ》門《カプス》という愛らしい名前のそれは、帝王のみが通ることを許され、ハレムへ通じている。ハレムは「禁域」を表すアラビア語ハリームを語源とするが、現代の私たちがこの言葉を聞いて思い浮かべる、どこか淫靡《いんび》で奔放なイメージは、西欧人を介して想像交じりに伝えられたこのトプカプ宮殿のハレムを源とする。

ハレムには二つの門がある。現在、観光客用の入り口となっているのは外廷へ開かれた車《アラバラル・カプス》門で、その名の通り後宮の女性たちが外出する折、牛車や馬車に乗るために用いられた。しかし、私たちは御寝《ぎょしん》すべく自らの住まいへ帰る帝王に倣って、鳥小屋門の方をくぐろう。

最初に出会うのは一顧傾城《いっこけいせい》の美女――ではなく、特徴的な三角錐《さんかくすい》型の帽子を被《かぶ》った宦官たちである。ハレム内は内廷を取り仕切る白人宦官よりも位階の高い黒人宦官たちが治める区画で、彼らが帝王と母后、幼君に仕え、女性たちを監督する。

ハレムに踏み入った人はその閉塞感に息を呑《の》むはずだ。上空から見れば一万二〇〇〇平方メートルの広大な敷地であるはずなのに、どこも高壁に囲まれ、天井こそ高いが廊下は幅が狭く、とにかくどこにいても視界が開けないのだ。ハレムの部屋数は、実に三〇〇あまり。帝王の私室や寝室、九つの浴場に厨房《ちゅうぼう》、礼拝所が二ヵ所、いまは取り壊されて跡形もない王子の幽閉所、そして女奴隷たちが暮らす共同部屋など、さまざまな居室が存在するが故の狭隘《きょうあい》さである。

女性の数は時代によって大きく変動するのであくまで目安だが、この複雑な構造物の中にセリム二世（在位一五六六―一五七四）の御代には女性だけで一二〇〇名ほどが暮らした。彼女たちの多くはギリシア系かスラヴ系の奴隷で、大半は広い小上がりに布団を並べて起居する大部屋暮らしの身の上。いわば叩き上げのハレム人《びと》である女奴隷《ジャーリイエ》たちのほかに、スルタンの母たる母后や姉妹、王子や姫君、あるいはクリミア・ハン国やセルビア、ヴェネツィアのような友邦、属国の姫たちも暮らしていて、彼女たちは御つきの者と一緒に別に居室を持つ。実際のハレムは淫靡さとは程遠く、王族一家と家宰にして侍従たる宦官たちが暮らす大所帯の家の体《てい》をなしているのである。

女性たちは内廷学校の教師陣から歌舞音曲《かぶおんぎょく》や伽《とぎ》語り、詩歌の技や手芸を仕込まれながら帝王のお呼びを待つ。お手付き《イクバール》となり、さらに寵姫《ハセキ》へ進み皇子をなして皇子母《カドゥン》となり、息子が帝王となって母后《スルタン》となった暁には、彼女は巨万の富を得て帝国の行く末をも左右する権力者となり得た。とくに一六世紀前半から一七世紀半ばにかけては、トルコ語で女人天下《カドゥンラル・サルタナートゥ》とも通称されるほどの影響力を誇った。

ハレムの女性たちがかくも絶大な権勢を誇り得た背景には、ハレムそのものの立地も深く関わる。実は当初、ハレムはこの宮殿ではなく旧宮殿に置かれていて、君主はいわば通い婚のような形で新旧の宮殿の間を行き来していた。それがスレイマン一世の寵姫《ちょうき》として名高いヒュッレム母后《スルタン》がトプカプ宮殿に移り住んだのを契機として、一六世紀後半には正式にいまの場所に移転するのである。権力の中枢に根を下ろしたことも、ハレムの動向が国政を左右する一要因となったというわけだ。

母たちの戦場

女人天下の盛期は、一七世紀半ばのキョセム母后《スルタン》（一五八九？―一六五一）の時代である。「月のように白く美しい顔《かんばせ》の人」を意味するマーフペイケルという名よりも、従順な羊を率いる雄々しい山羊《キョセム》という綽名によって思い起こされる彼女は、イスタンブール城下で無類の勢力を誇るイェニチェリ軍団――彼らだけが市内で武装している――と協力関係を築いて政敵を平らげながら、キョプリュリュ家のメフメト、ファーズル・アフメトという名宰相父子を取り立てて、ヴェネツィア、オーストリアに侵されていた帝国の戦線を押し戻してみせた。それらすべてをこのハレム内から指示してやり遂げたのだから、おそるべき智謀《ちぼう》の主である。そんな彼女は二人の息子をスルタンとして即位させた帝国史上でも稀《まれ》なる母后でもある。

一方、帝王のお手付きがない女性は、やがて家臣へ嫁いでいく。ヒュッレム母后のように、帝王の竜眼に留《とど》まるべく失神を装ったなどという逸話が伝わるところを見れば、帝王の情けを受けるための熾烈《しれつ》な争いが繰り広げられたことが窺《うかが》われるが、多くの場合、寝室へ送られる女性は帝王の母たる母后や、その意を受けた黒人宦官長によって選出されたようだ。ハレムは次の帝王となる皇子が育まれる場所である。だからこそ、未来の政敵たりうるお手付き候補の選出には細心の注意が払われたことは想像に難くない。ハレムは、母親たちの命を懸けた戦場であったのだ。

とはいえ、女性たちにも愉しみはある。ユダヤ人の御用女行商人たちが持ち込む豪奢な衣服や宝飾を贖《あがな》って着飾り、車門から野遊びへ、あるいは宮殿岬北岸のセペッチレル館などから舟遊びに出ることもできる。歴代の王女たちがボスポラス海峡沿岸の離宮建設に熱心であったことは、ハレムの女性たちが野遊び、海遊びをことのほか愛したことをよく物語っている。

いま一つの愉しみは水遊びだ。さきほどは足を踏み入れなかったハレム庭園の西の隅には、バグダード館が佇んでいる。帝王が金角湾を眺めながら朝食を摂《と》る館であるが、この隣に噴水と池が設《しつら》えられ、往時にはハレムの女性たちが遊ぶことがあったのだ。このプールにまつわる有名な逸話がある。あるとき狂帝と恐れられたスルタン・イブラヒム（在位一六四〇—一六四八）が、ザフィレなる愛妾《あいしょう》とその息子を伴って泉端に戯れた。そばには第一皇子メフメト（のちの四世）もいたが、イブラヒムは一向に構わない。これを見たメフメトの母ハティージェ・トゥルハン（?—一六八三）は激高し、「もし女奴隷を愛《め》でるならわたくしを、皇子を愛でるならメフメトを愛でてくださいませ！」と直言する。叱責《しっせき》されて癇癪《かんしゃく》を起こしたイブラヒムは、あろうことかメフメトを水へ投げ入れたという。事態を耳にしたキョセム母后は、ザフィレの髪を引っ摑《つか》んで折檻《せっかん》しエジプトへ流してしまったという。

ハティージェ・トゥルハンは、キョセム自らによって選ばれ、当初女に興味を示さなかった息子イブラヒムへあてがわれたとされる女性。そして、彼女こそがのちに大母后キョセムを暗殺し、我が子メフメトを帝位に据え、女人天下に終止符を打つ母后となる。狩人王と綽名された道楽息子メフメト四世の四〇年弱に及ぶ長い治世中、トゥルハン母后は安泰な隠遁《いんとん》生活を楽しんで、以降の母后たちもこれに倣って国政の場から退いていくのである。

円蓋下の間と外廷

母たちの戦いの園に別れを告げ、車門からハレムの外へ出よう。広がるのは第二庭園域である外廷《ビールーン》だ。ハレム庭園へ降り立って以来、私たちはずっとスルタンの私的空間を歩き回ってきたが、ここからは帝国の並みいる群卿《ぐんきょう》が集う政の空間である。車門を出てすぐ背後に尖塔が聳える。宮殿でもっとも高い塔を頂くこの建物が円蓋下の間《クッベアルトゥ》。いまは観光客が日よけ代わりに群がる柱廊も、往時には屈強なイェニチェリたちによって厳しく警備されていた。この円蓋下の間こそが、オスマン帝国の意思決定を行う御前会議《ディーワーン》の開催場所であったからだ。

御前会議の頻度は時代や情勢によってまちまちで、宮殿外で催されることもあったものの、おおむね週に四日ほど開かれた。円蓋下の間の柱廊には三つの入り口が並び、室内にもその名の通り三つの円蓋を仰ぐ部屋が仲良く三つ並ぶ。このうち尖塔の真下にあたる一番西側の一間が、御前会議所である。このたかだか八メートル四方の一間に、大宰相以下の主だった閣僚一〇～一五名程度が伺候して帝国の行く末を案じ、脇の二間に控える書記たちが逐次、決定事項を書面に起こし、尚書官による印璽《いんじ》を以て法令として発布した。ちなみに壁際には御前会議《ディーワーン》に際して高官たちが腰を下ろした長椅子が据えられているが、これが英語の長椅子《ディヴァン》の語源と言われる。

一方、いまは観光客が行きかうここ外廷庭園の方もただの庭ではない。よく晴れた吉日には内廷に通じる至福門の屋根の下に玉座が引き出され、論功行賞や各国大使の受任式が行われる儀式空間にさま変わりしたからだ。トプカプ宮殿には主城館や大広間が存在しないと述べたが、正確にはここ外廷庭園が国家行事の主催場として用いられたのである。では、左腕を上にして腹の前で腕を組むオスマン式の休めの姿勢で儀典に参加する人々を眺めながら、さきほどから鼻腔《びこう》をくすぐる御馳走《ごちそう》の香りを辿って庭園の南東へ向かおう。

大厨房、トルコ料理揺籃の膳所

外廷の南東側の区画は丸々、膳所に当てられている。本来は宮殿の外廓《がいかく》を覆う第一庭園に開いた小門からのみ出入りが許されたが、現在はその反対に、ここ外廷側からのみ見学が可能である。大厨房で調えられた料理の数々は、宮殿で働く職員たちの賄《まかな》いとなるほか、円蓋下の間へと運ばれ、高官のランチミーティングにも供せられた。

オスマン宮廷料理の要諦は、オリーヴや葡萄、豊富な野菜類と海産物を食するギリシア・ビザンツ料理、ヨーグルトをはじめとする乳製品と多様な肉料理を有するテュルク料理、そして小麦粉と米の二大穀物をさまざまに活用してきたオリエントの穀物食の伝統に、インド洋から紅海《こうかい》を経て恒常的にもたらされた香辛料が合わさったハイブリッドな美味である点だ。東西南北の交易の要に位置する帝都イスタンブールでなければ出会い得なかった素材群が、帝王と宮殿職員四〇〇〇名余のために日々、調理されるうちに味に磨きをかけたことを思えば、ここ宮殿の大厨房こそを、今日のトルコ料理揺籃《ようらん》の地と見なしてもさほど間違いではないだろう。

御行列広場と帝王のお行列

二本の尖塔が聳立《しょうりつ》する挨拶門から第一庭園へ抜けよう。この外苑は薔薇館《ギュルハーネ》庭園という異称も持っていて、近代化を宣言した一八三九年のギュルハーネ勅令が読みあげられ、一九二八年にはトルコの国父ムスタファ・ケマルがトルコ式ラテン文字を初披露した由緒ある御苑として知られる。

挨拶門から市中へ通じる帝王門までの空間は、とくに御行列広場《アライ・メイダヌ》と称される。その名の通り種々のパレードのための御行列《アライ》が組まれ市中へ繰り出したからだ。帝王の御行列《アライ・ヒュマーユーン》と言えば、出征や皇子の割礼式、皇女の結婚式などの特別な機会に組まれる一大ページェントであるのは無論だが、ここイスタンブールではもっと頻繁に目にする機会があった。週に一回、金曜の集団礼拝のため帝王の御成りがあったのだ。こちらは礼拝行《セラームルク》と呼ばれ、帝王門を出てすぐ右手のアヤソフィア・モスクを筆頭に、メフメト二世の建立したファーティフ・モスク、殉教者の眠る城壁外のエブー・エユプ・スルタン・モスクなど、市内外の由緒ある伽藍《がらん》に向けて組まれる御行列であった。帝王が市中へと繰り出す礼拝行は、頻度を減らしつつも一九世紀末まで続いたので、西欧からの旅行者による詳細な記述やスケッチなど、絢爛豪華《けんらんごうか》なオスマン宮廷の様子を今に伝える史料も少なくない（図5）。

聖エイレーネー教会、ビザンツ大宮殿を探して

直訴に向かう庶民や、出入りの商工業者たちの流れに逆らいながら、トプカプ宮殿と市中を隔てる帝王門へ向かおう。右手にビザンツ様式の美しい、しかしどこか粛とした佇まいの伽藍が見えてくる。聖《ハギア》エイレーネー教会（トルコ語ではアヤ・イリニ）として知られるビザンツ教会跡である。創建はコンスタンティヌス一世の御代とされ、現在の建物は六世紀に再建された。アヤソフィアに先んじて落成した現存する史上最古のビザンツ教会で、一時期はコンスタンティノポリス総主教座が置かれ、東西教会の信仰の核である三位一体の礎が定められたコンスタンティノポリス公会議の舞台ともなった。オスマン期、ビザンツ教会は往々にしてモスクへと転用されたが、聖エイレーネー教会は具足工房《ジェベハーネ》へ改組され、宮殿外郭の倉庫として便利に用いられて今日に至る。おそらくすぐ傍のアヤソフィアの方が帝王モスクとして確固たる地位を築

伝令《ペイク》たちが固めている。帝王の後には騎乗した太刀持ちの長《スィラーフダール・アア》と黒人宦官が続き、三角や折れ曲がった形の帽子の小姓《イチ・オーラン》たちがその周囲を歩く。宦官たちは銀貨をばらまいている。（クレーマン『旅行日記』1783）

いたため、この場所にモスクは必要なかったのだろう。実はビザンツ期の聖エイレーネー教会も似たような状況だったらしく、皇帝の主宮たる大宮殿《メガ・パラティオン》から見てアヤソフィアの方が近く、また大規模であったためさほど重んじられなかったという。後で見物するアヤソフィアの大伽藍の堂影《どうえい》に守られるかのような絶妙の立地が、この旧教会を今日まで残したのだろう。

　話に出たビザンツ帝国の大宮殿は、北をこの聖エイレーネー教会とアヤソフィアに、西を後述のヒッポドロームに挟まれて、現在の宮殿岬南側の平野部に在した。ビザンツ帝国八〇〇年の宮城として中世西欧の宮殿建築の範とされたものの、一一世紀頃から旧市街南岸のブーカレオン宮殿や、市内北西のブラケルナエ宮殿の重要性が増し、徐々に荒廃していった。オスマン期に入ると大宮殿の跡地にモスクや市場、邸宅が建設されていって、主宮たるダフネ宮や儀典場であった八角形の黄金の間《クリソトゥリクノス》——これを模したのがカール大帝の眠るアーヘン大聖堂のパラタイン礼拝堂——あるいは帝国の最盛期九世

図5　18世紀の御行列。大きな被り物《カヴク》を戴いて騎乗する宰相たちに続いて、にこやかに笑う帝王がやってくる。その周囲を大きな羽根飾りを付けたイェニチェリたちが守り、さらに外周を長斧《ちょうふ》を掲げた↗

紀にバシレイオス一世がアヤソフィアを凌駕しようと建立した新教会《ネア・エクレスィア》など、その面影をいまに伝える建物はすべて失われ、ただ美しいモザイク画の残る床だけが、千年帝国ビザンツの栄華を偲《しの》ばせる。

ただし、ビザンツ期からオスマン期にいたるまで変わらないこともある。それは私たちがこれからくぐる帝王門の周辺、ビザンツ期にはアヤソフィアと大宮殿に挟まれたアウグストゥス広場として知られた一帯が、宮城と市中を繋ぐ空間であった点だ。では、宮中を後にしてイスタンブールの街中へと繰り出すとしよう。

2　アト広場

アト広場、あるいは戦車競技場

帝王門を出ると目の前に、灰色の鉛屋根を頂く東屋《あずまや》のような建物が目に入る。チューリップ時代（一七一八―一七三〇）の象徴としていまも愛されるアフメト三世の泉亭《チェシメ》だ。泉亭とは市民に無料で水を供する施設で、オスマン期には帝都の津々浦々に泉亭が造られた。そして、この泉亭に小山のように差しかかるのが、世界でもっとも有名な建造物とも称されるアヤソフィアである。いま見上げている南東側は聖地イェルサレムに対面する至聖所に当たるので、ビザンツ教会の常で伽藍への入り口は反対の建物北西側にある。大堂宇を回りこむように現在のカバサカル通りを南下していけば、すぐにアヤソフィア広場《メイダヌ》に出ることだろう。ここが往時のアウグストゥス広場である。ビザンツ期には、広場東端に大宮殿の正門たるハールケ《銅》門が開き、西端にはいまもひっそりと佇む里程標《ミーリオン》が堂々とした門状の施設として構えていた。つまり、このさして大きくもない広場こそが、新ローマに通じたすべての道の起点とされていたのだ。

このアヤソフィア広場／アウグストゥス広場の南側に、朱と白の横縞《よこじま》模様が美しい建物がある。こちらは一六世紀半ばから現在まで営業の続くヒュッレム・スルタン公衆浴場。スレイマン大帝の寵妃《ちょうひ》の建てたこの浴場も、ビザンツ帝国最大と謳《うた》われたゼウクシッポス公衆浴場とおおむね同じ場所に建っている。

広場東端から大通りに出て道なりに進むと、すぐに南北三五〇メートルという長大な広場に行き当たる。トルコ語でアト《馬》広場（スルタンアフメト広場とも）と呼ばれ、古代から現代に至るまでいかなる時代であれ見物の人波が絶えたことのない旧市街最大の広場だ。ただし、観光客たちのお目当ては時代によってさまざまであった。

さきほどトプカプ宮殿から市中へ繰り出した私たちの視線は、当然ながらオスマン帝国の威容を伝える名所の数々に引き寄せられることだろう。桃色の堂壁をそびやかすアヤソフィア・モスク、その南に隣接するヒュッレム・スルタン公衆浴場、さらにその南に鎮座する白と灰色の端整なスルタン・アフメト・モスク（ブルー・モスク）、大堂宇と対面していまはトルコ・イスラーム美術博物館となったイブラヒム・パシャ邸などである。

でも、これがビザンツ期であれば話は違ってくる。まずは広場の真ん中に聳える巨柱に目を向けよう。表面に聖刻文字が刻まれた四角錐の巨大な方尖柱《オベリスク》は、もともとメギドの戦いに勝利し古代エジプトの最大版図を築いたトトメス三世（紀元前一四七九―一四二五）がテーベ近郊に建てた護石《テケン》である。コンスタンティヌス一世の時代に戦利品として運んできたものの、あまりにも巨大なため次代のテオドシウス一世（在位三七九―三九五）の時代にようやく現在の場所に据えられた。柱の基礎には、皇帝の事績とともにオベリスクを建てるときの工事の様子が彫られている。わざわざ浅浮き彫りにして伝えるほどの大工事だったわけだ。ちなみに、第四次十字軍をコンスタンティノポリスへ招き入れて即位したアレクシオス五世が突き落とされて処刑されたのも、この柱の上からと伝えられる。

このほか馬広場には巨象《コロッスス》と呼ばれる角柱や、はしがきで触れた三蛇頭の絡み合う円柱が現存するが、これらの巨柱群を視界に収めて気が付くのは、それらが一直線に配置されていることだ。ビザンツ期には征服地からもたらされた巨柱群、つまりは戦利品がさらに何本もずらりと並べられていた（図6）。なぜなら、これら柱群を結んだ直線状の空間こそが、コンスタンティノポリスでもっとも衆目の集まる場所だったからだ。実は、いま私たちが立っているこの場所は本来、広場にあらず、ローマ式戦車競走が行われた戦車競技場《ヒッポドローム》のトラックであり、巨柱群は戦車が周回したスピナ（分離帯）に当たるのである。そして、さきほど数え上げたモスクや博物館、それに土産物店やレストランの立ち並ぶ広場外周にも、階段状の観客席がぐるりと設えられていた。ここコンスタンティノポリス戦車競技場は、ローマのキルクス・マクシムスやコロッセオに比肩する古代世界有数の競技場だったのである。

さらに、いまはスルタン・アフメト・モスクの佇むあたりにはダフネ宮と接続する回廊が渡され、代々のビザンツ皇帝はそこから御座席に現れて、民衆の歓呼を以て皇帝となった。コンスタンティノポリス戦車競技場は、民衆によって選ばれる皇帝即位の場という建前と、民衆を楽しませるための娯楽／サーカスという二つのローマ的古式が、イタリア半島のそれが途絶えたのちも再演され続けたタイムカプセルのような場所なのである。

古代ローマの娯楽においてその人気を二分したのは、剣闘士試合と戦車競走であるが、三二五年にコンスタンティヌス一世が剣闘士試合を禁じたのを受け、生き残ったのは後者の方だ。とくにユスティニアヌス一世の治めた六世紀は戦車競技の盛期として知られ、年に四回レースが開催され、皇帝も含めて街の庶民がおのおの贔屓《ひいき》のチームを応援し、熱狂は往々にして暴動や、ときには反乱に発展するという古代末期コンスタンティノポリスの風物詩となった。さき

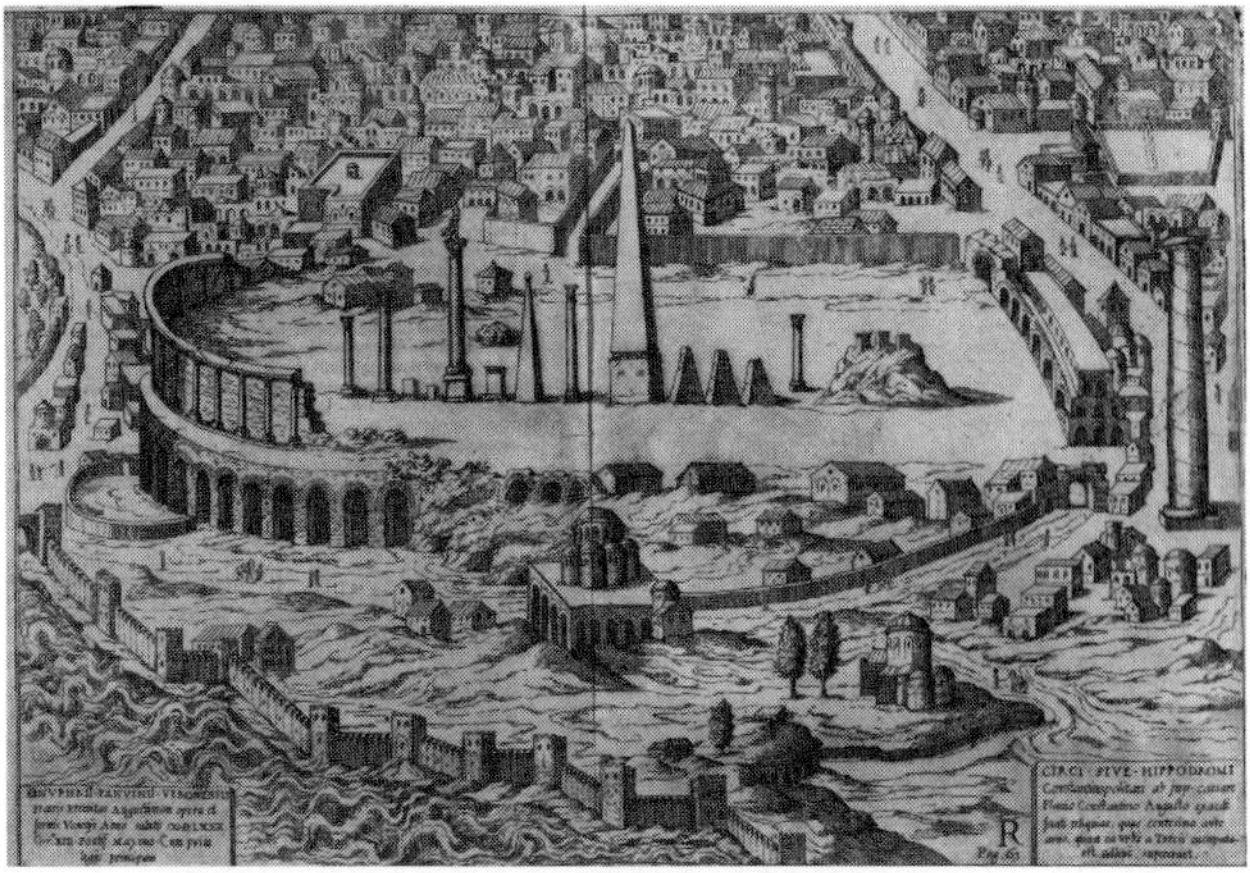

図6　16世紀の戦車競技場と大宮殿跡。版画自体は1560年代に制作されたが、当時すでに失われていた遺構がいくつか写し取られている。ヒッポドロームの右端の里程標《ミーリオン》の円柱が聳えるのがアウグストゥス広場。その左隣の城門から大宮殿の城壁の一部が伸びるが、すでに主要な建築物は残っていない。ヒッポドロームのスピナにはいまよりも多くの巨柱が残存し、戦車の出走ゲート（右）や観客席（左）が一部、残っている。画面中央やや下の五つの円蓋を擁する建物は、位置からすれば「黄金の間」にあたるが、1490年まで残っていた新教会かもしれない。その右手の小さなドームはおそらく「獅子の家」として活用されていた旧聖ステファノス教会だろう。（オノフリオ『戦車競技について』1600）

ほどの聖エイレーネー教会も、またすぐそばに堂々とそびえるアヤソフィアも、こうした戦車競走に端を発する反乱で焼け落ち、再建され、いまにいたる。

　ところで、ローマ式戦車競走はいつごろまで催されたのだろう。少なくとも、十字軍を呼んだアレクシオス一世の時代には、この広場では戦車競技ではなく西欧式の馬上槍試合《ジュスト》が行われていたことがわかっている。となると、マケドニア朝（八六七—一〇五七）の衰退とともに徐々に開催回数が減り、第四次十字軍が決定打となって——往時のヒッポドロームを彩った四頭の青銅製の戦車馬像もこのとき奪われ、いまはヴェネツィアの聖マルコ寺院を飾っている——戦車競走は滅びたのかもしれない。最後のレースがいつ催されたのか、そしてそれがどのような試合内容であったのかは不明だが、私たちが立っているこのコンスタンティノポリス戦車競技場こそが、地球上で最後のローマ式戦車競技が催され、そして滅びた場所であるのは確かだ。

イブラヒム・パシャ邸とヒュッレム・スルタン公衆浴場

広場の来歴を知ったところで、今度は往時の観客席に並ぶオスマン期の名跡を訪ねたい。まずは広場の最南端に佇むイブラヒム・パシャ邸《サライ》だ。オスマン期に建てられた高官宅の中でも群を抜く規模と好立地を誇る。屋敷の名は、スレイマン一世に仕えた大宰相パルガル・イブラヒム・パシャ。ギリシアから徴発されてスレイマンとともに育ち、ときに恋人としても君主の愛を受けながら重臣として恃《たの》まれ、長じて大宰相という帝国の官僚制度の頂点に上り詰めた。この邸宅は、もとあった施設を三年をかけて大幅に拡張して一五二四年に完成した。折しもベオグラードを征服してハンガリーを獲得した時期で、対オスマン外交を喫緊の課題とした西欧、中欧諸国の使節たちは、知欧派のこの宰相邸を頻々《ひんぴん》と訪れ、貴宅はトプカプ宮殿よりも壮麗であると追従《ついしょう》した。宰相の絶大な権勢は、やがて次期帝王の座を巡ってヒュッレム母后との対立を招き、イブラヒムは在職一三年目にして主命により処刑される。このとき彼が推した第一皇子ムスタファもまた、ヒュッレムとの政争に敗れ、東方遠征の途上で父帝によって処刑されている。一五五三年のことである。

右記のようなオスマン帝国の御家騒動を知ったうえで広場を眺め直すと、さきほどアヤソフィアを南から回りこんだときにそそくさと通り過ぎたヒュッレム・スルタン公衆浴場がくっきりと目に付くようにならないだろうか。建設は一五五六年。つまり、すべての政争に片を付けて息子のいずれかが帝位に上るのを確実としたあとに建てられた。トプカプ宮殿とイブラヒム・パシャ邸との間に割って入るかのような立地も相俟《あいま》ってか、いまなお観光客が蒸し風呂体験のために訪れるこの浴場が、後宮の母后が妻として、母としての勝利を、帝都の顔たるこの広場に刻んだ記念碑のように思われるのである。

館の主が失脚したのちイブラヒム・パシャ邸は、その莫大な財産ともども国家に召しあげられ、主に催場として用いられるようになる。王女の結婚や王子の割礼式のような街を挙げての大祝祭の折、職人たちの組合がおのおの趣向を凝らした山車《だし》行列がこの広場を練り歩くとき、あるいは前線での戦勝を再現した模擬戦が行われるとき、近世のスルタンたちはまさにこの邸宅のバルコニーからそれを御覧《ごろう》じ、銀貨をばらまいて臣民に報いた。この宰相邸は、諸々《もろもろ》の祝祭を通して王権と民衆をつなぐスペクタクルが演じられた空間として、ビザンツ期の戦車競技場の皇帝の御座席の役割を受け継いだとも言えるだろう。

スルタン・アフメト・モスク、あるいはブルー・モスク

宰相邸を出れば、イスラーム文化圏を見渡しても稀有な六基ものミナレット（光塔）を従えた灰白色の山のような威容が視界に迫って来る。一六一七年落成のスルタン・アフメト・モスク、別名ブルー・モスクだ。二〇一九年にアジア岸に大伽藍チャムルジャ・モスクが落成するまでは、六本のミナレットを持つモスクは世界でこの一堂のみだった。

世界でもっとも美しいとも評されるこのモスク、実は建造当初はあまり評判がよろしくなかった。スルタンの建てる帝王モスク《ジェヴァーミィ・セラーティン》は戦争などで獲得した戦利品を民草に還元するために行われる一大公共事業であったが、さきほどハレムでその偉業を垣間見《かいま》たあのキョセム母后の夫であり、詩作と乗馬を愛した文人肌のアフメト一世（在位一六〇三―一六一七）は、なんの戦果も挙げないままこのモスクを建ててしまったのだ。

では、正門をくぐって前庭の泉《セビル》で禊《みそぎ》を済ませたなら、堂内に入ってみよう。たちまち頭上には大伽藍が開ける。のしかかるような圧迫感はなく、しかし偶像なき広大な空間に投げ出されると、どこに目を向ければよいのか分からなくなってしまう。そもそも、なぜこのモスクは世界で一番美しいなどと評されるのだろうか。多くのガイドブックは、ブルー・モスクという愛称の元となった堂内の青タイル装飾の美を説明して筆を擱《お》くが、やや足りない。もう少し突き詰めれば、この評価はヒュッレム・スルタン公衆浴場を挟んで隣り合うアヤソフィアとの比較

において明らかになるからだ。外見上はよく似た姿を呈しながらも、窓が少なく薄暗いアヤソフィアに比して、スルタン・アフメト・モスクは驚くほど明るい。スレイマン一世に仕えた建築家《ミーマール》スィナンの弟子であり、当時の筆頭建築士《ミーマールバシュ》メフメト・アアが設計した伽藍は、小円蓋はもとより大円蓋にいたるまで、その立ち上がりの全周に小窓とステンドグラスを配し、全方位から光線が差し込むよう計らわれている。大円蓋を支える柱を極限まで減らして光を取り込むという建築上の挑戦によって出来上がった広大な大空間が与える心許《こころもと》なさが、しかし要所に配された鮮烈な青いタイルが白壁に映えて堂内全体にうっすらと青の薄化粧を施すことで醸される得も言われぬ静謐《せいひつ》さにうち変わって和らげられる至福の空間。これこそがスルタン・アフメト・モスクをして世界一と言わしめる要因のように思われる。つまり、スルタン・アフメト・モスクの絶美は、堂内に入ったときに私たちが感じた開放感にこそ根差すというわけだ。

ローマの支配者の象徴アヤソフィア

アト広場見物の仕上げに、アヤソフィアへ詣でよう。かのコンスタンティヌス大帝が着工し、三六〇年頃に次代コンスタンティウス二世（在位三三七―三六一）が完成させた伽藍は、正式にはハギア・ソフィア総主教座聖堂と呼ばれた。もっとも、最初の伽藍は今日のような石造りではなく屋根に木材が使われていたという。この最初のアヤソフィアは四〇四年に火災で焼失し、大城壁を作ったテオドシウス二世（在位四〇八―四五〇）が再建した際にもやはり木造屋根を頂いた。そして五三二年、ユスティニアヌス大帝の課した重税に反発する民衆が、戦車競走後の暴動から反乱を起こし、そのさなかにふたたび焼け落ちてしまう。いま私たちが目にしているのは、このニケの乱終息後に五年一ヵ月という驚異的な短期間で再建され、五三七年に落成した三番目のアヤソフィアだ。以来、五大総主教座のうち、ローマに並ぶ東方正教の総本山として、またビザンツ皇帝が戴冠し、あるいは日常的に詣でる大聖堂となった。

その建造にあたってエフェソスのアルテミス神殿や、エジプトのヘリオポリスなどから運ばれた古代円柱や、大理石がふんだんに使われた床、そして大円蓋は——幾度か部分的に崩壊したとはいえ——創建当時のままである反面、内部装飾の多くはレオーン三世期（七一七—七四一）の聖像破壊運動《イコノクラスム》によって失われ、いまも残るモザイク画は帝国の最盛期にあたる九世紀以降に作られたもの。しかし、なんといってもこの建物を世界で唯一無二となしたのは、直径約三一メートルの大円蓋を地上四一・五メートルの高みに持ち上げたその建築技術に他ならない。

大円蓋の大重量によって正方形の基部は外側へ向かう応力に晒《さら》される。その応力を押しとどめ、堂宇が崩壊するのを防ぐべく、ドームの四隅には穹隅《きゅうぐう》（ペンデンティヴ）が配され——それぞれに天使が描かれている——基部の東西壁は半ドームによって、南北壁は重厚な控え壁によって、それぞれ支えられている。言うなれば、常にアヤソフィアを崩壊させようとする大円蓋の重力と、それを天に向けて捧げ持ったまま維持すべく補強を続けてきた人間たちの技術の鬩《せめ》ぎあいによって、この建築物は小山のような威容を備えるに至ったのである。アヤソフィアと同じ規模の大伽藍の出現は、一六世紀を待たねばならないので――セビーリャ大聖堂やエディルネのセリミイェ・モスクなど――アヤソフィアは世界最大の建築物として一〇〇〇年近くを閲《けみ》したことになる。この世でもっとも有名な建物と称される所以《ゆえん》である。

さて、一四五三年の征服直後にメフメト二世が入堂したときの様子も伝わっている。征服王は、落成の際に戦車に乗ったまま入堂したユスティニアヌス大帝とは異なり、前庭で下馬して堂内に足を踏み入れたという。そして、大円蓋にひとしきり驚嘆したのち、なお略奪に励む兵士たちを「街の建物は余のものである」と一喝して堂外へ追い払った。彼の言葉を、新たな帝都の復興を見据えた先見の明の表れと評価することもできるが、案外に「わたしのものだぞ」と言いたかっただけなのかもしれない。なにせ、長く辺境《ウジ》からこの伽藍を国境の向こうに遠望してきたオスマン帝国の人々にとって、アヤソフィアとはルームの象徴そのものであったからだ。しかも、ひどく古く、維持の困難な、しかし失うことのできない象徴である。その維持と管理のため、アヤソフィアはイスタンブール最大のワクフ（宗教寄進）組織として再編され、一五世紀末にはイスタンブールに在する三九二七の店舗のうち実に六二パーセントがその隷下に入り、その収益の一部を施設の維持・管理のために徴収されていたほどだ。

アヤソフィアを模し、洗練させた建築様式こそがオスマン・モスクの主流となって現代トルコのモスク建築にまで受け継がれていることを勘案すれば、オスマン帝国の人々はアヤソフィアの名と体《たい》を我がものとすることで、自らがルームの支配者となったことを示したかにも見える。アヤソフィアを支配する者がイスタンブールを支配し、しかして世界を治めるというわけだ。

　かくしてアヤソフィアは、オスマン帝国一の格を誇る大伽藍として、スルタンと臣下が礼拝行《セラームルク》を行う帝王のモスクとして生まれ変わる。では、今度は「教会」ではなく「モスク」であった点を踏まえて、大円蓋を見上げながら堂奥《どうおう》へ進んでみよう。すぐにミフラーブ（聖龕《せいがん》）と説教壇《ミンバル》が見えてくる。ミフラーブはメッカの方向を表示する門状の施設で、アヤソフィアでは最奥の正中よりいくらか右に設置されている。元来が教会であったアヤソフィアの正中線はイェルサレムを向いているので、メッカを指し示すためにやや南寄りに「ズレ」ているのだ。

　モスクとしての奇妙さはこれに留まらない。今日、観光客がその前に集って瞠目《どうもく》し、あるいは瞑目《めいもく》して祈りを捧げるビザンツ期のモザイク画の多くは、確かにオスマン期には漆喰《しっくい》で塗り

図7　1672年のアヤソフィア堂内。大円蓋の四隅にドームを支えるように大天使像が露出し、その奥の至聖所の天井にも聖像が覗く。床には誇張を交えて大理石の斑岩《はんがん》模様が描かれる。なお、画家はこのスケッチのためトルコ風の衣装で変装して堂内に入ったと述懐する。（グルロー『コンスタンティノープル旅行』1681）

固められていた。しかし、たとえばドーム四隅の穹隅を見てみよう。大きな顔から羽の生えた異形が描かれている。こちらは四大天使をかたどった壁画だが、漆喰を塗るのに手間がかかるためか、オスマン期にも塗り潰されず放っておかれていた。近世のアヤソフィアを写した西欧人のスケッチに目を凝らせば、このほかにもイスラームの礼拝の場に不釣り合いな偶像がいくつも見つかる。オスマン帝国の帝王というイスラーム世界の盟主の日々の祈りは、実のところ異教徒の偶像に見下ろされる、ともすれば異教的な空間で幾百年と捧げられたのである。

こうしたモスクとしてのアヤソフィアの持つ「ズレ」、いうなれば異教性にもっとも敏感であったのはイスタンブールの庶民たちだった。彼らはこの大伽藍にさまざまな祟りが宿ると考えたのだ。曰《いわ》く、アヤソフィアの扉は幾度数えても必ず一つ多くなってしまう。曰く、アヤソフィアの補修にムスリムが関わると墜落死する。曰く、堂奥には伝説の創健者アヤソフィア姫の棺《ひつぎ》があり、これに触れればたちどころに伽藍は崩れる等々。こうした異教的空間としてのアヤソフィアへの懼《おそ》れは、これから私たちが巡るオスマン帝国の国産モスクであるスレイマニイェ・モスクやファーティフ・モスクへの崇敬と表裏一体をなす心性でもある。

五三七年のユスティニアヌス一世による再建から九一六年間をギリシア正教会として、一九三四年に博物館とされるまでの四八一年間をモスクとして過ごしたアヤソフィアは、その来歴だけでも稀有であるが、特筆すべきはビザンツ帝国とオスマン帝国という言語も宗教も異なる大帝国において、最高の寺格を誇る宗教施設としての地位を保ち続けた点だ。このような建造物は世界にただ一堂、アヤソフィアを措《お》いて他に存在しない。

二〇二〇年、疫禍のさなかアヤソフィア博物館をモスクへ回帰させる決定が下された。すぐさまギリシア、ロシアなど東方正教徒の国々から痛烈に批判されたものの、決定は覆らなかった。これについては終章でふたたび言及するが、現代に至るまでムスリム、正教徒双方が、博物館となって宗教施設の役割を終えたはずのこの場所を自宗教の礼拝の場に回帰させようと試みてきたのは、アヤソフィアをしてルームの象徴となす記憶が、いまなお強く残っているからに他ならない。

地下宮殿、帝都の地下水道

アヤソフィアの暗がりから出て陽光に目をしばたたかせつつ、アト広場の北端へ戻るとしよう。かつての戦車ゲートのあったあたりまで来ると、丸屋根の愛らしい庵《いおり》のような建物が見えてくる。通称、ドイツの泉と呼ばれる泉亭《チェシメ》である。ドイツ皇帝ヴィルヘルム二世の来京を祝して一八九八年に完成した。さきほどのトプカプ宮殿の帝王門前のアフメト三世の泉亭と同様、これらオスマン期の泉亭は水道施設としての実用とともに、とある風雅を備える。それがたとえどんな小さな泉であっても、必ず記年詩《ターリーフ》（紀年銘とも）と呼ばれるオスマン語の詩をあしらった銘板が掲げられ、その結句のアラビア文字の数価を足すと、泉亭の完成年が現れるという趣向が凝らされているのである。こうした記年詩大全の類は帝国期から今日まで出版され続け、いまでも泉亭・記年詩探訪を愛好する人が一定数いる。泉亭巡りは、言うなればイスタンブールの街歩きの隠れた人気者なのだ。

もっとも、近世イスタンブールが泉亭という優れた水道施設を備えたのは、裏を返せばそれだけの設備投資をしなければ水を得られなかったということ。実はこの街は地下水に乏しく、地面を掘っても出てくるのは塩交じりの水ばかりという渇水都市でもあるのだ。古代には市内西部のリュゴス川が水源として利用されたようだがそもそもの水量が豊かでなかった。そのため、街の北西部の森林地帯——現在のベオグラードの森——を取水地としていくつもダムを整備し、水道橋によって市内各所の地下に設けられた貯水池《チュクル》へ水を貯め、泉亭を介して庶民の喉を潤すという仕組みが出来上がったのである。イスタンブールはまさに海によって栄え、そして悩まされてきたのである。

そうした巨大地下貯水槽の一つが、このドイツの泉から御前会議所通り《ディーワーンヨル》を挟んで北側の地下に設けられた地下宮殿《イエルバタン・サラユ》である。ユスティニアヌス一世が六世紀に建造したこの巨大地下貯水槽は、近代に至るまで朧《おぼろ》げにその存在が認知されながらも、正確な位置の知れないミステリアスな施設でもあった。そのためイスタンブールの庶民は帝都地下に張り巡らされた地下水道から魔女がやって来る等々の俗信に戦《おのの》き、近代の犯罪小説などでは神出鬼没の盗賊の根城として活用されるなど、文字通りフィクションの源泉ともなった。

3　御前会議所通り

御前会議所通り、丘の上の都大路

これから私たちが繰り出す御前会議所通り《ディーワーンヨル》は、旧市街の東から北西へ向けて敷かれた全長およそ四・八キロほどの都大路だ。ビザンツ期にはただ大路《メセ》とも、あるいはコンスタンティヌス一世が建設した牡牛《タウルス》広場（のちのテオドシウス広場）にあやかって牡牛《タウルス》大通りとも通称された。現代でいえば、スルタン・アフメト広場北端を出て路面電車の走るイェニチェリレル大通りに沿って西進、バヤズィト広場に至ってイスタンブール大学の敷地を西から回り込むようにしてフェヴズィパシャ大通りへ入り、城壁まで続く道が、御前会議所通りに当たる。

この都大路を立体的に捉え直してみると、街の別の姿が見えてくる。イスタンブールが丘の街でもあることは先述したが、六世紀頃にはローマと同様に七つの丘があると考えられるようになる。そして御前会議所通りは、このうち実に六つ、第一丘から第六丘の尾根を結んでいる。つまり、山の手ならぬ「丘の上」を貫く都大路であるわけだ。

この大路沿いには、アヤソフィア、グランド・バザール、バヤズィト・モスクとバヤズィト広場、旧宮殿、オスマン期の庶民の繁華の地シェフザーデバシュ界隈《かいわい》、ファーティフ・モスク、エディルネ門などの錚々《そうそう》たるモニュメントが並ぶが、これらの配置はそのままビザンツ期のハギア・ソフィア、ヒッポドローム界隈を発して、コンスタンティヌス広場、テオドシウス広場の二大フォールムを経つつ聖使徒教会に詣で、都北西にあって大宮殿と双璧をなしたブラケルナエ宮殿に伺候し、しまいにカリシウス門からハドリアノポリス（エディルネ）方面へ向かうという、ビザンツ帝都コンスタンティノポリスの構造にぴったりと重なっている。

堂舎廟塔《どうしゃびょうとう》の居並ぶ都大路が丘の上を貫くというのが、ビザンツ期以来の一六〇〇年間変わらないイスタンブールの都市プランなのである。私たちもしばらくの間は、丘の頂を繋ぐように周遊を愉しむとしよう。

バヤズィト広場、あるいはテオドシウス広場へ向かって

いざ御前会議所通りを歩きだせば、私たちのすぐ脇を小気味のいい駆動音とともに路面電車が通り過ぎていく。我が国で明治維新の成った翌年の一八六九年に設立された幸いなる御屋《デル・サアデト》の路面列車公社《トラムヴァイ・シルケティ》によって敷かれた馬車鉄道を起源とする伝統ある路面電車だ。二一世紀に入りイスタンブールの地下鉄網は急拡大したが——正確には先延ばしになっていた複数の路線工事が終わった——一九世紀末以来、馬から電気に動力が変わったいまも、この路面電車の経路はほとんど変わっていない。

都大路を西へ五分も歩けば、右手に灰色の丸屋根を被った白壁の眩《まぶ》しい堂々たる建物が見えてくる。マフムト二世（在位一八〇八—一八三九）とベズミアーレム妃（一八〇七—一八五三）、

その孫のアブデュルハミト二世の眠る墓廟《ぼびょう》である。息子の代に恩恵改革として結実する西欧化改革を牽引《けんいん》した啓蒙《けいもう》専制君主であり、お妃《きさき》ともども臣民の崇敬篤かったマフムト二世と、アジア初の憲法となったオスマン帝国憲法（通称ミドハト憲法）を停止し、粛清に彩られた三〇年にわたる専制政治を布《し》いた孫のアブデュルハミト二世がともに葬られている。マフムト二世期に登用されたお雇い外国人は数多くいるが、わけても帝国の軍事顧問に任じられたフォン・モルトケ（一八〇〇―一八九一）は有名だ。のちにドイツ陸軍の父と称される彼はオスマン軍の士気の低さにひどく幻滅させられたが、名君マフムト二世に対してはその限りではなかったようで、離任直前にこの墓廟に参ってのち帰国している。

御陵《みささぎ》に首を垂《こうべ》れつつさらに一分ほど歩けば、路面電車のプラットフォームのすぐ隣に屹立《きつりつ》する赤みがかった巨大な円柱が姿を現す。トルコ語で円環石《チエンベルリタシユ》と呼ばれるこの柱、往時の名はコンスタンティヌスの円柱という。その名のとおりコンスタンティヌス大帝がローマから移設したもので、ビザンツ期には柱頭に大帝その人の彫像が鎮座し、この一帯もコンスタンティヌス広場と呼ばれていた。例によって第四次十字軍の際に彫像は破壊され、オスマン期に入ると家《か》禽《きん》市場や貨幣造幣所、そして捕虜市場《エスィルパザル》が開かれて広場は姿を消し、円柱の来歴も忘れられてしまった。名実ともに主をなくしてなお、火事にも地震にも倒れず立ち尽くす赤みがかった円柱はどうにも不気味だったようで、帝都庶民は不吉な円柱として忌避していると、オスマン、西欧双方の記録に記されている。

さらに大路を辿っていくと、右手に大モスクが現れる。聖者王《ヴェリー》の異名をとったバヤズィト二世が一五〇六年に建立したバヤズィト・モスクとバヤズィト広場だ。この周辺はかつてコンスタンティノポリス最大のテオドシウス広場があった場所にあたる。往時には中心にテオドシウス帝の彫像をいただく円柱が立ち、周囲には柱廊が巡らされて商店が軒を連ねる人と物の行きから大市であったという。オスマン期のバヤズィト広場も同様で、金角湾とマルマラ海双方に下りていく南北の要路と御前会議所通りが交わる市内交通の要衝として栄え、公開処刑などが行われて王権の正義が庶民に示されるドラマトゥルギーの空間としても機能した。これから先、私たちも幾度となくこの広場へ舞い戻ってくることになるだろう。

広場の顔であるバヤズィト・モスクは、規模の点で他の帝王モスクに及ばないからなのか、現代の人々の意識は、ともすればその奥に鎮座するグランド・バザールへ向かいがちだ。でも、都大路のこれほど近傍に佇む伽藍であるから、近世には境内《けいだい》で珈琲売りが商いをし、一服しながら当代一級の詩人たちの会合が持たれるなど、なかなかの存在感を示しもした。テオドシウス広場のフォールムとしての性格をモスクの中庭が受け継いだと言えるかもしれない。では、広場の商業区としての機能はどこに引き継がれたのだろうか。言わずもがな、グランド・バザールである。

グランド・バザール、世界最大の屋内商店街

海と陸の道の交錯点に位置する世界帝都の、さらにその交通の要衝に位置するのが国際貿易都市イスタンブールの象徴とも言うべき屋内商店街グランド・バザールである。「グランド・バザール」の名はあまねく知られるが、実はかなり不正確な呼び名だ。本書では分かりやすさを優先してグランド・バザールの呼称で通すものの、そもそもバザール（トルコ語ではパザル）は週に一回開かれる青空市場のことで、常設の店舗が立ち並ぶ商店街はチャルシュと呼び分けられる。そのためトルコでは、読んで字のごとくに屋根付き商店街《カパル・チャルシュ》や大商店街《ビュユク・チャルシュ》と呼ばれている。

さらにもう一つ、この広大なショッピングモールは「ベゼスタン」という名前を持っている。ベゼスタンは、トルコをはじめイランなどにも見られる商業施設の形態で、アラビア語の絹織物商人《バッザーズ》を語源とし、転じて絹をはじめとする高級品を取り扱う市場、それも防犯上の理由から防壁と屋根を備えた堅牢《けんろう》な屋内商店街を指す。グランド・バザールの原型もまた、一五世紀にメフメト二世が付置した二つのベゼスタンだった（本章扉）。一五世紀末にはベゼスタン内の店舗一二六店、その周囲の商店街に七八二店、一五二〇年にはこうした場外市場を合わせて周辺の店舗数は一〇〇〇を超えたというからすさまじい発展と言えよう。一八世紀に入ると場外市場群にも順次、屋根がかけられていき、いつしか二つのベゼスタンが一体化して現在の世界最大の「バザール」が出来上がる。

ではバヤズィト・モスク南東の門からバザール内部へ踏み込もう。色彩と芳香、そして呼び

売りの声の氾濫に圧倒されること間違いなしだけれど、客引きの類を適当にいなすうちに落ち着いてくると、同業種の店が同じ一角に固まっているのに気づくはずだ。迷路のように張り巡らされた通りの名前も、そうした同業者たちから取られている。蚤の市《ビトパザル》通り、トルコ帽職人《フェスジレル》通り、雑巾売り《ヤールクチュ》通りと進んで女の履物職人《ゼンネジレル》通りへ渡り、しばらく行って礼拝帽職人《タッケジレル》通りを跨げば、ひときわ狭い道に貴金属が眩しいショーウィンドウの並ぶ界隈に行き当たる。ここが本来のグランド・バザールの心臓部ベゼスタンである。近世のベゼスタンは昼間のみ営業し、閉門後は煌々《こうこう》と明かりが灯《とも》され、七〇人ほどの夜警が常駐して見回りに余念がなかった。都市文化華やかなりし一八世紀初頭のイスタンブールに住まいしたフランス人貴族は、一四年の滞在中に一度として泥棒に入られたという話を耳にしなかったと記しているから、警備はかなり行き届いていたようだ。

防犯が万全となれば次なる敵は天災、つまりは地震と火事である。ベゼスタンが屋内商店街の形式を取るもう一つの理由は天災対策なのだ。現在のグランド・バザールも一八九四年の大地震で多くの屋根が崩落したが、木造家屋のひしめく近世イスタンブールでもっとも恐れられたのは火事の方だ。わかっているだけでも一〇回は大火に見舞われている。いざ火が出ても商品を失うまいと、商人たちは営業を終えると地下の倉庫へ高級品を保管するようにしていたという。とくに一五四六年と一六六〇年の大火事では甚大な被害を受けたが、世界帝都のあきんどの周到さの賜物《たまもの》か、そのたびに世界一のショッピングモールとして復活し、今日に至る。

グランド・バザールからふたたびバヤズィット広場へ戻りつつ、少しだけ寄り道をしていきたい。目指すはバザールとモスクに挟まれた三角形の区画。すぐ傍のイスタンブール大学の学生や研究者、観光客で賑わう書籍商街である。書店に囲まれた中庭の中心に、一体の銅像が立っている。像の主はハンガリー系官人イブラヒム・ミュテフェッリカ（一六七四―一七四五）。同時代には通詞《テルジュマーン》のイブラヒム殿と呼ばれ亡命ハンガリー貴族たちと宮中を繫ぐ外務官として名を馳《は》せたが、彼の彫像がここに建つのは一七二七年に活版印刷によるオスマン語刊本を出版した功績による。これこそが、イスラーム世界におけるムスリムによる活版印刷の最初の例とされる。

ミュテフェッリカ版の出版される一〇〇年以上前から、イスタンブールでは非ムスリムたちが活版印刷をはじめていたのに、どうしてムスリムだけが出遅れたかといえば、その理由はいままさに私たちの目の前を往来する学生たちにある。八学院やスレイマニイェ学院などの帝国の最高学府が集中したイスタンブールは、古くから学生の街としても栄えた。そして、彼らの重要な現金収入となっていたのが写字、平たく言えば写本作成のアルバイトであった。そのため若人たちの収入を圧迫しかねない印刷技術の導入は、ウラマー（イスラーム識者、宗務・法務を司る人材が輩出する社会階層）たちの反対によって先送りにされ続けていたのである。記念すべきイスラーム世界初の刊本である一七点から成るミュテフェッリカ版に、聖典とハディースのような宗教書が一切、含まれなかったのも、神学生や教授陣を含む宗教関係者たちの批判をかわすためであった。

時は巡って二〇世紀、トルコ共和国が成立してアラビア文字が廃止されると、オスマン期の刊本の取り締まりがはじまる。このとき、貴重な古書を守るべく尽力したことで知られるのが、もとジェッラヒー教団の師父《シェイフ》ムザッフェル・オザク（一九一六—一九八五）である。彼の営んだ書店は他ならぬここ書籍商街にあった。現存する店内には、いまも書物の守護聖者よろしくその遺影が掲げられている。ここ書籍商街には、イスタンブールではじめられたムスリムによる活版印刷事業の紆余曲折《うよきょくせつ》の二〇〇〇年が凝縮しているのである。

イスタンブール大学、宮殿から最高学府へ

書籍商街の北口を出ればバヤズィト・モスクの斜向《はす》かいに立派な城門が構えている。メフメト二世の建立した旧宮殿、現在のイスタンブール大学バヤズィト・キャンパス正門である。旧宮殿は、当初こそ政庁の機能を持つ王城として用いられたが、トプカプ宮殿完成後は後宮の女性たちの住まいとなり、スルタンは週に二回ほど通ってくるようになった。先述のように、トプカプ宮殿に女性たちが移るのは一六世紀後半のことだが、この時期に旧宮殿が一度、焼失したことも、ハレム移転に拍車をかけたのだろう。

その後は、代替わりによって引退した母后が住まいしたり、一部はイェニチェリの養育に供せられたりとさまざまに利用されたが、この宮殿が脚光を浴びるのは近代に入ってからのこと。一八世紀以来、帝都各地に開校したヨーロッパ式の軍学校や高等学校、職業訓練学校などの集大成として、一八四五年に旧宮殿の敷地に諸科学の家《ダーリュリュ・フュニューン》が開かれるのだ。これがイスタンブール最初の西欧式大学となる。

以降は廃校と再開校、改組を経ながらも、一九〇〇年には文学科、数学・自然科学科、宗教学科の三科を備えるに至り、帝国末期まで幾多の人材が輩出した。一九〇八年の青年トルコ革命後は一転、戦争省として用いられたが、一九二三年のトルコ共和国建国後に研究・教育機関へと返り咲き、トルコ国民大学、ついでイスタンブール大学と名称を変えながら、新首都のアンカラ大学と競う最高学府に回帰した。

第二次世界大戦前夜、ユダヤ人コミュニティの尽力によって数多くのドイツ系ユダヤ知識人が身を寄せたのも、ここイスタンブール大学だ。とくにドイツ出身の文献学者エーリヒ・アウエルバッハとオーストリアの言語学者レオ・シュピッツァーの名前は挙げておくべきだろう。アウエルバッハは『ミメーシス』（一九四六年）の大半をここイスタンブールで執筆したが、その著作には驚くほどトルコの色がない。これと好対照をなすのがレオ・シュピッツァーで、彼のゼミからはトルコにおけるヨーロッパ文学研究を先導する研究者が幾人も巣立った。近世以来、イスタンブールはカトリック・プロテスタント教圏とは一定の政治的距離を保つアジールとして、ヨーロッパ、ロシア、北欧などからの亡命者を受け入れてきた歴史を持つが、ここイスタンブール大学はこの街が二〇世紀半ばになってもなお、そうした世界帝都の度量を残していたことを教えてくれるのだ。

4　旧市街北岸

スレイマニイェ・モスク、イスラームの都の冠

ここでしばし御前会議所通りから離れ、旧市街北岸へ足を延ばしたい。イスタンブール大学の正門を左から回り込むようにして、学生たちでごった返す隘路《あいろ》を北へ進めば、すぐに灰白色の大モスクが姿を現す。一五五七年、スレイマン大帝が金角湾を見下ろす第三丘の頂に建立したスレイマニイェ・モスクだ。幼年学校や高等教育機関に当たるメドレセ、施療院、食堂、隊商宿、公衆浴場が併設された巨大な宗教的複合施設《キュッリイェ》で、現在では写本図書館とトルコ写本協会本部を兼ねる旧メドレセは、オスマン帝国の最高学府の一つスレイマニイェ学院として帝国の名だたるウラマーたちを育て上げた。いまも創建当時と変わらぬ佇まいを残すメドレセ前の広場を渡り、境内へ入ったなら、まずは敷地の南東に仲良く寄り添うスレイマン一世と寵妃ヒュッレム・スルタンの墓廟へ向かおう。

スレイマン一世はオスマン史上もっとも有名な君主の一人であり、西欧人にも壮麗者ソロモ

ンの二つ名で知られた帝王であるから、当然ながらこの墓廟にも一六世紀以来、信仰を問わずに参拝客、見物客が絶えない。しかし、静謐な木立の中に佇む八角形の廟に凝らされた、ある尊大な企《たくら》みに気が付く人はあまり多くない。その企みの正体を求めて本堂へ入ろう。

スレイマニィェは、ホテルの集中する旧市街東部からはやや隔たっている。したがって、今日スレイマニィェを訪れる人は、ホテル街にもほど近いアヤソフィアとスルタン・アフメトの二大伽藍を見物し終えていることが多い。そうした人がスレイマニィェに入って最初に感じるのは、ひょっとすると「なんだこんなものか」という失望かもしれない。大円蓋の直径、高さともに他の二堂よりやや劣ることもあるが、なににもまして堂内の四つの大アーチが大円蓋を直接支えているため、外見の巨大さに比して大円蓋の直下の空間が縦長で、ともすれば狭隘な印象を受けるからだ。ではスレイマニィェは、アヤソフィアの劣化版コピーでしかないのだろうか。いやいや、幼少の頃より四界の最高級の芸術に触れてきた大帝と、彼に見出《みいだ》された名建築家スィナンの渾身《こんしん》の作が、そんな妥協の産物であるはずはない。

スレイマニィェの価値は、実のところその立地も考慮に入れてはかる必要がある。そもそもアヤソフィアやスルタン・アフメト・モスクは、政の中心である都の東部、言うなれば人の世の理《ことわり》に沿ってその立地が定められた堂宇だ。対するスレイマニィェは「旧市街の中心部でもっとも高い場所」という自然条件、つまりは天与の立地を求めてこそ、この地に聳えている。当然、丘上の敷地確保は困難で、わざわざ旧宮殿の一部を取り壊してまで用地が広げられた。

そのうえ、モスクは聖地メッカへ向いて建てられるべきであるから、正門、前庭、本堂の配置にも制約がある。こうした限られた条件の中で、大円蓋をなるべく高く掲げようとした結果が、この構造というわけだ。そして丘上より見晴らす先は、西欧人居留区たるガラタの街。スレイマニィェ・モスクは、彼ら異教徒に対していまやイスタンブールがイスラームの都となったことを印象付けるべく丘の上に掲げられた、喩《たと》えるならイスラームの覇者が戴《いただ》いた冠とも評し得る一堂なのである。

ところで、さきほど大帝の墓前で触れた企みについても述べておこう。実はあの墓廟は、信徒たちが礼拝するメッカの方角《キブラ》とぴたりと一致するところに建てられていたのである。通例、モスク建築はメッカの方角には施設を置かないのだけれど、イスタンブールの帝王たちは礼拝所とメッカの間に自らの褥《しとね》を置くことに一切、躊躇《ちゅうちょ》を見せなかった。征服王メフメト二世しかり、苛烈王《ヤウズ》セリム一世しかりである。ここスレイマニィェもまた、曽祖父と父の顰《ひそみ》に倣っている。おそらくは境内でもっとも聖地に近い場所に御陵をという配慮であろうが、丘上から異教徒の街を見下ろすスレイマニィェの配置を知ったいまとなっては、我がモスクに詣でる者は余と余の寵妃の冥福をも願うべしと言われているような気がしてくる。

ウンカパヌ港、近世イスタンブールの海の玄関

スレイマニィェ・モスクに見下ろされつつ、北に向け急峻な坂を下っていこう。一〇分も歩

けば、海岸に並ぶ波止場が見えてくる。コンスタンティヌス帝が築き、ビザンツ期にはラテン人居留区としても栄えたネオリオン港があった場所で、オスマン期には帝都の海の玄関口として空前の賑わいを見せたウンカパヌ港だ。現在でも定期フェリーや観光客相手の鯖《さば》サンドウィッチ売りの小舟、客待ちのボスポラス・クルーズ船等々が停泊して賑々しいが、金角湾に橋の架かっていなかった近世には、それこそ無数の渡し舟と貨物船が幾重にも停泊し、大人口を抱える帝都庶民の需要を満たす品々が休みなく陸揚げされた。一五世紀末に黒海沿岸が、一六世紀初頭にエジプトが帝国の支配下に入ると、これらの穀倉地帯から小麦をはじめとする食料品が大量に運びこまれるようになる。ウンカパヌの名も、小麦計量所を意味する。

近世のウンカパヌをぶらつきながら、揚荷《あげに》を観察してみよう。山と積まれた麦の間に、インドやアフリカからもたらされた香辛料や珈琲などが見える。これら東方、南方からの舶来品、いうなればエジプトものを扱うために造られた市場が、いまも残るエジプシャン・バザールだ。例によって、トルコ語ではエジプト商店街《ムスル・チャルシュス》と呼ばれ、往時にはエジプトを中心とするアラブ圏の海洋商人たちの一大拠点となった。金角湾対岸のガラタ城市が西地中海のカトリック教圏と接続する港であるのに対して、こちらウンカパヌは東地中海を経て紅海、アラビア海、インド洋、そして南シナ海へと繋がる港として棲《す》み分けたわけだ。

グランド・バザールと並び称されるこのL字型の屋内商店街は、もともと近傍のモスクの付属施設として建造された。ウンカパヌの海岸にでんと構えるイェニ・ヴァーリデ・スルタン・

モスク、通称イェニ・ジャーミィ《新しいモスク》である。この伽藍の建設には、二人のやんごとなき女性が関わっている。一人はモスクのもともとの建立者であるサフィーイェ母后（一五五〇—一六一九）。細密画や詩歌をこよなく愛した放蕩《ほうとう》者ムラト三世（在位一五七四—一五九五）の寵妃であり、子をメフメト三世として即位させたのち、母后として強権を振るった。ひとときは、人みなサーフィエ母后に賄《まいな》いて官道に入り、異人ことごとく珍貨によって和を贖《あがな》うほどであったという。その異人たちの内、最大の利益を受けたのがヴェネツィア人たちであったためか、サフィーイェ・スルタンをコルフ島から海賊によって攫《さら》われたヴェネツィア貴族であるとする巷説《こうせつ》が広まった。実際には、ムラト三世の父セリム二世の寵妃ヌール・バヌの経歴と混同された誤りなのだが、海賊に拐《かどわ》かされたヨーロッパのご令嬢が長じて東方の大トルコ《ル・グラン・トゥルク》帝国で権勢を振るうという構図は、一八世紀のバロック小説やオペラで大いにもてはやされた筋書きであるのだから、巷説の影響力も甘く見てはいけない。もっとも、西欧文芸のご令嬢方が青年貴族によって救出され、国許《くにもと》へ帰ることができた点は、現実と異なる。

もう一人はハティージェ・トゥルハン・スルタン。トプカプ宮殿の泉端で狂帝イブラヒムに物申し、ついに我が子を守り通したあの勁《つよ》い女性だ。彼女がサフィーイェ・スルタンのモスクを大幅に改修、拡張していまの大モスクを完成させたのは一六六〇年のこと。当時すでに政務の一線から退き、静かな後半生を送っていたらしいトゥルハン母后が薨去するのは、さらにその二三年後である。女人天下に終止符を打った彼女の亡骸《なきがら》は、いまもL字型のエジプシャン・

バザールとイェニ・ヴァーリデ・スルタン・モスクの中心に、まるで両者に抱かれるようにして街の喧騒《けんそう》から隔たった静謐に身を委ねている。

ヴァーリデ隊商宿のペルシア人街

近世のエジプシャン・バザールから、その南部に広がる問屋街へ足を向ければ、トルコ語とアラビア語に交じって、ペルシア語とタブリーズ語（アゼリー語）が聞こえてきたことだろう。詩のための言語と称《たた》えられるペルシア語の軽快で心地よい響きを追って問屋街へ分け入れば、すぐにペルシア人街として知られたヴァーリデ隊商宿《ハン》界隈に辿り着く。一七世紀、キョセム母后がここにペルシア商人たちのための小モスクを建てたのを契機として、一九世紀後半にはガージャール朝イランから留学生や亡命者が流れ込んで一大ペルシア人街が形成された。

一八九〇年、ナーセロッディーン・シャー（在位一八四八―一八九六）がイランの一大産業である水煙草《トンベキ》用煙草の独占販売権を英国へ秘密裡《ひみつり》に与えたとき、その事実を最初にペルシア本国へ知らせたのは、ここイスタンブールで出版されたペルシア語新聞『アフタル』（一八七六年創刊）だった。つまり、イランの国民意識形成を促し、ガージャール朝立憲革命の起点となったタバコ・ボイコット運動の初矢は、ここイスタンブールから放たれたわけだ。

現在、この界隈を歩いてもイランの商人や亡命者たちの足跡は、裏路地にひっそり立つヴァーリデハン・イラン人モスクくらいのものだが、隊商宿から五分ばかり東へ足を向ければ、多くの国のイスタンブール領事館――つまり帝国時代の大使館――が新市街へ引っ越したいまでも、旧ペルシア人街の傍らに居残ったイラン領事館が堂々と構えている。

問屋街タフタカレの荷運び人たち

では、ふたたび海側へ戻りつつ、エジプシャン・バザール南側の裏路地に踏み入ってみよう。タフタカレと呼ばれるこの界隈は、ビザンツ期のラテン人居留区に当たる。一一八二年のラテン人虐殺の舞台になったのもこの一帯で、事件を機に彼らは対岸のガラタへ移り住んだ。オスマン期に入ると、隊商宿が軒を連ねて商人や荷運び人、車夫が往来する問屋街として活況を呈した。港から入って来た舶来品が、庶民に最初にお目見えする蔵前となったわけだ。

帝都庶民のお眼鏡《めがね》にかなってタフタカレから世界中に広まった産物のうち、なんといっても有名なのは珈琲だ。ヨーロッパではいくつもの思想を生み出し、ときに革命の始点として国を滅ぼしさえした「カフェ」のヨーロッパ大陸一号店も、ほかならないここタフタカレに開店した。一五四〇年代のことだと言われている。もちろん、当時の店は影も形もないが、その伝統を享《う》けるかのようにトルコ珈琲の老舗《しにせ》メフメト・エフェンディ(創業一八七一年)がいまでも店を構える。ただし、ここタフタカレ店は基本的に焙煎豆《ばいせんまめ》の販売が専門なので、私たちはのちほどシェフザーデバシュの繁華街で珈琲を愉しむことにしよう。

問屋街の方は、五〇〇年を経てなお健在で、地方や主にアラブ圏からの買い出し客と観光客でごった返す。その雑踏をかき分けながら南東へ一分ほど歩くと、旧スィルケジ郵便局に行き当たる。オスマン帝国郵政省の入っていた建物で、共和国に入ってからもイスタンブール最大の郵便局として働いたのち、郵便博物館となった。そして、この博物館の外に、大きな背負子《しょいこ》を担いだおじさんの銅像が佇んでいる。これこそが丘の街イスタンブールの運送業者の雄、荷運び人《ハマール》の姿だ。ウンカパヌに荷揚げされた荷は、彼らに背負われて市内各地の市場にもたらされた。なにせ急坂、激坂に加え隘路に事欠かず、馬車や荷馬による輸送が困難な地域も少なくないイスタンブールのことだから、一説には一七世紀の旧市街だけで八〇〇〇人もの荷運び人がおり、中には馬より多くの荷を背負って荷馬屋組合から顰蹙《ひんしゅく》を買うようなつわものさえいたのだとか。彼らの大半はその日暮らしの日雇い労働者で、往時の帝都の隘路や市場を「野郎ども、女郎《めろう》ども！　そこのけ《ヴァルダ》！」という威勢のいい掛け声とともに闊歩《かっぽ》し、夜は夜とて酔っぱらいを家まで送る役目、言うなればタクシー役までこなした。七丘の都イスタンブールの風物詩たる職種であったわけだ。

5　旧市街南部

アルメニア人街クムカプ

ここで一度、バヤズィト広場へ戻り、今度は御前会議所通りを渡って街の南部へ向かおう。

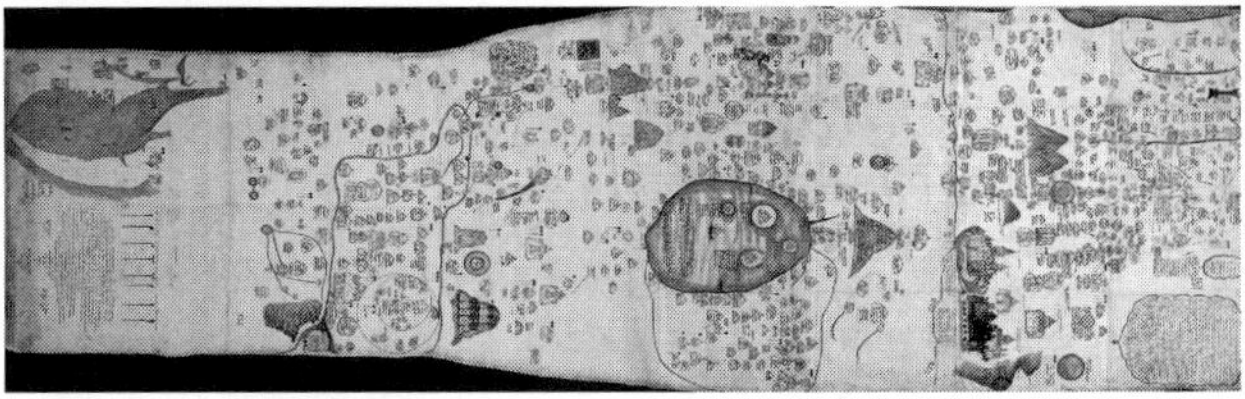

図８　17世紀末に制作されたオスマン帝国内外のアルメニア正教会と修道院を写した大覧。地図としての正確性は重視されていないものの、画面右手下にアララト山と聖地エチミアズィンが、左端にイスタンブールが配置される。アルメニア教徒たちの広大なネットワークが窺える。（エレミヤ・チェレビー・キョミュルジュヤン『アルメニア年代記絵』1691）

劇場《ティヤトロ》大通りを下っていくと魚介を煮炊きする香りにグラスを合わせる音が響く。イスタンブールで魚料理屋と言えばそれは飲み屋のことだ、という一七世紀の帝都人の言葉そのままの、一大飲み屋街クムカプ界隈である。一四五八年、メフメト二世がアルメニア人たちをこの地域に住まわせて以来、今日まで続くイスタンブールを代表するアルメニア人街だ。

世界最古のキリスト教王国を築いたアルメニア人は、ビザンツ期には帝国各地に暮らして政軍の要職を占め、トルコ南東部から東部にかけての小王国群の主としてペルシア人やムスリム、十字軍とも相対した。オスマン期には、現在のアルメニア共和国の首都エレバンと聖地エチミアズィンを有する地域を本土としつつ、トルコ・イラン・インドに跨る交易路を往来する交易民としても確たる地位を築いた。アルメニア本土が農耕社会であるのに対して、各都市のアルメニア人たちの商業網の中枢は他でもないここイスタンブールだ。それを示すように、国内最大のアルメニア正教会であり、現在は総主教座としてアルメニア教徒を統括するスルプ《聖》・アスドゥアッザズィン《母》教会がクムカプにいまも健在で、五万人程度と見積もられるイスタンブールのアルメニア系社会の心の拠りどころとなっている。

　第一次世界大戦前後に断続的に起こったアナトリア東部でのアルメニア人虐殺は、いまもトルコとアルメニア両国に大きな禍根を残す。虐殺を認めるべきと発言して猛批判に晒されたノーベル文学賞作家オルハン・パムクの舌禍事件や、『アゴス』紙を主宰したアルメニア系トルコ人ジャーナリストのフラント・ディンク暗殺事件（二〇〇七年）——二〇〇九年に九〇年ぶりに国交正常化が叶ったいまも問題は山積し、二〇二〇年の第二次ナゴルノ・カラバフ紛争の際には、トルコのマスメディアは反アルメニア、親アゼルバイジャン一色に染まり、総主教座周辺ではアゼルバイジャン国旗を掲げた示威行動まで行われた。

幻のリュゴス川を探して

　クムカプを抜けてイェニカプ界隈を西へ進みながらマルマラ海へ目を向けよう。いまは展示場が鎮座する広大な埋立地が広がるが、ビザンツ期にはここにエリュテリオス港があった。のちにテオドシウス港とも呼ばれたこの大港が、ビザンツ帝都コンスタンティノポリスの海の玄関口であり、揚荷はアルカディウス広場（アクサライ南部）を経て、商業の中心テオドシウス広場（バヤズィト広場）へと運ばれた。オスマン期に入ると港はカドゥルガ《ガレー船》港と名を変え、その名の通り造船所兼港湾として使われたものの、物流の中心地がウンカパヌなどの金角湾沿いに移ったため、徐々に寂れていった。

　そもそもここに港が発展したのは、旧市街唯一の河川の河口にあたるからでもある。ビュザンティオンに先んじて先住民たちが築いたと言われる村邑の名を冠してリュゴスと呼ばれたこの川は、旧市街西北から、いまのエディルネカプとトプカプの中間あたりを経て、そのまま現在のアドナン・メンデレス大通り（旧ヴァタン大通り）に沿って流れ、アルカディウス広場で南曲しここイェニカプからマルマラ海へ注いでいた。

　このリュゴス川、一六世紀の都市景観図などにはそもそも描かれず、わずかに井戸がその痕跡を伝えるだけなので、はやくも近世には存在感を失っていたことが窺える（序章扉、第2章扉左上）。それでも二〇世紀半ばまではテオドシウス城壁の内側までトルコ語でバイラムパシャ渓流と称される小さな流れが残っていて、イスタンブール唯一の川橋が架かっていた。いまのファーティフ区役所の裏手に残るアルパ・エミーニ・キョプリュ《橋》ス通りの行き止まりあたりにあったらしいが、一九五〇年代以降の都市開発で跡形もなくなり、河口に当たるここイェニカプもカドゥルガ港もろともすべて埋立地の底に沈んでしまった。

非ムスリムの街並みを抜けて

　さらに西へ歩くとサマトヤと通称される界隈に差し掛かる。ギリシア語、アルメニア語ではプサマティアと呼ばれたこの地域には——現在はトルコ語のコジャムスタファパシャ地区の方が通りがよい——アルメニア教会やギリシア正教会、シリア正教会が合計七堂立ち並んでいる。ギリシア人、アルメニア人はもとよりアッシリア人（シリア正教徒）やカラマン人（トルコ語を話すギリシア正教徒）など、言語を違《たが》える帝都のキリスト教徒たちが袖振り合わせて暮らした地区というわけだ。ここサマトヤ出身の世界的企業にシンバル・メーカーのジルジャン社がある。創業は古く、一六二三年に若人王《ゲンチ》オスマン二世（在位一六一八―一六二二）よりシンバル職人《ズイルジ》の名を賜《たまわ》ったアルメニア教徒の職人アヴァディス・ズィルジヤンに遡るという。

またサマトヤ界隈は、ところどころに木造の古民家の牧歌的な佇まいが残っている。こうした古民家のうち、一階に窓を設けているのが非ムスリムの家、街路からの視線を気にせずに家内の女性が働けるよう中二階ないしは二階以上の高さにしか窓が開いていないのがムスリムの暮らした家と判別がつく。イスタンブール文化圏ならではの多様な住文化が垣間見られるわけだ。当然ながら飲み屋街もあるが、クムカプに比して狭い道沿いに店が蝟集《いしゅう》する家庭的な印象である。なお、旧市街西端のこの地域は家畜が屠《ほふ》られ、食肉と重要な軍需物資、輸出品であったなめし革に加工される一大拠点としても知られた。

イェディクレ城塞、恐怖の監獄

かくして旧市街南岸を踏破した私たちの眼前に現れるのが、大城壁と一体化した大城塞である。七つの塔《イェディ・クレ》という名が示すとおり、七本の城塔を備える。テオドシウス二世が黄金門《クリセイア》に付属する儀式空間を設置したのをはじまりとして、ビザンツ期には監獄や検疫施設として用いられ、一四五〇年代のメフメト二世による大改築を経て今日の七塔が聳えるようになり、当初は宝物庫として用いられたのち、長く城塞と監獄を兼ねて使われた。城塔の練色《ねりいろ》に下草の緑が眩しく映える城内を散策していくと、ある塔の下で鎖のついた蓋で封じられた井戸に行きあう。古色蒼然《そうぜん》たるこの井戸に腰かけて足休めしながら、要塞の来歴に思いを馳せるとしよう。

一四五三年、五月二九日にコンスタンティノポリス征服をなしたメフメト二世は、その三日後に大宰相チャンダルル・ハリル・パシャを召し出して罷免を告げた。父の代から一四年も大宰相を務め、自身の傅育《ふいく》係でもあったハリルに、将兵の間にあなたがビザンツ側と通じていたという噂《うわさ》が広まっているのを危惧しての処置ですと安心させたメフメト二世は、しかしその舌の根の乾かぬうちに彼とその一族を捕らえ、ここイェディクレ監獄へ幽閉するのだ。のちに家族は赦免されるが、ハリルは一月後にここで処刑されている。ハリルが当主を務めたチャンダルル家は当時すでに一〇〇年にわたって帝国に仕え、五人もの大宰相を出したウラマーの名家。一方、ハリルの後任に任ぜられたザアノス・メフメト・パシャ（?―一四六二）はギリシア系奴隷の出身で、旧都エディルネの内廷学校あがり。つまりメフメト二世は、帝王の権威を脅《おびや》かしかねない古いトルコ系名家を排除し、代わって子飼いの人材による権力の地固めを図ったのである。そうした意味では、名家豪門は数あれど貴家は王家のみというオスマン帝国の礎が築かれたのは、ここイェディクレ城塞であったわけだ。

時代は下り、あのブルー・モスクを建てたアフメト一世の息子オスマン二世が幽閉されたのも、ここイェディクレ城塞だ。弱冠一四歳で即位し、若人王《ゲンチ》と呼ばれた彼は、語学と文才に恵まれた才気煥発な帝王であったようだが、綽名に違わない若さに任せ軍制改革に乗り出す。給料泥棒と化しつつあったイェニチェリ軍団の改革を試みたのだ。結果としてイェニチェリたちは蜂起し、オスマン二世は捕らえられてイェディクレへ連行される。当時の慣習に倣えばそのまま幽されるであろうところを、オスマン二世は間を置かずに絞殺されてしまう。この若人王こそが、王朝史六〇〇年において軍の蜂起によって廃位された最初のスルタンとなり、またもっとも若く薨去した帝王となった。チャンダルル家を排してより二五〇年、帝国で唯一、その血が尊いとされたオスマン家の帝王を殺すのにはイェニチェリの一存だけでは無理があるという見方もあり、黒幕探しは現代でも続いている。

ところで、斬首されたハリルの首や、ばらばらに引き裂かれた若人王オスマンの遺体が捨てられたのは、私たちの腰かけているこの井戸だったと言われている。

第2章

壁外へ至る門前町

旧市街西部

1520年代に制作された都市図。別の都市図を参考に15世紀後半のコンスタンティノポリスの様子を写し取ったと考えられる。東から、すなわちアジア岸の上空からイスタンブールを眺めるこの構図は18世紀に至るまで西欧製イスタンブール鳥瞰図の基本型となった。（ヴァヴァッソーレ『ヴァヴァッソーレのイスタンブール図』）

N
W
E
S
サアダーバード宮殿
キャウトハーネ渓流
ラビア婦人珈琲店
エユプ・スルタン・モスク
エユプ
ハスキョイ
テオトコス・パンマカリストス教会
国営造船所
ヒラーミ・アフメト・パシャ・モスク
聖ゲオルギウス大聖堂
エディルネ門
金角湾
フェネル
フェネル・ギリシア人高校
ヤヴズ・セリム・モスク
慈善橋
トプカプ門
ゼイレキ・モスク
ヴェファ
ウンカパヌ港
ガラタ橋
ファーティフ・モスク
ヴァレンス水道橋
スレイマニイェ・モスク
タフタカレ
エト広場
旧宮殿
シェフザーデ・モスク
グランド・バザール
女奴隷市場
バヤズィト広場

1　シェフザーデバシュ

繁華の地シェフザーデバシュ

三度《みたび》、バヤズィト広場へ取って返したなら、旧市街の西へ向かおう。つまり、テオドシウス城壁へ至る御前会議所通りの残りの部分をこなし、城壁外のエユプ地区へ遊ぶのだ。

バヤズィト広場から現在のフェヴズィパシャ大通りへ出た地下鉄ヴェズネジレル駅周辺は昔、シェフザーデバシュ《皇子の袂》と通称された。地名は通り沿いに建つ皇子《シェフザーデ》モスクに由来する。スレイマン一世とヒュッレム妃の子で、夭逝《ようせい》したメフメト皇子を偲ぶ一堂で、のちにスレイマニイェ・モスクやエディルネのセリミイェ・モスクなどの大伽藍を手掛ける建築家スィナンに任された最初の大モスク建築であった。境内に入って本堂を覗《のぞ》けば、朱白の縞模様に彩られたアーチをはじめ、スレイマン一世期のモスク建築の原型がすでに確立している。

一方、モスク西隣一帯にはサラチハーネの大市場が広がっていた。いまでは公園や博物館になっているが、往時にはエディルネ門から運び込まれたバルカン各地の産品が庶民に商われた常見世《じょうみせ》である。シェフザーデバシュ界隈は、陸の物資集積地サラチハーネ市場と海の玄関口ウンカパヌ港からグランド・バザールにかけての両商業区に挟まれた、近世イスタンブール有数の繁華街なのである。

エト広場、イェニチェリの大兵営

帝都庶民で賑わう街をそぞろ歩こうと、喜び勇んでシェフザーデ・モスクの外へ出れば、御前会議所通りを挟んだ向かいの建物に出入りする、へんてこな帽子をかぶった益荒男《ますらお》たちの姿が目に入る。先端が畳まれて後方になびく不可思議な白帽《ウスキュフ》が示すように、彼らはオスマン軍の要をおよそ三五〇年にわたって担った奴隷歩兵イェニチェリである。実はシェフザーデバシュにはイェニチェリの大兵舎が隣接していたのだ。いま私たちが見ているのは古兵舎《エスキ・オダラル》、そしてさらに大きな新兵舎《イェニ・オダラル》が南に七〇〇メートルほど下った現在のアクサライ駅の西側に広がっていた。

イェニチェリは、帝国の常備軍にあたる御門の奴隷軍団《カプ・クル・オジャクラル》のうち、小銃や弓矢を装備したもっとも兵員数の多い歩兵部隊のこと。バルカンなどの各地から徴発されたのちトプカプ宮殿の内廷学校へ取られなかった者、つまりは徴発者の大半が教練を経てイェニチェリ部隊に配属された。彼らは奴隷身分ながら俸給を賜り、一般の法律では裁かれない特権を保持する御門の奴隷《カプ・クル》として、帝都イスタンブールで驚くべき権勢を誇った。

それにしても奇妙な帽子だ。帝国の第三代ムラト一世期（一三六二―一三八九）に、従来の騎兵軍に加えてアッバース朝やマムルーク朝に範をとる奴隷軍が新設された当初は――そのため新兵《イェニ・チェリ》の名が与えられた――山羊《やぎ》の毛と皮でできた帽子《ブォルク》を被ったらしいが、徐々に丈が伸びていって、やがて頭頂部に寝かせ《ヤトゥルマ》が施されて白帽となったという。ちなみに帽子の下はだいたい髪をそり上げた禿頭《とくとう》で、もみあげの部分を残したり、頭頂部に馬の尻尾のようにひと房残したりと、時代によって流行があった。身分はあくまで奴隷であるため顎髭《あごひげ》は許されなかったというが、この禁は一六世紀には形骸化していた。

図9　連れ立って歩くイェニチェリ。手前の人物が瀟洒《しょうしゃ》な布地を携え、もう一人は手拭を持っている。両名とも髪をそり上げて白帽を被っているが、平時であるため武器を帯びず、羽根飾りも付けていない。（『東方の習慣と服飾』年代不明）

シェフザーデバシュ南側の二つの兵舎が並ぶ界隈は、長らく肉広場《エト・メイダヌ》と綽名された。規模の大きな新兵舎の方に牢屋《トムルク》と通称された食肉加工場が鎮座し、周辺に肉屋や料理人が集って兵隊たちの糧食を賄ったのに由来する。いまでも、モッラ・セフェリ公園の奥にトムルクの名の小路が残っている。ここ肉広場には、さきほどのイェディクレ近辺で屠られた食肉を満載した馬車が「控えおろう！《サヴルン》」と呼ばわりながら日参し、兵舎の広場中央に据えられた大鍋《カザン》で煮込まれてチョルバ、すなわちスープとして供せられた。

兵隊たちに大鍋の肉汁というその日の糧《かて》を与えるのは主人たるスルタンの務めだ。自然と、兵営の真ん中の炉《オジャク》に据えられた大鍋が、軍団《オジャク》と君主を繋ぐ象徴とされていく。不満を託《かこ》つイェニチェリたちが蜂起するときには、この大鍋《カザン》をひっくり返して示威としたのも頷ける話だ。蜂起の名分は大抵、財政難による俸給未払いや軍制改革（つまり、イェニチェリの既得権益への挑戦）であった。いざ大鍋が覆れば、風呂屋の三助や酒場の用心棒に身をやつして帝都に住まう退役したイェニチェリたちも集まってきて、御前会議所通りを宮殿に向かって行進し、帝王から譲歩を引き出すのである。ときには御門《カプ・クル》の奴隷軍内部の権力争いが絡むこともあって、一八〇八年の蜂起では金角湾上から海軍による砲撃がこの兵舎一帯の市街地へ浴びせられるなど、市民にとってははなはだ迷惑な規模の戦闘に発展することもあった。

彼らは奴隷であるから、本来は特権的な御門の奴隷兵でいられるのは一代限りで、そもそも妻帯も禁じられていた。ところが、一六世紀にスレイマン一世が行った兵員増加による勢力拡大を受け、この禁は早々に形骸化し、世紀後半には事実婚が一般化し、これに伴い軍団全体で世襲化が進んでいく。もともと地縁を持たないからこそ君主への忠誠を期待されたはずの兵士たちが、イスタンブールに根を張るようになるのだ。かくして彼らは、各種の同業者組合《エスナーフ》の営業権を買い集め、店舗オーナーや用心棒として帝都商工業界の顔役と化していく。イスタンブールの街は、武力と商工業界への影響力を兼ね備え、ときに蜂起して国政を左右する、ひどく厄介な既得権益集団を抱え込んでしまうのだ。

一六世紀以降のスルタンたちはイェニチェリの増長を押し留めるのに腐心するが、先の若人王オスマン二世のように廃位や暗殺の憂き目を見ることも少なくなかった。一七三〇年、チューリップ時代と呼ばれる一時代に終止符を打ったパトロナ・ハリルの乱ではアフメト三世（在位一七〇三―一七三〇）が廃位され、股肱の大宰相ネヴシェヒルリ・イブラヒム・パシャ（在職一七一八―一七三〇）も処刑されて、西欧化改革の最初の芽が摘まれたし、その一〇〇年後のカバックチュ・ムスタファの乱ではイェニチェリの専横に敢然と立ち向かい軍制改革を推し進めた改革派の名君セリム三世（在位一七八九―一八〇七）が廃位され、のちに暗殺されている。

一八二六年、マフムト二世が西欧式軍隊の訓練をはじめたときも、イェニチェリたちは大鍋を肉広場へ持ち出して蜂起の意思を見せた。しかし、叔父《おじ》セリム三世の最期を目の当たりにしていたマフムト二世は、周到な準備を終えていた。まずは法学者たちを味方につけて法の上での正義を我がものとし、トプカプ宮殿の宝物庫から預言者ムハンマドが掲げたとされる聖なる黒い御旗を持ち出して、民草にイェニチェリが神敵であることを知らしめる。対外戦争、それも異教徒との聖戦に匹敵するこのパフォーマンスによって帝都庶民を味方につけ、スルタンに忠誠篤い砲兵隊を中心とする新式軍による砲撃と銃撃がここ肉広場に浴びせられた。諸説あるものの、六〇〇〇名ほどのイェニチェリが殺され、二万名余が虜《とりこ》とされた。イスタンブールの城門は閉ざされ残党狩りが続けられるなか、捕虜の大半がアト広場に引き立てられて処刑され、さらには市中に立つイェニチェリたちの墓石もことごとく引き倒された。いま、オスマン語の記年詩を訪ねてイスタンブールの墓地を巡っても、特徴的な白帽をかたどった墓石が見当たらないのはこのためだ。実に二〇〇年。それが若人王オスマン二世の廃位からイェニチェリの廃絶までにかかった時間である。

イスタンブールの珈琲店、歓談と流言のるつぼ

幸いなことに無頼《ぶらい》の兵士たちはいなくなったが、シャフザーデバシュの繁華街を遊歩するにあたり、いまも昔も変わらないものがある。この街の人々にとって他者との歓談が大いなる愉悦であることだ。そして、世界帝都イスタンブールの社交は珈琲店《カフヴェハーネ》なくしては語れない。一六世紀半ば以降、多くの珈琲店が軒を連ねたのが御前会議所通り沿い、とくにここシェフザーデバシュ界隈だ。同業他店との競争が激しいとなれば最初は炉一つ、道端に低椅子《タブーレ》を出しただけの店構えも段々と洗練されていった。ことイェニチェリたちが出資、経営した珈琲店は豪奢な構えで知られ、西欧人旅行者たちの見物記にも事欠かない。私たちもそうした一軒にお邪魔し

てみよう。

店の外に並ぶ低椅子では近所の隠居老人たちが一服しながら楽しそうに話している。道行く人を肴《さかな》に交わされる陽気なお喋《しゃべ》りを聞き流して入店すれば、入り口の向かいに鍾乳石飾《ムカルナス》りのような優美な煙除《よ》けを備えたかまど《タンドゥル》と厨房が目に入る。ある店員は火にかけた珈琲鍋《ジェズベ》の様子を見ながら肉を焼き、別の店員は松炭を小さな炉に移して湯を沸かす。目を左右に転ずれば、壁際をぐるりと取り囲む長椅子も、ホール中央に並ぶ席も客でいっぱい、奥の小上がりでは近所の長老格と思《おぼ》しきお歴々が額を寄せ合って難しい話をしている。満席となれば、二階へ上がるしかない。階段を上り切って最初に目に入るのは、通りに面した側に開く大きな窓とその前の小上がり、そして中央に湧く噴水《セビール》だ。水音を愉しみ、ときに密談の声をかき消してくれる設備で、いうなればVIP席といったところ。壁際には一メートルを超える長さの煙管《リュレ》が幾本も、ビリヤードのキューよろしく立てかけられている。私たちはどこか隅っこに腰かけるとしよう。

西ヨーロッパの朝方のカフェではエスプレッソ――こちらはナポレオン戦争の時代にローマで発明されたという――のワンショットを一息に呷《あお》って颯爽《さっそう》と出ていく伊達《だて》者の姿が見られるが、トルコ珈琲はそうはいかない。飲むまでも、そして飲むときも、じっくり時間をかけるのが流儀だからだ。豆粉を直接煮だして碗に注ぐまではさほど時間を要さないが、供された客の方は澱《おり》が沈むのを待たねばならない。この間に珈琲が冷めぬよう蓋がされていることもある。いざ蓋を取っても、往時のムスリムは熱いからといって食物にふうふうと息を吹きかけるのを不作法と見なしたので、ここでもゆったりと冷めるのを待たねばならない。自然、珈琲が冷めるのを待つ間、隣合わせた者同士で当たり障りない会話がはじまる。「出身は？」「住まいは？」「仕事は？」「稼げるの？」「また増税らしいよ」「いまのお上《かみ》は駄目だね」——そこに常連や店の者が加わり、やがて時を忘れた会話の輪ができる。

一六世紀半ばに珈琲店が現れると、イスタンブールのムスリム紳士たちは香《かんば》しい珈琲のアロマと、彼らが愉快なお喋り《メジュマーウ・ズュレファー》の集いと称えた社交を求めて店に集うようになる。さらには、安価かつ気楽に集える珈琲店で客をもてなすことも増える。家の男が客と連れ立って外出するとなれば、主婦の負担も減るわけで、女性たちは自宅に友人を招きやすくもなる。かくして世界帝都の社交に大きな変化をもたらした珈琲店は大流行し、一〇〇年を待たずにバルカン、アナトリアの鄙《ひな》の街々にまで広まっていった。珈琲豆がイェメンなどの国内で生産可能で、炒《い》ってしまえば保存も輸送も容易《たやす》いため価格が抑えられていたことも、この流行を後押しした。

もっとも、珈琲店の楽しみは歓談に留《とど》まらない。愚痴が陰口になりやがて悪巧みに変じることもあるし、ときには政府批判の場ともなる。一六世紀末以降、オスマン帝国が何度も珈琲店禁止令を出しているのも、こうした不穏な世論形成を恐れてのことだ。実際にイェニチェリたちは蜂起の前に珈琲店を介して世論を操作したとも言われている。一七世紀に入り、国境を越えてヴェネツィア、ウィーン、ロンドン、パリとヨーロッパに広まった珈琲店が、ときに革命の起点となって王国を滅ぼすこともあったのだから、イスタンブールの当局者たちの危惧は杞《き》憂《ゆう》ではなかったわけだ。

　時はうつろい一九世紀、イスタンブールの珈琲店の中には欧風の読書クラブに衣替えをする店が出現する。これがクラアトハーネ《よみもの屋》だ。その名の通り新聞、雑誌が置かれ、飲み物を購入すればこれらを自由に読むことができたし、文盲の客のための詠み上げも行われた。そして、数あるクラアトハーネのうちもっとも有名であったのが、ここシェフザーデバシュのフェヴズィ

図10　1610年代のイスタンブールの珈琲店。紳士、佳人の社交空間として理想化された珈琲店像が描かれる。右上で店員が珈琲を淹《い》れ、その隣の小上がりではウラマーとその弟子と思しき紳士たちが議論に興じる。その下ではメヴレヴィー僧をはじめ詩集を携えた人々が歌会を催す。画面の中ほどでは楽士たちの音曲に合わせて踊り手が踊り、客たちは一心に彼を見つめる。とくに左下の男は目を見開いて、一目惚《ひとめぼ》れをした様子。下段ではタブラ（バックギャモン）やマンガラ（石取）で遊ぶ客が写されている。（チェスター・ビーティ美術館所蔵）

イェ・クラアトハーネだ。この店は、一八二六年に殲滅《せんめつ》されたイェニチェリたちが枕とした大兵舎の、まさにその跡地に築かれた。

講談と影絵芝居、庶民の娯楽

男衆の社交場としてすっかり定着した珈琲店には、芸人たちが集って客を沸かせるようになる。珈琲店芸能の花形は講談《メッダーフ・オユヌ》と影絵芝居《カラギョズ》だ。まずは講談の方から楽しもう。店の隅で珈琲をちびちびやっていると、ふらりと一人の男が立ち上がる。長細い杖と手拭いがトレードマークの噺家《メッダーフ》は、おもむろに店の奥へ行って座席を整えると、杖で威勢よくだんだんだんと床を数回たたいて呼ばわる。

「神よ、友よ、神よ。所の名も人の名も生業《なりわい》もいまとそっくり、でも昔の話でございます。崇高なる帝都にヒュセイン某《なにがし》なる者がおりまして……」

このあと語られるのは昔話であったり、笑話であったり、教訓譚であったり、あるいは噺家が自ら考案した物語であったりと、さまざまであったようだ。長めの噺《はなし》は落語と似てナレーションと掛け合いが交互に挟まれる幕形式を取ることもあり、稀に登場人物一〇人を超えて数幕を跨ぐ長編もあったという。もっとも、いまに伝わる噺の多くはイスタンブールのそこかしこを舞台とする短い笑話や教訓譚がほとんど。たとえばこんな具合だ。

あるとき一人のイェニチェリが珈琲店に入ってきて宣《のたま》う。「諸君らに珈琲をおごろう、ただしそこのギリシア野郎以外にな」。そこで珈琲店の主ヒュセインはそのギリシア人船長を慮《おもんばか》り、隣へ座って一緒に珈琲を飲むという機転を利かせる。やがて時は巡って戦が起こると、イェニチェリの経営する珈琲店の主ヒュセインも兵隊に取られるが、旗色悪く味方はみな虜となってしまう。絶望しながら相手の指揮官を仰ぐと、はたしてあのギリシア人船長ではないか。ヒュセインは珈琲の恩返しにと無事に帰京を許された次第……。一席ぶっている店の主を持ち上げながら、徳は施すものという教訓譚になっているのだろう。

彼ら噺家はムスリムが夜なべする断食月《ラマザン》の夜には、あちこちの珈琲店で引っ張りだこだった。二〇世紀になっても、彼らは夜の街で頑張っていて、ナイトクラブでパロディ寸劇や物真似《ものまね》も交えながらおひねり《パルサ》にあずかったものの、時代の流れには勝てずイスタンブールの噺家の伝統は絶えてしまった。わずかにエルドアン・アクドゥマンなどの演劇人の尽力でトルコ演劇の中に彼らの話芸が痕跡を留めている。いま噺家に憧れてこれを復活させようとする人や、いやいや我こそ最後の生き残りの誰それの直弟子の愛《まな》弟子の云々《うんぬん》と称する怪しい輩《やから》もいるが、なにぶん庶民芸能ということもあって記述史料に乏しく、噺し方の技術も十分には継承されていないので復活は難しいだろう。

対照的にしぶとく生き残ったのが影絵芝居だ。起源については遊牧民由来説、自然発生説など諸説あるものの、マムルーク朝征討によって一六世紀初頭にエジプトから入って来た芸能であるのはほぼ確かと言われる。ということは、中国に発する人形劇がベトナムやジャワを経てムスリムの海たるインド洋を介して伝わったと考えるのが自然であろう。影絵芝居は夜の、それも蠟燭《ろうそく》などが風にあおられない屋内で催すのが望ましいから珈琲店にはうってつけの芸能である。一六世紀半ばには「なにがしか教訓を得ようと心得ながら鑑賞するのは可」という宗教的見解が発表されている。逆に言えば、それほど流行していたわけだ。

影絵芝居はカラギョズとハジヴァトという二人の男の掛け合いを軸に、演目によって兵隊、学者先生、奥様等々のキャラクターが加わる人形劇だ。とくに兵隊や学者先生などの人物がイタリアのコンメーディア・デラルテと共通性が高く、両者の相互影響性を指摘する研究者もいる。いまでは、トルコ各地の小学校や公民館などで先生や地元の有志によってごくごく無害な子供用の笑い話が上演されているが、もともとの影絵芝居の笑いの妙はイスタンブールに集った雑多な住民たちの言葉遣いを種としていた。「ごすずん様《アファンドゥム》、あっしなんもゆってない！」とトルコ語の八つの母音をうまく発音できず幾度も同じフレーズを繰り返し、しまいにカラギョズにぶっ叩かれるアラブ人、「あたくしここに喜ばしく到来致し候」となよなよと、ときに衒《げん》学《がく》的な話しぶりのせいで聞き間違えられてばかりいるペルシア人、「その桶《船》でおらをウスタングル《イスタンブール》さつれてけ」と訛《なま》り丸出しで粗暴なのがアナトリアのトルコ人、上京者を騙《だま》してやろうと絡むも強欲がたたってすごすご引き下がる（うまくいくこともある）ユダヤ人等々。このほかにもボスニア人やチェルケス人、のちにはイギリス人やフランス人などの異人まで取り込んで、帝国の津々浦々から集う多民族についての失礼を極めたステロタイプが、その訛りの模倣を介して披露された。この手の「訛りもの」演目は、さきほどの噺家のレパートリーとも共通する。いまでは差別的ということもあってか上演されないし、そもそも上記の人々の多くがイスタンブールを去った現在、その訛りを再現できる者も稀だろう。

お国言葉を嗤《わら》うのは現代的な感覚で言えば不謹慎だが、他者との相違に見て見ぬふりを決め込まず、かといって「標準語」に矯正するでもなく、笑いの対象へ昇華しながら洒落《しゃれ》のめす心意気は、異人同士、異教徒同士が袖振り合う世界帝都の気風を偲ばせる。

ヴェファのボザハーネで一息

シェフザーデバシュ・モスク北側のヴェファ界隈にも寄っていこう。お目当てはボザというキビや麦芽を発酵させた甘酸っぱい飲み物だ。乳白色のどろりとしたボザには煎《い》りヒヨコ豆を軽くまぶして供される。いまではスーパーでも買えるこのボザ、昔は酒として広く飲まれていたことで知られる。アルコール度数は一パーセント程度と低かったが、アヘンやヒヨスを混ぜて飲用され、合わせて酒を売る店も多かったことから、幾度か禁止令も出された。いまイスタンブールで広く飲まれているのは、一八七〇年代に創業した、その名もヴェファ・ボザ店発祥のもので、こちらはアルバニア風を謳うボザ。当時、アルコール抜きの上に甘味、酸味双方とも抜群の甘露としてまたたく間に帝都じゅうの評判を呼び、今日にいたる。

ボザはとくに冬の飲み物として知られ、夜に通りの向こうから「ボォーザァー」という深くゆったりとした呼び売りの声が聞こえてくるのが一昔前のイスタンブールの冬の風物詩であった。現代イスタンブール叙事詩と評すべき小説『僕の違和感』（オルハン・パムク、二〇一四年）では、この郷愁誘うボザ売りが主役を張ったため一躍、脚光を浴びて、信心深い住民の多いこヴェファ界隈に普段はやって来ないような現代的な若者たちが詰めかけたのは記憶に新しい。

女奴隷市場、オダリスクの原像をもとめて

ボザの酸《す》いも甘いも嚥下《えんげ》したならエト広場のさらに南へ足を延ばそう。現在のユスフパシャ駅を経てコジャムスタファパシャ大通りに入る。そのまま五分ほど西へ歩くと、注意していなければ見逃しそうな樹木の茂るひっそりとした一画に行き当たる。木々を透かして見ると、古々しい石塊が一般民家に挟まれて佇んでいる。アルカディウス帝の円柱の基部である。同帝が四世紀末に建てた円柱で、コンスタンティノポリスの南の要衝として整備されたアルカディウス広場の中心に立っていた。往時には高さ四〇メートルを誇ったというこの大円柱には、ゴート人に対する勝利を綴《つづ》った美麗な浅浮彫が螺旋《らせん》状に施されていたが——幸いスケッチが現存する——一八世紀に倒壊の危険があるとして取り壊されてしまった。

このもと巨柱、トルコ語では女柱《アヴラト・タシュ》と呼ばれる。美女の浅浮彫が施されていたためと説明する古人もいるが、傍にイスタンブールで最大級の奴隷競売が行われた女奴隷市場《アヴラト・パザル》が所在したのが由来だろう。コンスタンティヌスの円柱近くの奴隷市場、ガラタ城市のアザプ門近くのそ

れと並ぶ帝都で最大級の奴隷市場であり、ムスリムの買い手のみならず、多くの西欧人たちが見物にも訪れた、ある種の隠れ観光名所であった。オスマン期の奴隷の大半は戦争捕虜であったので、その供給地はバルカン半島、コーカサス、ウクライナを主としつつも時代によって変遷した。その役割も多岐にわたったが、すでに瞥見したスルタンに仕える文武官の人材プールでもある御門の奴隷《カプ・クル》という特権的身分の奴隷はごく少数で、大半の奴隷は農村や鉱山での労働、櫂漕《かいこ》ぎ、園丁や羊番といった肉体労働に従事する頑強な男性、洗濯女や乳母《うば》、家事労働者となる女性、そして富裕層の屋敷や別荘で小姓、お部屋係《オダルク》として奉仕する見目麗しい男女という、おおむね三種に分類された。このうち三番目のオダルクこそが西欧の旅行者たちが詳しくその売買の様子を記し、のちにイスラーム世界の女性やハレムについての淫靡な固定観念を定着させたオダリスクの語源に当たる。では、一七世紀初頭の法廷に記録された女奴隷たちの売買記録を覗いてみよう。アブドゥラーフなる捕虜商人が売却したロシア出身の女性たちの価格は銀貨三〇〇〇枚、八〇〇〇枚、一万枚と幅はあるが、三〇〇〇枚以下ということはない。中背、黒目のアイニュルハヤート《生き生きした瞳の人》なる女性などは破格の銀貨一万六五〇〇枚で売られているので、よほどの佳姫であったのかもしれない。ほぼ同じ時期のイェニチェリ兵の日給が銀貨三枚程度であるから「オダリスク」の高価格ぶりが窺えるだろう。

当然ながら、奴隷の生活は主人や職種によって千差万別である。イスラーム世界の奴隷は法律によってある程度の保護を約束された点では、建前上は奴隷の存在さえ認めなかった西欧の

図11　広場では奴隷売買が行われ、通りの奥にはハセキ・スルタン・モスクが覗いている。往時の女奴隷市場近辺を写した珍しい一葉。（ウォルシュ『コンスタンティノープルおよび小アジアの七つの教会』1838）

ムスリム奴隷や、同じくアフリカからアメリカに供給された奴隷たちの境遇とは大きな差がある。彼らはあくまで権利を制限された人間であったから法制度上は身代金の額や奉仕期間に関して法官に訴え出る権利を有したし、売買についても捕虜商人組合が一括して行い、奴隷への不当な扱いは常に監視されていた。一六世紀のフランス人旅行者の中には「トルコの奴隷は我らヨーロッパの奉公人のようにちゃんと扱われている」と述べる者もいるほどだ。しかし、だからといって彼女ら彼らが幸せであったはずはない。イスタンブールにおける奴隷の生活が過酷でない一面を持っていたのは確かだが、殴打や性的搾取は日常茶飯事であり、同じ法廷記録には数多くの逃亡奴隷とその捕縛に至る顛末《てんまつ》が記されていることも軽んじられるべきではないだろう。

イスタンブールにおける奴隷売買は一七世紀後半から減少していって、一七八三年に重要な輸入先であったクリミア・ハン国が滅亡すると激減、一八四九年に正式に廃止された。そんなわけで、いま私たちの立つアルカディウス帝の円柱周辺には、女奴隷市場の痕跡を窺わせるものは何ひとつ残っていないが、すぐ隣にヒュッレム母后が建立したハセキ・スルタン・モスクと付属の施療院が佇んでいる。一七世紀の巷説によれば、スレイマン一世は愛妃ヒュッレムの心を慰撫《いぶ》すべく、彼女が宮殿へと贖《あがな》われたこの市場のすぐ近くにその名を冠する堂宇を下賜させたのだという。真偽は措いて、市場で売られた女性たちにとって、奴隷から寵妃、そして母后へと立身した彼女のモスクが、幾ばくかの希望となったことを願おう。

2　ファーティフ・モスク界隈、帝国の門前町

失われた大木橋とヴァレンス水道橋

ハセキ・スルタン・モスクをかすめつつシェフザーデバシュの雑踏へ立ち戻り、ふたたび御前会議所通りの先を目指す。すぐに第三丘と第四丘の間に横たわる広い谷間に出る。海まで緩やかに下る好立地も相俟ってビザンツ期にはいくつもの教会、修道院が立ち並んでいた。そのうちアヤソフィアに次ぐ規模を誇ったパンクラトール修道院がいまもゼイレキ・モスクとして残っている。その古刹《こさつ》の前を通る片側三車線のブールヴァールがアタテュルク大通り。金角湾《ケロエッサ》にかかるアタテュルク橋に接続して旧市街と新市街を結ぶ現代の大幹線道路だ。

現在、イスタンブールの母たる金角湾を跨ぐシンボルとなっているのはウンカパヌに架かるガラタ橋の方だが、実はアタテュルク橋の方が歴史は古い。イェニチェリ征討を成し遂げたマ

フムト二世が、一八三六年に架けた木造橋を起源とするからだ。艀《はしけ》の上に木製の橋桁《はしげた》を張り、船がくぐれるよう二ヵ所にアーチを設けた浮橋で、マフムーディーイェ橋と名付けられたものの、通行料が無料であったため慈善《ハイラティーイェ》橋と通称された。浮橋とはいえ、仮橋ではない本格的な橋が架けられたのは、おそらくユスティニアヌス一世がいまの金角湾《ハリチ》橋のあたりに設け、やがて崩落した橋以来、一二〇〇年ぶりのことであった。

しかし、幅一〇メートル、長さ四〇〇メートルを誇った大木橋がなくなった現在、丘陵に立つ私たちの視界を圧倒するのは、代わりに架かる鋼鉄製のアタテュルク橋でもなければ、周囲の建物に埋もれてしまったゼイレキ・モスクでもなく、巨大な水道橋だ。三七八年、ヴァレンス帝（在位三六四―三七八）が完成させた水道橋で、全長は九七一メートルに及ぶ。先述の通り、地下水に恵まれないイスタンブールは、街北の森林地帯を水源と恃《たの》み、古代から数々の水道を引いてきた。オスマン期にも既存の水道網の修理、保全と並行して、新たな水道の建設が行われ、二〇世紀初頭までの四五〇年間に一一の水道と一〇のダムが建設されている。こうした水を市内の泉亭やモスク、浴場の蛇口にまで届けるのには、傾斜が必須である。イスタンブールの街に丘の上の都大路が発展した理由の一つは、水道橋本線の周囲に大施設が寄り集まった結果でもあったわけだ。私たちが額に汗して上り下りしてきた七つの丘は、その傾斜によってイスタンブールを潤しもしたのである。

ファーティフ・モスク、征服王と帝都復興

アタテュルク大通りを渡り、御前会議所通りに重なる現在のフェヴズィパシャ大通りの広々とした歩道を進んでいくと、右手にアーチが連なるショッピングセンターが現れ、ついで延々と続く石積みの白壁に迎えられる。城壁というには低い石壁の隙間に通された参道めいた階段を上ってみれば、糸杉の葉鳴りが心地よい青々とした芝生敷きの高台が開ける。イスタンブール第四丘の頂である。

一五世紀までこの丘に鎮座していた大伽藍が、中世ヨーロッパにその名を轟《とどろ》かせた聖使徒教会だ（序章扉）。コンスタンティヌス一世によって遷都と同じ三三〇年に建立され、大帝を筆頭に歴代のローマ、ビザンツ皇帝たちが葬られる御陵としてアヤソフィアと並ぶ聖所とされた。十字を象《かたど》った本堂の中央と四辺に合計五つの円蓋をかむった聖使徒教会は、ビザンツ建築の傑作中の傑作とされ、中世、ルネサンス期ヨーロッパの教会の範となった。とくにヴェネツィアのサン・マルコ寺院は、聖使徒教会を模した最大の建築物として知られる。このように西方世界では聖使徒教会の建築様式が流布したのに対して、東のオスマン帝国ではアヤソフィア型モスクが主流となったのだから、コンスタンティノポリス城壁内の東西に鎮座したビザンツの二大伽藍が、そのまま世の東西の建築様式を二分したとも言える。

しかし、現在の第四丘に聳えるのは、灰白色が優美なファーティフ・モスクである。征服者《ファーティフ》の名の通り、メフメト二世が一四六三年から七年をかけて建立したイスタンブール最初の帝王

モスクだ。やや小ぶりな本堂に比してミナレットが高く造られているのは、建築当初にアヤソフィア・モスクを凌駕するためであったとも伝わる。征服王はせめてミナレットだけでもキリスト教徒の建てたアヤソフィアを見下ろすよう配慮したのかもしれない（第1章扉）。背の高さはともかく、その寺格はアヤソフィアと並び立つもので、遠征に際しては歴代スルタンが詣でて神護を願い、あわせて聖戦《ジハード》の宣告を行う由緒ある名刹であった。ちなみに、ファーティフ・モスクで宣せられた最後の聖戦は第一次世界大戦で、まさにこの境内から広くイスラーム諸国へ参戦が呼びかけられた。征服王のモスクは、あまたの戦勝と最後の大敗、そして帝国滅亡の目撃者でもあるのだ。

いざ入堂してみれば、これまで見てきたモスクに比べると堂宇は小規模でやや縦長、窓が小さいため堂内は昼なお心安らぐ薄暗闇に支配されている。ファーティフ・モスクはオスマン期から続く信徒集団《ジェマアト》——日本の檀家《だんか》集団に似る——が健在な珍しいモスクで、いまでも堂内の回廊の隅には静かに祈る敬虔《けいけん》な信徒の姿が少なくない。

ところで、メフメト二世は巨砲の鋳造や艦隊の山越えのような、コンスタンティノポリス包囲戦で見せた奇策がのちの世まで伝わり、ともすれば稀代の兵法家のように見られることがある。それが誤りとも言い切れないが、むしろ私たちのようにイスタンブールの周遊者が目撃するのは、堅実な統治者としての横顔である。なにせ、ビザンツ帝国末期から荒《すさ》みきっていたイスタンブールを、見事に復興させたのは他でもない彼なのだ。そして、帝都復興の最良の模範となったのがここファーティフ複合施設《キュッリイェ》であった。

複合施設はモスク建設からはじまる。モスクは信徒の精神的な拠りどころであるのみならず、その導師《イマーム》が地元住民の冠婚葬祭、出入居を管理し、政府からの通達を伝える役割を担う、いわばお役所も兼ねるからだ。複合施設の規模にもよるが、ここファーティフやスレイマニイェのように、大学に当たるウラマー養成機関メドレセや幼年学校といった教育機関が併設されることも少なくない。こうした宗教、行政、教育を担う施設を核としつつ、併せて商店街、隊商宿、浴場、給食所などの商業施設が築かれる。これらからの店賃《たなちん》、宿泊料、入浴料などの現金収入が、モスクやメドレセの補修費や維持費、施設職員の給金、蠟燭代やインクなどの必需品購入費などを賄うために供され、かくして複合施設はその維持を半永久的に自弁可能な独立機構として庶民の精神、経済活動の中心を担うのである。さきほど御前会議所通り沿いで出会ったショッピングモールや、階段を備えた白壁の建物も、実はファーティフ付属の隊商宿と、モスク内に付置されたメドレセ八学院の準備学級の学舎である。これに加え往時には医学研究の中心たる施療院が本堂東側に、帝都最大の公衆浴場と謳われたチュクル浴場が北側に配置されていた。メフメト二世は、こうした複合施設を市内各所に整備することで、急増するムスリム市民の生活需要に対応しうる街造りを進めたのである。

こうした複合施設はイスラーム世界に広く見られるが、イスタンブールのそれはモスクを中心として各施設が対称的に配置されるという幾何学的な美を以て知られている。換言すれば、強権と大資本によって先住者の家屋を取り壊し、土を均《なら》して巨大施設を完成させてしまうというオスマン式都市開発の要諦が整えられた場所が、ここファーティフ複合施設なのである。

ギリシア人街フェネル

ここで、ファーティフ複合施設の北側に少しだけ足を延ばそう。ヤヴズ《苛烈王》セリム大通りへ入って北進すれば、ファーティフ・モスクの信徒集団が多く暮らすチャルシャンバ界隈を経て、ひときわ大きなモスクが見えてくる。セリム一世の眠るヤヴズ・セリム・モスクだ。現在はガイドブックに載っていれば御《おん》の字というくらいの知名度しかないが、セリム一世は一六世紀初頭のたった八年の治世中にシリア、エジプト、アラビア半島という当時のイスラーム文化圏の中心部を征服し尽くし、苛烈者《ヤヴズ》と恐れ奉《たてまつ》られた大帝。この大征服によってかつてはモンゴル帝国を降したイスラーム世界の最大国家マムルーク朝は滅亡し、代わってオスマン帝国が聖地メッカとメディナの守護者となり、イスタンブールがイスラーム世界の大帝都となったことを思い出せば、是非とも詣でておきたい古刹だ。

このモスクにはもう一つ見どころがある。擁壁《ようへき》や屋根に一切、遮られることなく金角湾をあますところなく見下ろす境内北東面の展望台だ。そして、海岸までの急坂にへばりつくように築かれた街が、目的のフェネル界隈である。街並みを眺めていくと、あることに気が付く。不思議と赤い建物が多いのだ。西から、小さな堂宇が可愛《かわい》いヒラーミ・アフメト・パシャ・モスク、テオトコス・パンマカリストス教会、外壁が桃色がかった赤を呈するためトルコ語では血染め教会《カンル・キリセ》と呼ばれたモンゴル聖母マリア教会（イル・ハン国に嫁いだのち帰国したビザンツの姫君にあやかった命名）、そして赤学校《クズル・オクル》の通称を持つひときわ巨大な私立フェネル・ギリシア人男子中・高等学校。乾いた薔薇《ばら》色と評されるこの赤色はイスタンブールで造られる赤レンガの色であり、ギリシア正教徒たちが重んじたことで知られる。ここフェネル界隈は、ビザンツ期には一〇〇〇年にわたってこの街を支配し、オスマン期には海運や土木技術者、あるいは商人や通詞として活躍したイスタンブールのギリシア人街なのである。ちなみにコンスタンティノポリス総主教座も征服後にアヤソフィアからごく短期間、聖使徒教会に移された後は、いま見えているフェトヒイェ・モスクこと旧テオトコス・パンマカリストス教会、ついでフェネルの海岸沿いにひっそり佇む現在の聖ゲオルギウス大聖堂へと移されている。

　イスタンブールのギリシア正教徒は、ここフェネルの名を取ってファナリオティスと呼ばれ、近世にはこの地区の有力者の中からモルダヴィア公が選出され、ロシアへの備えとして派遣されるほどの権勢を誇った。その一方、外務官僚として西欧との折衝に当たった彼らは、イスタンブールでもっとも早く国民国家の思想に触れ、感化された人々ともなった。フランス革命から遅れること三〇年、一八二一年にロシア領のギリシア人たちがモルダヴィアへ進軍したのに呼応し、ギリシア本土で独立闘争が開始される。このときファナリオティスたちの中にも独立戦争を支援した者が少なくなく、一八三二年にギリシア王国が独立を果たすと多くがイスタンブールを去り、古都アテネへ移った。

その一〇〇年後、旧ビザンツ領土たるイスタンブール、アナトリアの奪還を掲げたギリシア軍のイズミル上陸を機にはじまったトルコ独立戦争（一九一九―一九二三）と、講和後の住民交換を経て、島嶼部《とうしょぶ》を除くトルコ領内の多くのギリシア人がこの国を去った。一方、ここイスタンブールではトルコ共和国建国後も九万人ほどのギリシア系国民が暮らし続けたが、一九五五年にキプロス紛争が勃発するとギリシア人襲撃事件が発生する。九月六、七日事件として記憶されるこの一事によって、昔日のファナリオティスの多くが、泣く泣く生まれ故郷イスタンブールを後にし、現在のイスタンブールのギリシア系人口は一万人を下回ると言われている。

エディルネ門、近世イスタンブールの陸の玄関

さて、ふたたび御前会議所通りへ戻れば、いよいよ都大路にも終わりが見えてくる。現在のフェヴズィパシャ大通りは城壁の手前で左右に分岐しているので、幅広の幹線道路の方ではなく、ほっそりとした背の高いモスクが手招きするように佇む左の細道へ入ろう。こちらこそが往時の御前会議所通りだ。道しるべとなってくれたモスクは、スレイマン一世とヒュッレム母后の唯一の愛娘《まなむすめ》ミフリマーフ姫（一五二二―一五七八）の手になるミフリマーフ・スルタン・モスク。父帝の愛を一身に受け、自らが選びだした婿リュステム・パシャを大宰相に据え、息子と孫《まご》を帝位に送り、父母亡きあとも旧宮殿にあって権勢を保った紛うかたなきお姫さま。弁

舌と詩文に秀でたこの姫君は、夫の死後はのち添えを迎えることなく、巨万の富をモスクや水道施設の建設に注いだ。王朝史六〇〇年の中で屈指の知名度のお姫さまの墓廟を詣でたいところだが、残念ながらここに彼女の遺体はない。というよりも、私たちはすでに彼女の褥《しとね》を詣でているのだ。なぜなら、彼女はスレイマニイェ・モスクのスレイマン大帝の棺の、まさに隣に葬られていたのだから。

姫君のモスクを通り過ぎると、いよいよテオドシウス城壁が迫り、幅三メートルほどの小さな開口が見えてくる。これがエディルネ門である。帝王たちが遠征へ進発するときは大抵、この門を通って出征し、凱旋《がいせん》もまたこの門からなされたという由緒のある御門《ごもん》だ。

この門の先に続く街道は、イスタンブールの西七〇キロほどのシリヴリの街で枝分かれする。北に向かう街道はエディルネ、ブルガリアのソフィア、マケドニアのスコピエを経て、聖戦の家と綽名された国境防衛の要ベオグラードへ至る。近世の地理感覚で言えばここまでが帝国領であり、ベオグラードより先にはブダペストやウィーンが連なるものの、これらの地域は言うなれば化外《けがい》の地たるフレンギスターン――ヨーロッパ――ということになる。一方、西へ向かう道はローマ帝国時代以来の幹線道路エグナティア街道に重なり、トルコ共和国初代大統領ムスタファ・ケマルの生地テッサロニキやエデッサ（マケドニア王国の首都ペラ）、アルバニアのティラナを経て、ドゥラスからアドリア海へ至った。自動車が通れるような幅のないエディルネ門はいまでこそ寂れ、あまり顧みられぬ小門に見えるが、近世にはここが御前会議所通りの終着点にして、バ

図12　1780年代の城壁外よりエディルネ門を眺めた珍しい一枚。右奥にミフリマーフ・スルタン・モスクが頭を覗かせる。（ショワズール＝グーフィエ伯爵『ギリシアへの愉快な旅』1822）

ルカン半島から中東欧へ分け入る街道の始点となっていたのである。

3　テオドシウス城壁外

エユプ参拝、イスタンブール最大の聖地

エディルネ門をくぐって壁外へ出た私たちを迎えるのは、目にも優しい霊園の緑だ。貴人、芸術家があまた葬られてきたエディルネ門墓地である。なにせ古い墓地なので、史書列伝の類から被葬者は判明しているが、肝心の墓石が行方不明というのもままある話で、スレイマン一世以来、四人のスルタンの恩寵《おんちょう》を得て詩人の王《スルターヌッシュアラー》と称された大詩人バーキー（一五二六―一六〇〇）の墓――というか墓石が二一世紀に入って発見された例もある。

霊園を渡り終えたなら、北へ続くエユプ・スルタン大通りを緩やかに下っていこう。目指すはイスタンブールでもっとも有名なお墓エユプである。やがてこんもりとした木立が見え樹冠からミナレットの尖塔が覗き、その手前に活気ある広場が現れる。征服以来、五〇〇年にわたって断食月の夜には日没後の夕餉《ゆうげ》が、犠牲祭には犠牲獣たる羊肉が、それぞれ無償で民草に振る舞われてきたエユプ・スルタン広場だ。この広場から先が、エユプ界隈の中枢であるエユプ・スルタン・モスクの境内に当たる。

モスクと街に名を与えた被葬者は、エブー・エユプことアブー・アイユーブ・アル・アンサーリー（五七六―六六九）。ムハンマドと同時代を生きたイスラーム黎明《れいめい》期の軍人で、教友《アスハーブ》としてトルコ、それもここイスタンブールで殊《こと》の外、崇敬を集めている。それは一四五三年五月、つまりコンスタンティノポリス包囲戦にまつわる奇跡譚があまねく知られているからだ。ごく簡単に紹介しておこう。

六六九年、すでに老齢のエブー・エユプは史上最初のコンスタンティノポリス攻撃に従軍する。勝利を目前にしながらも、ビザンツ勢の騙し討ちに遭ったエブー・エユプは落命、亡骸はいずこかへ埋葬される。ときは巡って一四五三年、オスマン軍による攻囲のさなか、メフメト二世の師である高僧が帝都北西の森へ赴いたところ、なんとエブー・エユプの埋葬地が発見される。七八〇年前の教友にして殉教者の顕現に、攻め手はこれぞ神兆と意気上がり、かくしてコンスタンティノポリス征服は成功した。

このエユプ伝説には、発見者をメフメト二世その人としたり、師のアクシェムセッティンとしたり、あるいは発見の経緯についても、埋葬地から血が噴き出しておのずと場所を知らせたとか、兵士たちに掘らせてみたら古いクーフィー書体の墓石が出てきたとかのさまざまな異伝があり、一七世紀にはイスタンブールのキリスト教徒の間でも支持されて、エユプをヨブと読み替えて——もともと同じ名前——正教徒の聖者に置き換える伝説さえ現れている。いずれにせよ、エブー・エユプの埋葬地発見譚はメフメト二世をして殉教者の衣鉢を継ぐ正統な征服者と見なす奇跡譚として、オスマン帝国では広く信じられた。もちろん、この奇跡が実際に起きたのかは誰にも分からない。第四次十字軍による略奪で市内のムスリムの墓が暴かれ、その際に略奪を避けて移葬された墓もあったというから、そうしたムスリムの貴人の誰がしかの墓が発見された可能性は十分にあるものの、それがエブー・エユプのものであるかどうかが科学的に立証されたわけではない。ただし、イスタンブールの街にとって重要なのは、メフメト二世が征服後にすぐさま城壁外北西部のこの一帯に広大な用地を確保し、たった五年で堂々たる墓廟と伽藍を備えたエユプ・スルタン・モスクを完成させ、それ以来エユプの街がガラタ、ウスキュダルと並んで三街《ビラーディ・セラーセ》と称されるイスタンブール随一の聖地、参拝地として栄えた事実の方だろう。

さて、エユプに詣でたのは衆生に留まらない。いやむしろ、オスマン帝国のスルタンこそ、必ず詣でなければならなかった。それというのも、帝王に即位する際に組まれる帯剣御行列《クルチ・アラユ》の終点であったからだ。新たに帝王となる皇子はトプカプ宮殿――一九世紀以降は新市街の他の諸宮殿――を出て、ファーティフ・モスクにメフメト二世廟を参ったのち、ここエユプ・スルタン・モスクへ入る。そして、私たちが宮殿の聖物展示室で眺めた宝剣のいずれか一振りを帯びることで、即位式《メラースィミ・ジュルース》を終えるのである。この伝統は一七世紀初頭のアフメト一世のころにはじめられ、帝国滅亡まで続けられた。最後の即位式は一九一八年九月一日に催されたが、最後のスルタンとなったメフメト六世（在位一九一八―一九二二）が帯びたのは、第二代正統カリフであり、歴史上はじめて信徒たちの司令官《アミール・アル・ムーミニーン》を名乗ったウマルのものと伝わる聖剣であった。メフメト六世が、史上最後の信徒たちの司令官の称号を失うのは、このわずか四年後のことである。

シュフザーデバシュ界隈からエユプへ至る道程は、ファーティフ・モスクとエユプ・スルタン・モスクの両名刹を擁して、まさにイスタンブールの御堂筋《みどうすじ》に当たるのである。

エユプ墓地とピエール・ロティの丘

では海岸沿いに北上していこう。すぐにも海の際まで迫る急峻な丘と、斜面を埋め尽くす墓碑が見えてくる。エユプ墓地である。九十九《つづら》折りの道のおかげでさほどの急登を強いられずに済むので、お墓参りをしていこう。

イスタンブールの古い墓碑は、おおむね様式を一にする。墓石の頭頂部に被葬者の社会的身分を表すターバンや帽子を模した被り物《バシュルク》が冠せられ、神の力を称える頭銘《セルレヴハー》に続いて故人の経歴、氏名が書かれたのち――死因が記されていることもある――死を悼む祈禱《きとう》文、聖典の開扉の章、そして最後がお馴染みの記年詩で締めくくられる。興味深いのは被り物の部分で、女性であったとか、どんな階級のウラマーであったかとか、書記であったらしいとか、この方は栄《は》えある御前会議の構成員でいらしたとか、どこそこの神秘主義教団の修道僧であったとかが、ある程度分かるところだ。

　多様な墓石と墓碑銘を楽しみながら坂道を登りきると、丘上には絶好の展望を誇る「ピエール・ロティの丘《テペスィ》」という喫茶店が佇んでいる。往時に、フランスの軍人ジュリアン・ヴィオーこと作家ピエール・ロティ（一八五〇―一九二三）が通いつめて創作に耽《ふけ》ったとされる店だ。一八七六年にイスタンブールに赴任してここエユプに暮らしたロティが出没していた当時は、一八世紀の最初の所有者の名を取ってラビア婦人珈琲店という店名だったらしい。ロティが同時代のイスタンブールで展開する女奴隷アジヤデとのやや身勝手な悲恋を描いた『アジヤデ』を出版したのは一八七九年。宣伝上手のロティ氏の言を真に受けるかはともかくとして、アキーデなるムスリム女性との実際のロマンスを元とした、言うなれば神秘的なオダリスクとの恋愛物語という触れ込みのこの小説はまことによく売れた。しかし、イスタンブールを訪れて創作を行った名だたる作家たち――ネルヴァル、ゴーティエ、ラマルティーヌ、サッカレー等々――を押しのけて、ロティがいまだにイスタンブール所縁《ゆかり》の西欧人作家の筆頭に居座り続けて

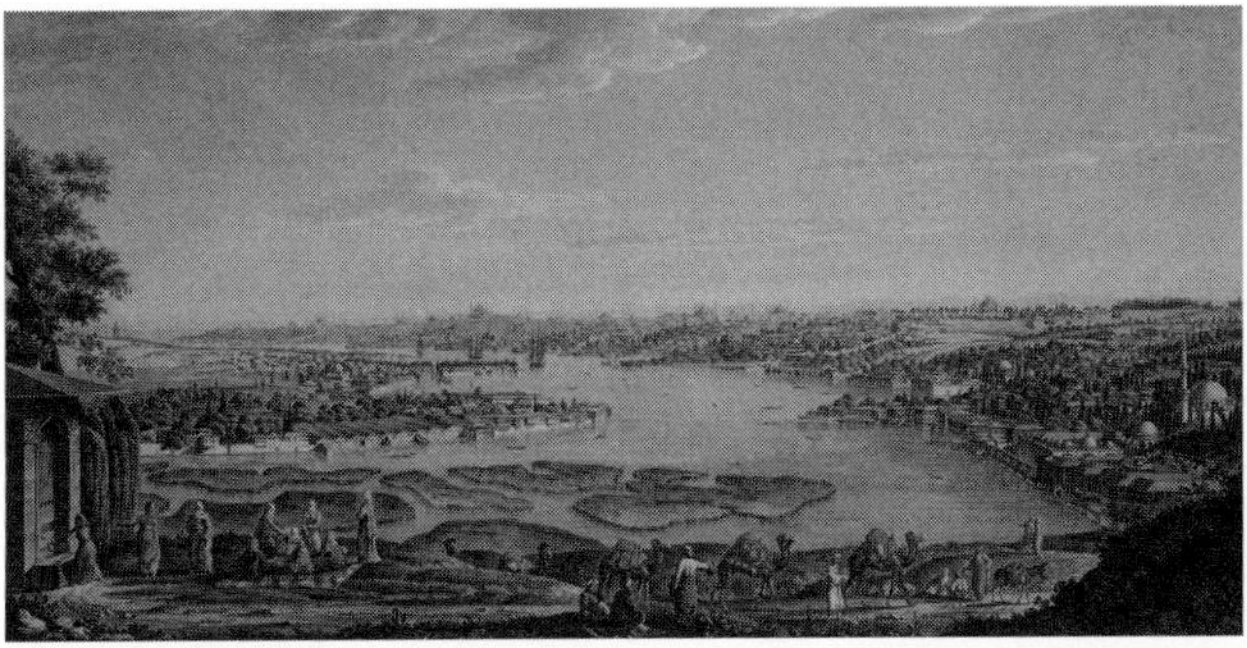

図13　19世紀初頭に、現在のピエール・ロティの丘から金角湾を見晴らす。右端の伽藍がエユプ・スルタン・モスク、その奥に海へ突き出た岬がエユプ埠頭。緑地を挟んでテオドシウス城壁とイスタンブールの街が遠望される。左手では井戸端ならぬ泉亭端《チェシメバシュ》で女性たちが歓談し、画面奥には国営造船所、さらに奥にガラタ城壁が見える。（メリング『コンスタンティノープルおよびボスポラス海峡への愉快な旅』）

いる理由は、世紀末イスタンブールの都市開発とも無関係ではない。『アジヤデ』出版の四年後、一八八三年に満を持してパリ発イスタンブール着のオリエント急行が運行を開始しているのだ。前にもまして大挙してイスタンブールに姿を現すようになる西欧の紳士たちが、旅情と、本書に触発されて幾ばくかのロマンスを期待したであろうことは想像に難くない。ロティは『アジヤデ』によって、イスタンブール観光の発展に一役買ったわけで、だからこそこの街ではいまだにその名が重んじられるのである。

喫茶店の登場、珈琲からチャイへ

ところでロティが珈琲を嗜《たしな》んだこの店、イスタンブールの住民からは珈琲店《カフヴェハーネ》ではなく喫茶店《チャイハーネ》と呼ばれる。ここに限った話ではないけれど、イスタンブールの夏は野外喫茶店《チャイ・バフチェスィ》の季節であるから、おそらくそのイメージに引っ張られてのことだろう。紫煙もうもうたる男たちの社交場、珈琲店はすでに堪能《たんのう》したことだし、ここでは和やかな家族連れに紛れて現代トルコ人の国民的飲料たるチャイで一服することにしよう。

トルコの人はチャイをよく飲む。食事をしながら、歓談しながら、一人で呆《ぼう》としながら、日に五杯、一〇杯と飲むのだ。ところが、イスタンブールでチャイが飲まれるようになったのは意外にも最近のこと。お茶の伝播《でんぱ》はその呼び名によってある程度、経路の予測がつくという。広東《カントン》語系の「チャ」の発音はいわゆるシルクロードを介して陸路で広がり、福建《ふっけん》語系の「テ」の方がマレー半島やインド洋、そしてヨーロッパへ広まった。この説によるならトルコの「チャイ」は北方から陸路を介して伝わったことになる。たしかに、イスラーム世界では茶と、その覚醒、利尿作用は昔から知られていた。ただし、それはあくまで薬としての認知であり、嗜《し》好《こう》飲料として受容されるのは、珈琲ベルト獲得に敗れたイギリス人たちが紅茶を飲むようになった一九世紀も末のことだ。トルコ国内で紅茶栽培がはじまるのもこの時期だが、チャイを嗜むのは欧化したごく上流の人々に限られ、二〇世紀に入ってもなお、庶民は珈琲を嗜んでいた。

情勢が変わるのは第一次世界大戦後である。敗戦によって、オスマン帝国はそれまでイギリスと取ったり取られたりを繰り返していたイェメンを完全に喪失し、珈琲ベルトからつまはじきにされてしまい、イスタンブールでは珈琲豆の価格が急騰、庶民の口に入らなくなってしまったのだ。ナポレオン戦争時のローマの人々は珈琲豆の高騰に対して、少ない豆からより濃い珈琲を圧出するエスプレッソというイノベーションでこれに対処したが、イスタンブールの人々は代用品探しに傾注する。珈琲とは違って国内栽培が可能な嗜好飲料、紅茶の本格栽培に着手するのだ。一九二〇年代に黒海地方東部のリゼの街にロシアから持ち込まれたチャイの作付けが行われてより一〇〇年、いまではトルコ人の一人当たりの紅茶の消費量はイギリス人に次ぎ世界第二位とも言われ、そのほとんどが国内生産で賄われている。

チャイダンルクと呼ばれる二層式サモワールで淹《い》れるチャイは、欧風の紅茶のような甘い芳香はなく、むしろ濃い赤色の見た目通りに苦みが強い。チャイカップ一杯約八〇ccに対して(好みもあるが)角砂糖を二つ投じて飲むのが一般的である。つまり、トルコ珈琲と同じ「苦甘さ」を味わうわけである。ひょっとしたら、二〇世紀初頭の珈琲難民たちは珈琲の苦みを忘れられなかったのかもしれない。

キャウトハーネ、チューリップ時代の栄華を探す

エユプ丘陵を下り、さらに北を目指そう。金角湾の奥のこのあたりはキャウトハーネと呼ばれる。現在では工場町《こうばまち》と住宅地に埋め尽くされているが、一九五〇年代あたりまでは大きく湾曲した入り江沿いに草木が生い茂り、樹木が立ち並ぶ風光明媚な岸辺が連なった。オスマン期にはスルタンの狩猟館が置かれ、野原には武芸者が集って弓術や馬術、ジリト競技に興じ、あ

図 14　キャウトハーネの賑わい。版画の制作は宮殿焼失の 60 年後であるが、画面奥にサアダーバード離宮が描かれる。（ドーソン『オスマン帝国史』1820）

るいは老若男女が舟遊びや野遊びを楽しみ、浮気な男女は逢瀬《おうせ》を愉しむ密会所ともなり、ペストが発生すれば疫禍を逃れる避難地ともなった。いわば、大都会に隣接する行楽地であったわけだ。そして、ここキャウトハーネに一八世紀初頭のたったの八年間だけ存在した大宮殿がある。名をサアダーバード離宮、幸福宮という。

　このうたかたの宮が築かれたのは、世にいうチューリップ時代（一七一八－一七三〇）のこと。チューリップ時代は、六〇〇年にわたる王朝史に照らせば一刹那《いっせつな》に過ぎないのに、驚くほどの光輝を放って人々を魅了し続ける。というのもそれが、スルタン・アフメト三世とその娘婿たる大宰相ネヴシェヒルリ・イブラヒム・パシャの主導によって活版印刷技術の導入、フランス王国への大使の派遣、火事の都イスタンブールの民を守る消防団の設置、灯台の建設等々の技術移入や新政策が実施された世界初の西欧化の時代であるとともに、大量の資金が文芸保護と都市開発に振り向けられ、老いも若きも夏の野や海に、あるいは離宮や庭園へ繰り出して大いに遊び、帝都のそこかしこで公然と酒宴が営まれた変革と享楽の時代でもあったからだ。

一七世紀半ば以来、歴代のスルタンはイェニチェリやウラマーなどが庶民社会と結びついて幅を利かせる帝都を嫌って旧都エディルネで過ごしていた。そこに来てアフメト三世は、半世紀ぶりに帝都におわす帝王として帰京する。その結果、帝国の支配者たちが有する大資本が帝都に降り注ぎ、イスタンブールの都市開発は私たちが巡ってきた城壁内の旧市街を越え、アジア岸のウスキュダルやボスポラス海峡沿岸、そしてここキャウトハーネのような郊外部にまで及ぶのである。そんなチューリップ時代の帝都再開発の目玉となったのが、サアダーバード離宮である。フランスに派遣された帝国初の特使イルミセキズ・メフメト（一六七〇―一七三二）の報告したヴェルサイユ宮殿とフォンテーヌブロー宮殿、そして音に聞こえるイランのイスファハーンの美宮チェヘル・ソトゥーンなどを模しながら造宮され、帝王も群卿もこの宮殿で雅《みやび》やかな酒宴に興じた。東西文化を隔てなく用い、現世的で実用的な文化が花開いたこの時代を、オスマン文化の成熟期と見なす人も少なくない。

もっとも、東西の戦線で敗戦が続く中で行われた改革と、酒宴に彩られた糜爛《びらん》な風潮は、帝都の庶民やイェニチェリたちに広く受け入れられたわけではなかった。一七三〇年、鬱勃《うっぼつ》の志を唱えたイェニチェリ崩れの浴場の三助パトロナ・ハリルが居酒屋で馴染みとなった無頼を率いて蜂起するや、反乱は軍隊、庶民を巻き込んでまたたくまに拡大し、ものの一週間で大宰相は処刑され、アフメト三世も退位のうえ幽閉されてしまう。

反乱終息後、なお一年にわたって国政を壟断《ろうだん》した無頼たちが新帝マフムト一世に求めたのは、退廃の象徴たるサアダーバード離宮の焼き討ちだった。帝王は延焼の恐れがあるとして火を放つことこそ禁じたものの、さりとて略奪と打ちこわしを止める術《すべ》はなく、チューリップの咲き誇った離宮は無残に踏みにじられてしまった。うたかたの平和と享楽を謳歌した一時代は、サアダーバード離宮とともに潰《つい》えたわけだ。ただし、西欧からの技術移入はすぐに再開された。花は散れどもチューリップの球根はたしかにイスタンブールに根付き、やがて今日のトルコ共和国の国花として返り咲くことだろう。

金角湾の夫婦橋

うたかたの幸福宮に別れを告げ、次なる目的地は金角湾対岸の新市街のガラタ城市である。これが近世であれば、賑々しい城壁内のウンカパヌからエミノニュにかけて連なる埠頭《ふとう》から、雲霞《うんか》のように押し寄せる船頭たちと交渉し、渡し舟で金角湾を渡ることになる。一七世紀後半のイスタンブールには大小織り交ぜて一四七一艘《そう》もの手漕ぎの渡し舟が運航し、市民の足を担っていた。一部が瘤《こぶ》のように膨らんだイスタンブール特有の櫂に任せて一〇分足らず波に揺られれば、ガラタ城市の玄関ロヤーカパヌ港に着くことだろう。一方、一九世紀まで時計の針を進めれば、私たちはオリエント急行の終着スィルケジ駅から吐き出されるヨーロッパの旅客たちに混じって、徒歩でガラタ橋を渡ることになる。いずれも魅力的な時間旅行となること請け合いだが、舟遊びはのちほどボスポラス海峡沿岸の地域を巡る際に堪能するので、いまは金角湾に架けられた歴代の橋を顧みながら、鉄橋を叩いて渡ることにしよう。

さきほどアタテュルク大通りで幻視した木造の浮大橋である慈善《ハイラティーイェ》橋に遅れること九年、一八四五年に湾口近くに架けられたのが現在のガラタ橋である。例によって帝都庶民はカラキョイ橋とかガラタ橋とかのさまざまな名前でこの橋を呼んだが、先行する慈善橋を念頭に新橋《ジスリ・ジェディード》という名をよく口にしたようだ。もっとも、いまから一〇〇年前にイスタンブールにあった実業家で茶人の山田寅次郎《やまだとらじろう》が、地名に無頓着なトルコの人々の大らかさへの呆れとともに伝えるところでは、たいていはただ橋《キョプリュ》と呼んでいたという。

慈善橋の利用者増加に伴って新設されたこの最初のガラタ橋もやはり浮橋だったが、橋の中央部は大型船の通行のため跳ね上げ式になっていた。建設者はベズミアーレム母后。西欧化を推進した啓蒙専制君主マフムト二世のお妃であり、世界初の西欧化改革である恩恵改革を国内外に宣言したアブデュルメジト一世（在位一八三九―一八六一）の母である。グルジア系と言われるベズミアーレム母后はとくに慈善事業に熱心で、帝都のそこかしこに病院や学校、泉亭を築き慈《いつく》しみ深い国母と慕われた女性。そのため、四回の架け替えを経て、一九九五年に現在のガラタ橋が完成したときにはベズミアーレム母后橋《スルタン・キョプリュス》と命名すべしという意見が出たほどだ。

　さて、慈悲深い母后の架けた新橋は、一八六三年にナポレオン三世来土に際して架け替えが行われた。一方、夫のマフムト二世の慈善橋の方は一八七五年にフランスの技師によって鉄橋へ改められている。つまり、一八四五年から二〇年弱の間、金角湾にはベズミアーレム妃と英君マフムト二世が築いた二本の夫婦橋《めおとばし》が架かっていたことになる。いまでこそイスラームの都たる旧市街と、西欧化の象徴たる新市街を隔てる境海と化した金角湾を結んで、異文化融合の象徴としてアイコン化した観のあるガラタ橋であるが、その起源は啓蒙時代の専制君主夫妻の、いわば二人三脚の都市改造に由来したのである。

第3章

愉楽と混沌の異人街

新市街南部、ガラタ城市とその周辺

1537年のガラタ城市とその周辺。アラプ・モスク（壁内中央）とベノワ教会（壁内東部）が写される。金角湾に帆を下ろしたバシュタルダ船と、大砲を撃つ帆船が浮かぶのが興味深い。（ナスーフ，前掲書）

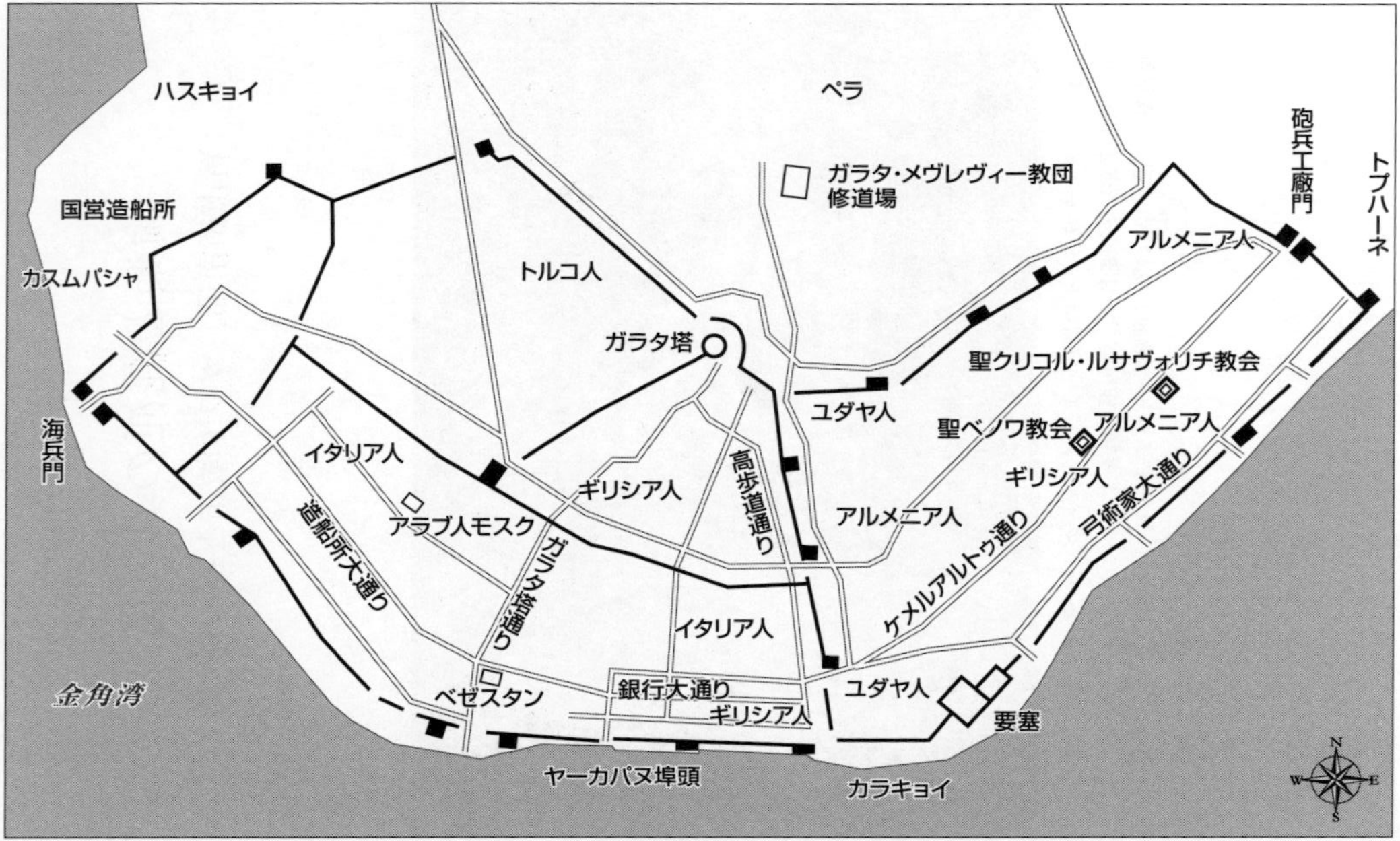
ハスキョイ
国営造船所
カスムパシャ
海兵門
金角湾
ペラ
ガラタ・メヴレヴィー教団
修道場
トルコ人
ガラタ塔
砲兵工廠門
トプハーネ
アルメニア人
聖クリコル・ルサヴォリチ教会
ユダヤ人
聖ベノワ教会
アルメニア人
イタリア人
ギリシア人
高歩道通り
ギリシア人
アラブ人モスク
造船所大通り
ガラタ塔通り
アルメニア人
弓術家大通り
ケメルアルトゥ通り
イタリア人
ベゼスタン
銀行大通り
ギリシア人
ユダヤ人
要塞
ヤーカパヌ埠頭
カラキョイ
N
W
E
S

1　ガラタ城市

ラテン人の街、異教徒の街区

現在のガラタ橋は、中央に路面電車、その両脇に三車線道路が走り、橋の両端の歩道は歩行者はもちろん釣り人や物売りで混み合っている。この橋上でしばし立ち止まり、イスタンブールの母たる金角湾《ケロエッサ》を足下に敷く無礼を詫《わ》びながら、新市街という地域の概要を瞥見しておきたい。まず把握しておくべきは、新市街が南の「ガラタ」界隈、北の「ペラ」界隈（トルコ語ではベイオール）、そしてさらに北の「ハルビイェ」界隈という、おおよそ三地域から成ることだ。

橋上より北に目を向けると、街並みを透かしてやや左手にすらりとした尖塔が見えることだろう。ガラタは金角湾北岸の南向きの斜面に張りつくように築かれた最初の居住地であり、もともとは城壁に囲まれた城市であった。その城壁の北辺に見張り塔として建てられたのが、ガラタ塔である。城壁の大部分が時とともに失われたいま、ガラタ塔は旧ガラタ城市のおおよその範囲を教えてくれる格好の道標《みちしるべ》となる。

ガラタ城市は、奥行き五〇〇メートル、東西に一・五キロほど、面積は〇・三七平方キロメートルと狭隘を極める。当然ながらすぐに手狭になり、イスタンブールがローマ帝国以来の平和を享受したオスマン期に入ると、城壁の外にどんどん市街地が拡大していった。これがペラ、トルコ語でベイオールと呼ばれる界隈である。ペラはギリシア語の接頭語「越えて《パラ》」に由来するというのが定説であるから、要はガラタの街から見て、堀ならぬ壁の向町《むかいまち》といった意味合い。私たちが近代のペラを訪れるのは第6章なので、この町名についてはそこで改めて詳説するとして、本章では新市街最南部のガラタ城市とその周辺を周遊する。

ガラタという名称はギリシア語の牛乳《ガラ》に由来するという説が、オスマン帝国、ヨーロッパ双方の文献に見られる。トルコ語で「牛乳の豊富な土地」程度の意味合いのスュテュリュジェという地名が、ガラタ城市の西、キャウトハーネ渓流沿岸地域の呼称として残るものの、ガラタとの関連はよくわかっていない。一方、ガラタを最初に築いたのがジェノヴァ人であるという巷説も西欧、トルコ双方で長らく流布しているが、こちらは明らかな誤りだ。ビュザンティオン建設時にはすでにトラキア人かイリュリア人のスィカエと呼ばれる村邑《そんゆう》がこのあたりに所在し、ビザンツ期に街と呼べる規模へ発展している。もっとも、このスィカエは戦乱期に荒廃し、八世紀には一時、海岸沿いの要塞《カスティリオン》を残して廃《すた》れてしまった。そして一〇世紀以降、コンスタンティノポリスの通商を牛耳ったラテン人商人たちのうちヴェネツィアと並んで抜きんでたジェノヴァ人たちが、皇帝からガラタ周辺の土地を与えられる。これを機に本格的な城壁を築き、小さな都市国家の態をなす居留区として発展していった。

一四五三年のコンスタンティノポリス包囲戦では、ガラタのジェノヴァ人たちは中立を貫いたものの、征服の成ったのちすぐさま貿易特権の大部分を取り上げられ、教会も接収されてしまった。ジェノヴァ人の寡頭《かとう》支配が崩れると、ガラタは原住民たるギリシア人を筆頭に、アルメニア人やヴェネツィア人やフランス人、ロシア人、オランダ人、スペイン人あるいはユダヤ教徒のような非ムスリムたちがますます混住する街となる。こうしてガラタ城市はイスラーム帝国の帝都にあって、その腹中に育まれる異教徒の街《カーフィリスターン》として大いに発展するのである。

ヤーカパヌ埠頭からガラタ城壁へ

ではガラタ城市に入るとしよう。ガラタ橋のたもとのカラキョイ界隈は、いまも昔も飲み屋街として名高いが、近世のガラタの表玄関は少し西のヤーカパヌ港近辺であった。現在のガラタ橋西側、マクブール・イブラヒム・パシャ・モスクが建つあたりで、陸揚げされる奴隷を収容した監獄《ズィンダン》があったため、同名の通りにその痕跡を残している。ヤーカパヌに投錨《とうびょう》したのは大半が西欧諸国の船であり、オスマン期であってもキリスト教の祭日には一斉に十字旗を主帆に掲げて万歳《ラ・ヴィーヴァ》の歓声とともに礼砲を撃ち鳴らし、見物人が押し寄せたという。このヤーカパヌ埠頭を横目に見つつ、現在の造船所《テルサーネ》大通りに入って西へ向かおう。通りの西側にいまもひっそりと残る屋内商店街《ベゼスタン》が示すように、往時にもこの大通り沿いは毛織物や絹織物、のちには時計などの西欧から舶来品が商われる商業地として栄え、ギリシア人商人や東方生まれのカトリック教徒レヴァント人《レヴァンタン》――とくにイスタンブール生まれの彼らはペラ人《ペラタン》と称した――が活躍した。

大通りをアタテュルク大橋の見えるところまで進むと、右手に緋《ひ》色の針のような尖塔が覗く小径《こみち》に差しかかる。イスタンブールでも珍しいカトリック教会からモスクに転用されたアラプ・モスクだ。ビザンツ様式の丸ドームではなく、カトリック式の尖塔を頂く点でも類稀《たぐいまれ》と言える。七一七年、ウマイヤ朝の王子マスラマ・イブン・アブドゥルマリク（七〇五―七三八）によるコンスタンティノポリス攻囲の際に建てられたイスタンブール最初のモスクであるという伝説が知られ、現在のモスクにもその旨の銘板が掲げられているが、実際には九世紀にアッバース朝使節の来訪を記念して建立されたらしい。一四五三年のイスタンブール征服時にはドミニコ修道会の教会となっていたが、のちにふたたびモスクへ転用された。そして一五世紀後半、レコンキスタ（再征服）によってアル・アンダルス《アンダルシア》を追われたアラブ人たちがこの周辺に居住したため、アラブ人《アラプ》モスクと通称されるようになった。なお、アラブ人に限らずスペインを追われたユダヤ教徒もこの周辺に一緒に移住したので、いまでも現役シナゴーグ（ユダヤ教堂）が近傍に健在である。

さらに西進すれば、いよいよ視界を覆いつくすアタテュルク大橋の下に、ぽつりと佇む古い石積みの壁に行きあう。これがガラタ城壁の西端の残存部分だ。ガラタ城壁は、ジェノヴァ人たちがヴェネツィアや、不和の続く対岸のビザンツ帝国に対する備えとして一四世紀初頭からおよそ半世紀をかけて築いたもので、ある意味では不破の城壁と評し得る。ビザンツ期には破られたことがなく、一四五三年のコンスタンティノポリス包囲戦でも、ジェノヴァ人たちが早々に中立を宣言したため傷一つつかなかったからだ。もっとも、征服から四日後の六月一日にガラタ城市の鍵がメフメト二世へ差し出されて以降は、市域の拡大とともにどんどん壊されて建材として流用され、いまでは街の数ヵ所に痕跡を留めるのみである。失われた城壁探しをお望みの向きは、アタテュルク橋の袂《たもと》から北へ向かって伸びるヨルジュ・ハマム通りの城壁を辿り、突き当たりを東へ折れてヤヌク・カプ通りを進んでいけば、往時のガラタ城壁をおおよそ辿りつつ、城壁内部にあったハルプ門をくぐることができる。

それにしても建設から一〇〇〇年を経て、ついに破られたテオドシウス城壁がいまなおその威容を晒して敬意を表せられる一方、短い間とはいえ動乱の二世紀を不破のままやり過ごしたにもかかわらず、市街に埋没して忘れられたガラタ城壁は、不遇と言わざるを得ない。

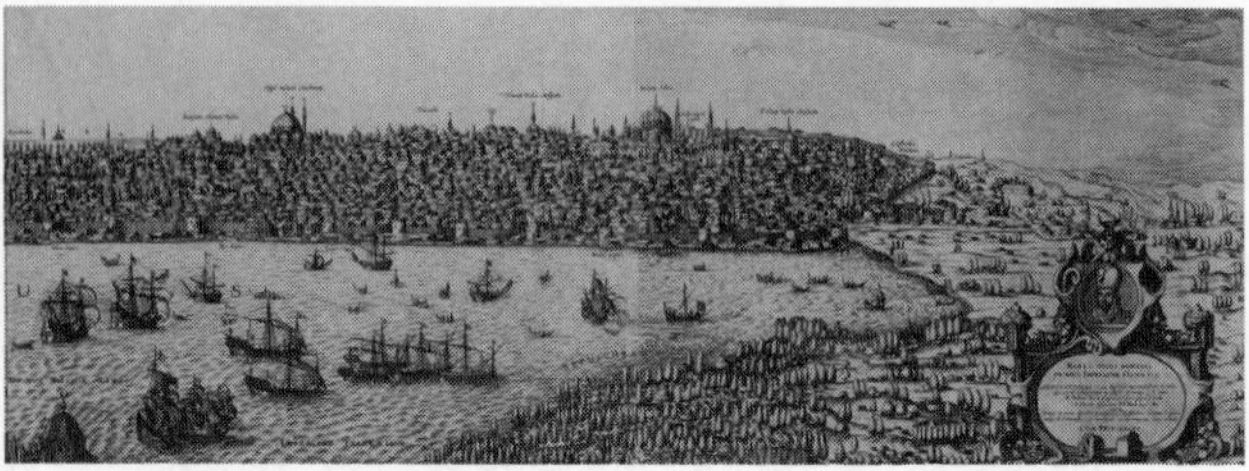

けくわえている。（ファン・デン・キーレ『コンスタンティノープル、あるいはトルコ人がスタンボルと呼ぶ都市の活写図』1616）

ガラタ塔へ

　では新市街の象徴たるガラタ塔へ向かおう。ガラタ城市の古くからのメインストリートを辿るのであれば、ガラタ橋からそのまま北へ伸びる高歩道《ユクセク・カルドゥルム》通りを登っていくことになる。しかし、こちらはすっかり開発されてしまっているので、私たちはガラタ屋内商店街《ベゼスタン》の向かいから伸びるペルシェンベ通りへ入り、中世のメインストリートであったガラタ塔通りを登っていく経路を辿りたい。道すがらに古い石造りの建物が何軒か残っているのだ。両側に並ぶ二、三階建ては、旧市街にひしめいていた二階部分の張り出したトルコ式木造民家とは異なる趣で、同じ都市の中にいるとは思われない。山の手に近づくほど中世から近世、近代へと建物が様相を変えていくさまを楽しむうち、ガラタ塔の袂に辿りつくことだろう。

　ガラタ塔は高さ七〇メートル弱、頂上の標高は一三〇メートルという見張り塔だ。六世紀末、この場所に灯台が建てられたのがはじまりとされ、現在のガラタ塔は一三四八年、黒死病の大流行のさなかに建造され、火災や地震に見舞われる

図15　1616年のガラタ塔からの眺望。丘の上にモスク群が並び、海には大小の船舶が行きかう。メルキオール・ローリヒ（1559）が描いた有名な大パノラマ図を模しつつ、画面手前にガラタ城市を付↗

たびに修理、改修を重ねていまに至る。オスマン期には防衛施設としての機能が不要となったので、天文台や戦争捕虜の監獄、ときには国営造船所付属の倉庫などに使い回されたが、いかなる時代も変わらなかったのは火の見櫓《やぐら》としての役目である。記録に残る限りでは一八世紀初頭以降には塔上に見張りが常駐し、太鼓で火の手を知らせたという。

余談ではあるが、ガラタ塔は人類初の空中飛行が行われた場所としても知られる。一七世紀に千学《ヘザルフェン》のアフメト・チェレビー（一六〇九―一六四〇）なる学究がガラタ塔から飛び立ってボスポラス海峡を飛び越え、アジア岸のウスキュダルへ着陸したという逸話が残っているのだ。おそらくは、ガラタ塔から花火を用いたなにがしかのパフォーマンスが行われたと推測されている。

では、標高一三〇メートルの頂上へ登ってみよう。標高に比して驚くほど遠くまで展望が開ける。よく晴れた日には旧都ブルサのウル山が遠望できるという四〇〇年前の逸話から発して、今日なお、約一〇〇キロ離れたウル山が肉眼で見えるか否かという富士見ならぬウル見の議論が続くのも頷ける眺望である。塔上からアナトリアのヤロヴァ市後背のサマンル山脈が見えるのは確かで、ウル山はそれより八〇〇メートルほど高い標高二五四三メートル。空気が澄み、冠雪する冬であれば、もしかしたら見えるのかもしれない。その場合は、旧市街のアヤソフィアとスルタン・アフメト・モスクのちょうど間に見えるはずなので、目を凝らしてみるのも一興だ。でも、この塔上からじっくりと堪能すべきは、さきほどまで私たちが闊歩した旧市街である。

塔上よりイスラームの帝都を眺める

ある都市の構造を身体になぞらえて捉えるアナロジーは、それを行う愉しみはもちろん、ときに意外な発見をもたらしてくれる。ガラタ塔からイスタンブール旧市街を賞翫《しょうがん》する体験は、この街を訪れたなら是非とも試すべきである。さきにスレイマニイェ・モスクの条《くだり》で触れたように、イスタンブールはこのガラタからの視線をこそ意識して築かれた街でもあるからだ。塔上から旧市街を眺めるとそれがよくわかる。最東端のトプカプ宮殿から西へ向かってアヤソフィア、スルタン・アフメト・モスク、ヌール・オスマニイェ・モスク、バヤズィト・モスク、スレイマニイェ・モスク、ファーティフ・モスク、ヤヴズ・セリム・モスクという大伽藍が、おのおの丘上に配置されている姿が一望できるのだ。堂舎廟塔居並んで悠揚とたたずむ世界帝都イスタンブールのシルエットは、これらオスマン・モスク建築の傑作によって隈《くま》どられている。イスラームの世界帝都が、異教徒たちの住まうガラタへ向けて大見得を切っているわけだ。ただし、ガラタ塔にいる私たち観衆を正面から見つめて誘惑したり、あるいは脅したりする類の媚《こ》びた見得ではない。都市の頭脳に当たるトプカプ宮殿からして城壁と糸杉によって私たちの視線を遮ることで神秘という威厳を保っているし、美麗壮大なモスク群も私たちではなく、南東のメッカの方へ顔《かんばせ》を向けているからだ。いまでこそ旧市街は経済的、文化的中心地としての役割をもっと北のレヴェント、マスラク界隈の新都心へ譲り渡し、狭隘な道の不便さや住民の低所得などが目立つ地区でもあるが、ここガラタ塔に立てばいまなお、昔日の世界帝都がかくありたいと願った艶姿を瞥見できるように思われる。

カラキョイ、イスタンブールの居酒屋文化

坂と塔の上り下りですっかり渇いた喉を、カラキョイ界隈の酒場街で潤していくことにしよう。ここ五七〇年ばかりの間、イスタンブールはイスラームの都として栄えてきたが、その一方でギリシア人やアルメニア人、ユダヤ教徒などの「酒飲む隣人」とでも称すべき住民が人口の半数近くを占める街でもあった。さらには、古代以来のワインの名産地に囲まれている関係上、オスマン帝国も無闇に禁酒令を発するばかりではなく、地場の酒造業の維持を積極的に行っていた。貴顕《きけん》たちが邸宅や緑野で音曲、詩歌に彩られた雅な宴を張るときは往々にして葡萄酒が供されたし、日常的には便通や痰切《たんきり》をよくするため――ということにしての――薬飲み、

ある程度は許容されていた。つまりイスタンブールは、古代から現代に至るまで酒肆《しゅし》に事欠かない街であり続けたのである。そして、ここカラキョイはクムカプなどと並ぶ伝統ある酒場街を成し、往古より船乗りたちが群れ集った歓楽街でもあった。一七世紀には城壁外にユダヤ教徒の経営する娼館《しょうかん》が立ち並び、ポン引きや顎鬚《あごひげ》を落とした男娼《だんしょう》のもとに通いつめる色狂い、あるいはぴちぴちの膝丈の下履き《チャクシュル》――なんと丈が約五センチしかなかったそうで、もはやホット・パンツだ――を穿《は》いた稚児がうろついた悪所として鳴らし、夜の街路には被り物や靴を失《な》くしたまま寝呆ける酔漢が転がり、すれ違うだけでも危険と恐れられるごろつきが徘徊《はいかい》したという。紅灯の巷《ちまた》としてのカラキョイは、汽船が就航し前にもまして世界中の船乗りが集うようになった一九世紀にはますます発展し、アーネスト・ヘミングウェイをして三嘆せしめた世界屈指の売春街ともなる。現在ではふたたび穏やかな酒の街へと回帰したので、気兼ねなく一杯やっていくことにしよう。

イスタンブールでは、どのような酒と肴が楽しまれてきたのだろう。地中海・イスラーム文化圏で酒の代名詞は葡萄酒《シャラプ》で、これが酒の本道と言える。その一方、聖典『クルアーン』において禁止が明言されているのが葡萄酒だけという背景もあり、同じ葡萄から作った蒸留酒ラクや先述のボザ、各種の果物水《シェルベト》のうち酒精を含むヴィシュナーブ《ザクロ水》、また少なくとも王朝初期には馬乳酒《クムズ》などの「葡萄酒以外」の酒も広く飲まれていた。ちなみに、現代の夏の宵に欠かせぬビールは、一九世紀にヨーロッパからもたらされた新参酒だ。

他方、酒肴《しゅこう》としては前菜《メゼ》、サラダ、揚物《タヴァ》、そして主菜として魚料理が供せられるのが一般的である。揚物はイワシ、イカ、エビ、ムール貝など魚介のフリット、魚料理の方は季節の魚の焼物が中心となる。魚介類ばかりが並ぶのは、イスタンブールの酒場業界がムスリムが立ち入れない業種として、海の民ギリシア人を筆頭とする非ムスリムたちの寡占するところであったためだ。逆にトルコ人にとってのご馳走であるケバブなどの焼肉料理はムスリムの領分で、こうした肉料理屋ではいまでも酒を出さないところが多くある。現在ではギリシア系やアルメニア系の店主はほとんどいなくなったが、多民族がさまざまな業種において棲《す》み分けるという世界帝都の伝統が、いまもイスタンブールの居酒屋文化には痕跡を留めている。

そして、喜ばしき多文化混淆《こんこう》の場と化しているのが、酒肴の花形たる前菜《メゼ》である。もとはペルシア語で軽食を意味する言葉である。白チーズやヨーグルトなどの乳製品を用いたディップであるハイダリーやジャジュク、メロン、スイカなどの果物、あるいは羊の脳みそのサラダなどのメニューが中央アジア起源であれば、オリーヴの塩漬けや各種サラダなどの農産物、魚はもとより多足類、海藻までが揃《そろ》う海産物を中心とする品は地中海起源。ムスリムは一般的にはウロコのない魚や四本足以外の生き物は食さないが、地場の食材を可食と定めるシャーフィイー法学派の見解が広く知られているからなのか、イスタンブールではあまり気にせず食べられている。

では、イスタンブールの酒飲みの流儀はどのようなものなのだろう。ハナフィー法学派の見解では、天地や男女の見分けがつかなかったり、呂律《ろれつ》が回らなくなったりするのを酩酊《めいてい》の基準と定めている。これだけ聞けばかなりきこしめしても許されるようにも思えるが、古人たちが異口同音に主張するのは、節度ある飲酒である。イスラーム世界では古くから、酒杯の水面にこそ真実の姿が映ると言い習わされてきた。だから紳士たち、つまりオスマン語でいう雅人《ザリーフ》たちの筆は、酒席での無作法にまったく容赦がない。洋の東西を問わず、酒は三献に限るということのようだ。

2　ガラタ城壁外西部

カスムパシャ、地中海船舶史の目撃者

ではガラタ城市の外へと繰り出そう。さきほど見つけたアタテュルク大橋の下のガラタ城壁には、むかし海兵門《アザプ・カプス》が開いていた。その門を抜けた先が、五〇〇年にわたって造船と港湾業、そして海軍の街として栄えたカスムパシャだ。往時にはオスマン帝国海軍の母港として、ダーダネルス海峡を守るゲリボル（ガリポリ）、ドナウ河畔のルスチュク、黒海岸のサムスン、エジプトのスエズやイラクのバスラなど、各地の海港を束ねる司令本部の役を担い、現在もマルマラ海、黒海、ボスポラス海峡防衛を担う北部地域司令部が置かれている。そして、この街の中核を成したのが国営造船所《テルサーネイ・アーミレ》だ。

セリム一世によって付置され、早くも一五一五年には一五〇艘が停泊できる大工廠へと発展した。地中海世界沿岸でこれと同規模の造船所は、近代にいたるまでイスタンブールとヴェネツィアにしか存在しなかった。凪《なぎ》の夏が長い地中海では帆のみでは航行が難しいため、ここカスムパシャ造船所の主力も当初はガレー船《カドゥルガ》であった。一五世紀から一六世紀前半には、両舷あわせて四八本の櫂、一本の帆柱を基本型とするオスマン式ガレー船（正確にはフスタ船）が大量に建造された。一四九九年のゾンキオ海戦ではこれらの艦の船首に大砲が積まれ、ヴェネツィア船に向けて発射されている。これが船舶による火砲運用の史上初の例とされる。以降、プレヴェザの海戦（一五三八年）を経てレパントの海戦（一五七一年）に至るまでの約七〇年にわたって地中海と黒海ではカスムパシャ出身の船たちが大いに活躍した。

オスマン艦隊が大敗を喫したレパントの海戦は、ガレー船同士の最後の大規模戦闘と評されることもあるが、カスムパシャでは海軍提督クルチ・アリ・パシャ（一五一九―一五八七）が行った新設計のガレー船が引き続き、建造されている。レパントの海戦から唯一、麾下《きか》の艦船を率いて帰京したクルチ・アリは、南イタリア生まれのバルバリア海賊出身。北アフリカ沿岸で乗り慣れた帆船ペルゲンディ《ブリガンティン》船を参考としつつ、両舷の櫂数七二本に、帆柱も二柱に増やした帆走力に優れるバシュタルダを考案するのだ。これ以降一七世紀中を通じて、舳先《へさき》に火砲を備えたこの大型ガレー船バシュタルダが、オスマン式ガレー船の代名詞となる。

バシュタルダが登場するのと同じ一六世紀末、スペインなどではキャラックを大型化したガレオン帆船の運用法が確立され、大西洋に船出した西欧諸国には櫂を排した大型帆船の時代が到来する。積載量が多く、ガレー船とは比較にならない長期間の航海に耐え、なにより安定性が高いので火砲の運用に適していたため、一七世紀に入るとバシュタルダ船は大型帆船の後塵《こうじん》を拝し、イスタンブールは戦争のたびダーダネルス海峡を封鎖され食糧難に喘《あえ》ぐこととなる。当然、カスムパシャの船匠たちもただ座して見守っていたわけではなく、一七世紀後半からは西欧出身の技術者を登用し、ガレオン船の建造に取り掛かっている。

時は巡り一八二七年、ギリシア独立戦争のさなかナヴァリノ湾において列強諸国の砲撃を受け沈没した艦の中にも、ここカスムパシャで建造された帆船が多く含まれていた。歴史上、帆船同士の最後の戦闘とされるナヴァリノの海戦である。つまり、カスムパシャ造船所の船たちは、古代以来地中海の海の花形であったガレー船の盛衰と艦砲の登場はもとより、大型帆船時代の幕開けとその閉幕の当事者となったわけである。

蒸気船がイスタンブールにはじめてお目見えするのは翌年の一八二八年のこと。英国製蒸気船スウィフト号がアルメニア系の絹織物商人アルテミス・エフェンディによってマフムト二世に献上され、快速号《スュラト》として就航した。これを契機として、蒸気船の輸入がはじまり、カスムパシャ造船所にも蒸気船の製造が命じられる。内燃機関の製造技術がないためアメリカ人技術者の指導を受け、イギリスなどから輸入した部品、部材を用いた名誉の賜物号が一八三七年に就航している。

一八六三年、カスムパシャ造船所から一隻のフリゲート《フルカティン》が進水する。のちに日本への親善任務を帯びてイスタンブールを発ち、一八九〇（明治二三）年に座礁沈没したエルトゥールル号だ。一八八七年、ヨーロッパ歴訪の途上で小松宮《こまつのみや》親王夫妻がイスタンブールのアブデュルハミト二世を表敬訪問した。エルトゥールル号はその返礼と慣熟航海、そして途上のイスラーム諸国へオスマン帝国の国威を示すべく、一八八九年に日本へ派遣された。一一ヵ月の長い航海を経て一八九〇年六月に日本へ辿りついた同艦は、アブデュルハミト二世からの親書を明治天皇に奉呈したのち、同年九月には急ぎ帰国の途に就いたものの、折からの台風によって和歌山県串本町《くしもとちょう》沖で沈没してしまう。オスマン艦長を含む五八七名が殉難した海難事故は日本国民の同情を誘い、多くの義援金が集められるとともに、生存者六九名は一八九一年、日本海軍によってイスタンブールへと送還される。おそらく、カスムパシャで建造されたあまたの船の中で、母港からもっとも遠い海で眠るのが、日土友好の礎として記憶されるこの船である。

ユダヤ教徒街ハスキョイ

はるか和歌山県串本町に眠るイスタンブール生まれの艦艇に思いを馳せながら艦隊《ドナンマ》大通りを進み、カスムパシャと墓地を挟んで隣接するハスキョイ界隈へ入る。八世紀から今日に至るまでユダヤ教徒が暮らし続ける地域だ。ほかに旧市街のバラト界隈やペラ、テシュヴィキイェなどにもユダヤ教徒が暮らすが、ビザンツ期からオスマン期へと移り変わるなかでユダヤ教徒街区としての性格が変わらなかった点で、ハスキョイは稀有である。

ユダヤ教徒街区のはじまりは、黒海の北岸を治めたハザール王国（七―九世紀）の人々が暮らしはじめた八世紀まで遡る。サーサーン朝ペルシアやアラブ・イスラーム勢力という共通の脅威を前にして、ハザール王国とビザンツ帝国が長く友好関係にあったためだ。ハザール王国の支配階層はテュルク語を話すユダヤ教徒――今日のカライ派トルコ人の祖先とする人もいる――であったから、このカスピ海のユダヤ教徒たちをコンスタンティノポリス初のテュルク系定住者とみなすこともできる。彼らが移住したのはイリオス渓谷周辺、つまり今日のキレミトチ・アフメト・モスクあたりであったらしく、その頃に作られたカライテ会堂《シナゴーグ》も残っている。オスマン期には対岸のイェニ・ヴァーリデ・スルタン・モスク建設のためにカライ派ユダヤ教徒がここハスキョイの同胞の下へ移住したと伝わるので、一〇〇〇年を経てもなお最初のユダヤ教徒コミュニティが健在であったことが窺える。

ハスキョイが大きく発展するのは一五世紀末、レコンキスタによってスペイン《セパラデ》を追われたセファルディム系ユダヤ教徒が移住してきて以降のことだ。新来のセファルディムと旧ビザンツ領に元から住まうロマリオト系ユダヤ教徒との間にはいくらかの軋轢《あつれき》も生じたものの、オスマン帝国の仲介の下で共存し、スレイマン一世の主治医モゼス・ハモン（一四九〇―一五六七）や、ハレムの女性たちの御用聞きとして殿中と市井を橋渡しした女商人エステル・キエラ（?―一六〇〇）などの大立者が幾人も出ている。一七世紀になると、ハスキョイはギリシアのテッサロニキと並ぶ地中海沿岸最大のユダヤ教徒街区となり、一九世紀末には帝都周辺に暮らす八万人のユダヤ教徒のうち二万五〇〇〇人あまりがここハスキョイで暮らした。

第1章の旧宮殿／イスタンブール大学の条で瞥見したが、第二次世界大戦前後にドイツやオーストリア、ポーランド、ハンガリーからドイツ系ユダヤ教徒《アシュケナズィム》が大量にイスタンブールへ逃れ得たのも、彼らハスキョイのユダヤ教徒の援助があったればこそである。二〇世紀に入ると、第一次世界大戦とオスマン帝国の滅亡、第二次世界大戦を経て、イスラエルやアメリカへの移住者が増え、イスタンブールのユダヤ人社会は縮小するが、いまなおトルコ・ユダヤ教徒協会の週刊機関紙である『シャローム』というラディーノ語（中世スペイン語より派生したセファルディム系ユダヤ人の言語）新聞が出版されるなど、姿を消したわけではない。

オクメイダヌ、トルコ弓術の中枢

では桃色の壁が特徴的なハスキョイ・マアレム会堂をかすめ、ハスキョイに東隣するクラクスズ墓地へ入ろう。道すがらデルスィム虐殺（一九三七―一九三八）によって移住を余儀なくされたクルド系トルコ語詩人ジェマル・スュレヤー（一九三一―一九九〇）のお墓に手を合わせつつ墓地の北へ出ると、青碧色《せいへき》に金文字の銘板を掲げるオスマン風の建物に行き当たる。銘板に弓術家協会《オクチュラル・ヴァクフ》とあるように、オスマン期のそれを再建した弓術道場だ。

一九世紀後半までは、おおよそこの道場を境として市街地は途切れ、以北にはオクメイダヌ《弓広場》

図16　17世紀のオクメイダヌの様子。矢場に下りた二人は言い争っているように見える。その上の髭のない若人は、射手に風向きでも教えているのであろうか。左下の二人は標的石を前にどこに当たったのかを検分し、右下では一杯やりながら見物する者の姿も。（17世紀の画帳より）

という名の緑野が広がっていた。もし一四五三年の四月二〇日にここに立っていたなら、現在のドルマバフチェ宮殿あたりから陸揚げされたオスマン帝国の艦艇七〇隻あまりが、私たちの眼前をかすめてアタテュルク橋西側の海岸から、湾口が鎖で封鎖された金角湾へ進水していく奇観を見物できたことだろう。そのコンスタンティノポリス包囲戦に先立ってメフメト二世と兵士たちが最初に祈りを捧げた場所が、ここオクメイダヌだった。そのため、遠征前の将兵がここで必勝を祈願するのが習わしとなり、一六二四年には野天で祈る兵士たちに語りかけるため、世にも珍しい野外説教壇《ミンバル》まで設《しつら》えられた。

この説教壇の遺構を敷地内に残すのが、先の弓術道場である。射場としての歴史もメフメト二世に遡り、ファーティフ・モスク建設と連動させて弓術道場と、広大な緑野に標的石《ニシャーンタシュ》を設置した射場を拓《ひら》いた。夏季（五―一一月）には道場長《シェイフ》が常駐し、九百者《ドクズユズジュ》と千百者《ビンユズジュ》と呼ばれる二四名の師範たちが弓術家の指導に当たった。馬場や相撲場などの練兵場はほかの国々でも知られるが、弓術に特化したこれほど大規模な施設を都市近郊に構えた例は、イスタンブール以外にはない。せっかくなので、世界最大級のこの射場で古式ゆかしいトルコ式弓術を見物していこう。

いわゆるトルコ弓は、獣の腱《けん》と木材を膠《にかわ》で張り合わせた複合弓や指輪状の弓かけ《ズィフギール》などの道具の拵《こしら》えはもとより（図16）、右手親指と人差し指で保持した矢を立てた弓の右からつがえるという技の点においても、西欧とは起源を異にする中央ユーラシアの遊牧民の伝統を受け継いでいる。通例は左手で弓を握り右手で引くが、たとえばスルタンの身辺を固めた四〇〇名ほどの腕利きたちは、右を弓手《ゆんで》として矢を放つよう教育されたため左利き隊《ソラクラル》と呼ばれた。御幸《みゆき》や遠征の際に帝王の右翼に侍《はべ》るため、いざ弓を引く段になって主君に背を向ける非礼を犯さぬようにという配慮である。

競技の面では的当て《プタ・コシュシュ》、遠射《メンズィル・アトゥシュ》などの徒歩での射撃と、騎乗して行う騎射《カバク・アトゥシュ》に大別される。さきほどの九百者、千百者という師範たちの称号は、それぞれ九〇〇矢筈《ゲズ》、一一〇〇矢筈先の遠射石《メンズィル・タシュ》に当てる名人という意味だ。それぞれ約六〇〇メートル、七二〇メートル先の的ということになる。こうした遠射は弓術家の力量を測る指標として弓術免状試験に設定され、必ず証人四人以上の前で行われた。その記録を綴った遠射の書も、一八五〇年代あたりまで書き継がれている。トルコ近代化の祖の一人としてイェニチェリの廃絶に尽力し廃位、処刑の憂き目を見たセリム三世（在位一七八九―一八〇七）は、矢を射たまさにその瞬間を写した細密画が残されるほどの弓取りで、なんと一二〇〇矢筈、約八〇〇メートルの遠当てをこなしたという。にわかには信じがたいが、現代の弓術家が約八四六メートルという記録（一九四二年）を出しているので、セリム三世の記録も無闇に疑うのは失礼だろう。

一方、的当て《プタ・コシュシュ》は読んで字のごとく、一二五〇から三〇〇矢筈（約二〇〇メートル強）ほど先の的《プタ》を用い、より精密な射撃の腕を競った。この「二〇〇メートル強」という距離は別に一射《ビルオク》とも呼ばれ、距離単位として広く用いられていた。メフメト二世期にはアヤソフィアから持ち出されたキリスト教の偶像《プト》が的にされたが、次第に専用の的が造られ、一七世紀には三〇〇に迫る標的石がオクメイダヌに立ち並んでいた。

他方、騎射は流鏑馬《やぶさめ》に似る。ただし、日本とは異なり高さ八メートルほどの柱上に傘状の的を取り付け、駆け抜けざまに身体をひねって射撃する。いわゆるパルティアンショット式の流鏑馬である。このほかに鎧《よろい》に見立てた鉄板や鉄製の鈴を射抜いて威力を競う撃射なども遊ばれたようだ。

このように伝統弓術は貴賤を問わずイスタンブールでも広く愛好され、近代化政策が本格化する一九世紀に入ってなお、しばらくの間はオクメイダヌの広大な射場と道場は維持された。しかし、徐々に競技者や弓矢職人が減少し、施設が老朽化するのと前後して、一八二〇年代にバルカン半島での戦争と領土喪失によって焼け出されたムスリム難民たちがオクメイダヌの射場内で暮らすようになり、急速に廃れていく。二〇世紀に至ればイスラーム世界最大の射場は完全に都市に埋没し、いまではわずかに墓地や民家の端にひっそりと佇む四〇ほどの標的石がその面影を伝えるのみである。

ただし、弓術自体は共和国に入ってからのスポーツ振興政策のお陰で、細々と命脈を保つ幸運に恵まれた。その甲斐《かい》あって、現在では伝統文化振興に鼻息荒いイスラーム保守政権の後押しを受けて道場が再建され、二〇一九年末にはトルコ弓術がユネスコ無形文化遺産に登録された。

3　ガラタ城壁外東部

フランス人パサージュ、中世の面影を探して

ではふたたびガラタ橋の袂へ戻り、今度は東を目指そう。一般的な観光客であれば橋から続く税関《ギュムリュク》大通り（現在のケメルアルトゥ大通り）を進むのが常道だが、時間旅行者としてはもう少しガラタらしい順路を選びたい。さきほど一献傾けたカラキョイの酒場街を横目に見つつ、橋の袂から弓術家《ケマンケシュ》大通りへ入るのだ。往時のガラタ城壁のすぐ外、海岸に沿って伸びていたと目される通りだ。二、三分も進むと左側にミナレットが見えてくる。ビザンツ期の城塞《カスティリオン》の倉庫を改装した、その名も地下《イエルアルトゥ》モスクだ。ビザンツ期、戦時に金角湾を封鎖するために湾口に張られた大鎖は、まさにここに保管されていたそうだ。オスマン期にも国営の倉庫として使用

されていたが、その地階から三体の遺体が見つかったのは一六四〇年のこと。諸説あるものの、その遺品から見てエブー・エユプと同じように最初のコンスタンティノポリス包囲戦での殉死者であるとされ、倉庫から一転、聖なる墓廟となり、一八世紀中葉には地階部分だけがモスクへ改装される。こうして堂内に墓廟を有し、しかも上階は倉庫のままという世にも珍しいモスクが完成するのである。一九世紀に入るとモスクの向かいに検疫所が開かれた由縁で、上階は現在でも国境・沿岸保健局の本部となっている。

　さらに弓術家大通りを突き当たりまで進めば、いまはなきガラタ城壁の輪郭をなぞりながら大通りへ戻ることになるが、私たちはその手前にひっそりと佇むフランス人抜道《フランスズ・ゲチディ》というパサージュを抜けていこう。このパサージュが作られたのは一八六〇年。イスタンブールのパサージュ文化の盛期は一八七〇年以降なので、現存する最古のパサージュの一つである。いまはブティック街に改装された瀟洒《しょうしゃ》な隘路を抜けていくと、赤壁に白亜の鐘楼が映える教会に行き当たる。中央聖母マリア《メルイエム・アナ》教会である。独立トルコ正教教会、あるいはアナトリア正教会の名でも知られるトルコ独自の正教組織の総主教座である。その名のとおり自治教会ではなく独立教会を名乗るのは、独立戦争時（一九一九―一九二二）、ギリシア側ではなくトルコ側に残留する道を選んだ正教徒たちが作った組織であるため。当然ながらギリシアからは認められず、それどころか金角湾対岸のフェネルにあるコンスタンティノープル総主教座さえ、戦時に強制的に作られた組織であるとして無視している。現在は初代総主教を務めたパヴロス・カラヒサディリス（トルコ名ゼキ・エイレーネーロル）以来、エイレーネーロル家世襲で四代の総主教が信徒を指導している。

珍しいアナトリア正教会から北へ歩けば、すぐに聖クリコル・ルサヴォリチ教会の脇からケメルアルトゥ大通りに出る。近世の通りの名は伝わっていないが、ここがガラタ城市の東の目抜き通りにあたる。ルサヴォリチ教会は一四三六年、黒海貿易に従事するアルメニア人商人たちが建てたイスタンブールに現存する最古のアルメニア教会だ。ただし、建物自体は幾度も火災に見舞われ、そのたびに建て直されている。このルサヴォリチ教会からほんの一〇〇メートルほど西の斜向かいにも、やはりキリスト教会が並ぶ。まずイスタンブール唯一のルーテル派教会として一八世紀に建立された聖救世主《プルギチ》教会。そして、その隣に古色蒼然《そうぜん》とした白い鐘楼の聳えるのが、聖ベノワ教会である。

聖ベノワ教会はイスタンブールでいまも用いられる中では最古のカトリック教会として名高い。例によって火災によって度々、損傷したが、鐘楼はドミニコ会によって創建された一四二七年当時のままである。一五世紀前半にベネディクト会、一六世紀にイエズス会、一八世紀にヴィンセンシオの宣教会、一九世紀前半には聖ヴィンセンシオ・ア・パウロ愛徳姉妹会と、一八世紀のイエズス会弾圧やフランス大革命など、遠く西欧での政変によって教会の管轄は目まぐるしく移ろった。しかしながら、一六世紀以来長くフランス大使の礼拝堂として用いられた由縁から、とかくフランス出身者の心の拠りどころとされてきた点は変わらない。このベノワ教会がさきほどのフランス人パサージュの名前の由来であると言われている。

現在、西欧諸国の大使館や大教会が立ち並ぶのはガラタ塔以北のペラ界隈であるが、ここガラタ東部一帯は、イスタンブールでも最古の教会群がいまなお佇んで、中世以来のラテン人居留区の面影を残す界隈なのである。

トプハーネ、砲煙と紫煙の街

ベノワ教会から五〇〇メートルほど先の辻でボアズケセン大通りと交差したケメルアルトゥ大通りは、帝国議会《メジリスィ・メブーサーン》大通りと名を変える。この辻より先がガラタ城壁外のトプハーネ界隈である。ちなみにこの海岸沿いの帝国議会大通りは、トプハーネから東に六〇〇メートルほど行ったなら、帝国議会が開かれた姉妹姫宮殿《チフテ・サライラル》（現ミーマール・スィナン芸術大学フンドゥクル・キャンパス）へ、さらにその先にはドルマバフチェ宮殿、ユルドゥズ宮殿が連なる近代の目抜き通りの一つで、一八七一年にイスタンブールで最初の鉄道が敷かれた道でもある。当時は馬車鉄道であったこの路線、開業早々に車両不足に悩まされ、列車は超満員のため乗れないことの方が多く、ようやく乗り込めたと思いきや、今度は歩行者に阻まれ遅々として進まなかったと、当時の官人たちの備忘録は口を揃えている。

さて、ガラタとトプハーネの境辻に聳えるのがクルチ・アリ・パシャ・モスク、通称トプハーネ・モスクである。あのバルバリア海賊出身の海軍提督クルチ・アリが一五八〇年代に建築家スィナンに請うて建てさせた一堂だ。カスムパシャの条で、彼が考案したとされるバシュタルダ船について瞥見したが、あの船の舳先に載せられた火砲を製造していたのが、このモスクの向かいにいまも鎮座する武骨な石壁を幾重にも巡らせた大砲の家《トプハーネ》、すなわち砲兵工廠である。メフメト二世の時代に大砲鋳造のために建設され、周辺の兵営ともども一九世紀まで砲兵隊の本拠地として用いられた。異教徒の街ガラタ城市は、西を海軍の街カスムパシャに、東を陸軍の街トプハーネに挟まれていたわけだ。

図17　17世紀後半のガラタ城市周辺。市街地が北の城壁を越えて拡大している。ひときわ大きな建物はおそらく王の館《メゾン・ド・ロワ》（フランス大使館）であろうか。4艘の帆船が停泊するのがヤーカパヌ埠頭、奥にLa Darseと書かれた長屋根の列が国営造船所、ガラタ塔の右奥の空き地はオクメイダヌ。手前右下の城壁外に大砲が転がるのがトプハーネ界隈と砲兵工廠である。この先にはベシクタシュ浜離宮が佇むはずである。（グルロー，前掲書より）

図17の都市景観図では、画面右下の城壁外に大砲が転がっているが、これらはおそらくメフメト二世がコンスタンティノポリス攻めに用いた大王砲《シャーヒー・トプ》と思われる。歴史に名高いこの巨砲、砲身は分割式のため脆《もろ》く、命中精度も低いうえ、半トンと見積もられる火薬の装塡作業のため巨弾一発を撃つのに半日を要した

とされる。そのため、効果のほどは専門家の間でも意見が分かれているが、少なくとも征服以後も大王砲はここ砲兵工廠で生産が続けられ、ダーダネルス海峡防衛の要であるセッデュルバフル要塞などに配備された。トプハーネ生まれの大王砲はいまでも数門が現存していて、イスタンブールでは新市街の軍事博物館（旧士官学校）の中庭で目にすることができる。ただし、もっとも有名なそれはイギリスのポーツマスに置かれた一門だ。一八〇七年、第三次露土戦争の折、先述のダーダネルス海峡でイギリス船に向けて発射され命中、そののち一八六六年にヴィクトリア女王に贈られた経緯を持つ。

ところで、近世のイスタンブールには、思いのほか日常的に大砲の音が響いていたようだ。犠牲祭や砂糖祭のようなイスラームの移動祝祭日はもちろん、出征時にも凱旋時にも連日連夜、祝砲が撃たれた。また、スルタンが対岸トプカプ宮殿から御座船に乗って海に遊ぶ御舟乗《ビニシ》を催す際には、帝王が通る海岸沿いの各地の大砲がその到着を知らせるため撃たれ、連絡を受けたここ砲兵工廠からは帝王の御座船が停泊するたびに大砲が撃たれ、その旨を対岸のトプカプ宮殿に周知したという。このほかにも庶民たちは、皇子の誕生を砲声で知って祝い、祝祭ともなれば水面すれすれを狙って水切りよろしく跳弾するよう放たれる砲兵工廠のパフォーマンスに拍手喝采を送った。

さて、近世にトプハーネに佇めば私たちの鼻腔には、火薬とはまた別の煙臭も香ったことだろう。というのも、この界隈は、煙草《たばこ》を喫《の》める珈琲店が数多くあった地域で、一七世紀後半には煙管職人《チュブクチュ》組合が結成された由緒正しい煙草横丁でもあったからだ。フランス語ではヘビー／チェーン・スモーカーを評して「トルコ人のように煙草を吸う《フュメ・コム・アン・テュルク》」と言うくらいであるし、一九世紀末の君府に暮らした山田寅次郎をして「土耳古《トルコ》の煙草か、煙草の土耳古か、煙草と土耳古果して何《いず》れか主なるべき」と慨嘆《がいたん》せしめたほどに、喫煙は貴賤を問わずイスタンブールの都市生活に根を下ろす文化だった。私たちもここで紫煙、いやトルコ風にいえば青煙をくゆらせていこう。

煙草がイスタンブールへ持ち込まれたのは、遅くとも一五七〇年代と言われる。ドゥハーンやトンベキ、そして現代語と同じテュテュンなどさまざまに呼ばれながら、喫煙者はまたたくまに増加して、当時の史家が、互いの顔も見えないほど青煙もうもうたる珈琲店に苦言を呈するほどに流行した。初の煙草禁止令が出されるのは一六〇九年であるが、この頃には新大陸産の煙草の葉がイスタンブール近隣の村に移植され市場に出回っていた。禁令の理由も受動喫煙を戒めるためではなく、商品作物として優れる煙草栽培の急速な広まりによって帝都周辺の食糧生産が落ち込むのを憂慮してのことだったという。もっとも、煙草葉はのちにトルコの主要な輸出作物となり、国父ムスタファ・ケマルを育んだテッサロニキの街の大発展にも寄与するのだから、民草の方に先見の明があったと言えるかもしれない。トルコから日本への輸出品の口火を切ったのも、この煙草葉である。

往時のイスタンブールの喫煙は、用いる喫煙具によって二通りに大別された。まずは有名な水煙草《ナルギレ》――日本ではアラビア語の「シーシャ《ガラス瓶》」の方が通りが良いようだ――である。これにはトンベキと呼ばれる糖蜜と煮込んで甘みと香味を付した湿った煙草葉を用いる。炭で温めて生じた煙を、水を張った瓶に落とし冷却されたものを、羊毛などで裏張りをした長い管を通して吸引する。水にしても、裏張りにしてもタールの雑味を消すための工夫である。もとはインドで大麻吸引のために用いられていた刳《く》り貫《ぬ》いた椰子《ナールギール》の実がイランを経て伝わったと言われ、トンベキを水煙草《ナルギレ》によって吸う文化もイラン伝来という印象が強い。麻薬の吸引と水煙草は器具を同じうして、それが喫まれる場も均《ひと》しく、近世のトプハーネには麻薬常習者《エスラールケシュ》が集う怪しげな珈琲店も軒を連ねたという。城壁外にあって兵隊の集う盛り場であったトプハーネ界隈には、陽光と海風に彩られた昼とは別の夜の顔もあったわけだ。

いま一つ、水煙草を凌駕してイスタンブールの煙草文化を担ったのが乾燥煙草《テュテュン》であり、これは煙管《リュレ》（チュブク《木棒》とも）によって嗜まれた。オスマン期イスタンブールの風景や人物を写した版画や絵画を覗けば、男性は必ず煙管を手にしていると言って過言でないほどで、さきほどのフランス語の言い回しの由来もこちらの煙管に求めるべきだろう。トルコ煙管《キセル》は雁首《リュレ》、羅宇《チュブク》、吸い口《アウズルク》という日本のそれとほぼ同じ構造を持つ。ただし、おしなべて雁首は大きめ、羅宇は真っすぐで、ものによっては一メートルを超える長尺物もある。そのため雁首を地面に置いたとき保持しやすいよう底に支えが付くなど、拵えの相違がある。羅宇の長さから想像がつく通り、イスタンブール人には日本の煙管のようながつんとしたスロートキックよりも、冷たく雑味の少ない喉触りが好まれたようだ。

そして、この雁首の製作で知られたのが、ここトプハーネの職人たちで、幾何学模様の意匠が施された素焼き粘土製の雁首はトプハーネ煙管《リュレスィ》と呼ばれた。アナトリア東部のワン湖から海路で輸送された春薔薇《ギュルバハル》と称される赤土で作られた煙管は独特の弁柄《べんがら》色を呈し、高級なものであれば金箔《きんぱく》で模様が凝らされた深い味わいを湛《たた》え、一世を風靡する。

ところが、一八世紀にイスタンブールから南東に二〇〇キロほど、アナトリア西部のエスキシェヒル近郊で煙管石《リュレタシュ》、つまり海泡石の大鉱床が発見されると、ヨーロッパを中心に喫煙具は煙管石に置き換わる。さらにのちには現在の主流となる軽量、頑丈なブライヤーが登場する。パイプの女王と王様と並び称せられる両素材は、いずれも軽量で、なにより灰落としの際の衝撃で割れにくかったため、またたくまに世界中へ広まる。もっとも、一九世紀イスタンブールの珈琲店の写真を漁《あさ》ると素焼きのトプハーネ煙管を吸う男性の姿がまだ残っているので、煙管を用いた古い喫煙文化が姿を消すのは一九世紀後半からはじまる紙巻き煙草の国産化以降のようである。

ところで水煙草の方は、一九九〇年代に入るとそのノスタルジックな魅力が再評価されて復権を果たす。その震源地となったのも、ここトプハーネ界隈だった。いまでもさまざまなフレーバーのトンベキを選んで水煙草を吸えるちょっと怪しいお店に男女の学生が和気藹々《わきあいあい》と屯《たむろ》している。惜しむらくは、東方人の象徴とされた煙管の方の復活がならなかった点だ。骨董品《こっとうひん》となったトプハーネ煙管の一服がどのような味だったのかは、文学作品や回顧録に尋ねるより術がない。

ベシクタシュ浜離宮と舟遊び

大砲と煙草の二種の煙にむせ返ったところで新鮮な空気を求めて、帝国議会《メジリスィ・メブーサーン》大通りを東へ向かおう。道の両側に立ち並ぶ街路樹は鈴懸《すずかけ》（プラタナス）である。長安《ちょうあん》が楡《にれ》、平安京が柳、パリがマロニエであれば、イスタンブールの街路樹は鈴懸と言ってよく、「鈴懸木陰《チュナルアルトゥ》」の屋号を名乗る珈琲店がそこかしこにある。木陰を進んでいけば、美しい通りはすぐにもドルマバフチェ大通りと名を変える。ただし、時間旅行者たる私たちがオスマン帝国最後の宮城たるドルマバフチェを訪れるのはもう少し先の話。いまは近世にこのあたりの海岸沿いの一等地を独占した木造大宮殿ベシクタシュ浜離宮《サーヒル・サラユ》を訪ねよう。

人家のまばらな郊外地であったトプハーネ以東のベシクタシュ界隈は、征服から一〇〇年ほどの間、艦隊の集結地として使われたが——いまも海軍博物館などゆかりの施設が残る——スレイマン一世が行った埋立事業が、この一帯の性格を決定づけた。大帝によって糸杉や菩提樹《ぼだいじゅ》などの果樹が植わる庭園が整えられたのを嚆矢《こうし》として、次代の酔いどれ王《サルホシュ》セリム二世がお屋敷を建て、ついでアフメト一世がさらに大規模な埋立てを行い敷地を拡大した。一七世紀初頭のこの頃より埋立庭園《ドルマバフチェ》と呼ばれるようになり、帝王たちは思い思いに避暑屋敷《ヤル》や館《キョシュク》を築いていく。

ベシクタシュ一帯は潮の通いがよく、トプカプ宮殿との行き来が容易である。そのため後宮の女性たちやスルタンその人が舟遊び、野遊びに出る際に立ち寄る御苑として愛用され、周辺には高官たちの別荘も並ぶようになる。これに伴い宅地開発の手も海岸線沿いに東へと延びていく。そして一六八〇年代に、現在のドルマバフチェ宮殿の建つ場所に大規模な木造宮殿が築かれる。これがベシクタシュ浜離宮である。宮殿は一度荒《すさ》んでしまったものの、一八世紀初頭のチューリップ時代にアフメト三世によって豪奢な木造宮殿として復活し、御舟乗《ビニシ》のための拠点として利用された。

では、貴顕たちが葡萄酒と珈琲を積み、佳人と歌人を引き連れて向かった先はどこか。もちろん、今も昔もイスタンブール人の保養地たるボスポラス海峡である。舟遊びの季節は夏。伝統的な暦の感覚でいえば三月末の二一日あたりにイラン農事暦に合わせた新年《ネヴルーズ》（クルド語やペルシア語のノウルーズ）によって春が幕を開け、野遊びがはじめられる。舟遊びの方は、五月六日頃にはじめられて一一月七日頃にひとまずの終わりを告げたようだ。これはオスマン帝国の支配領域における伝統的な季節感覚であるフズルの日《フズレッレズ》に則《のっと》ってのことで、要はこの期間が夏とされたわけだ。夏を迎えると、帝王たちは瀟洒な金の縁取りにクッションの利いた豪華な座席を持つ御座船に乗り込み、富裕な庶民たちも負けじと普段は渡し舟として用いられる八本櫂舟などをチャーターして、それぞれ舟遊びに繰り出したのである。

第4章

都人《みやこびと》の行楽地

ボスポラス海峡沿岸

19世紀初頭のベシクタシュ浜離宮より舟遊びへ出る。遠景を見れば、いまだ緑野の多く残っていたのが窺える。右手の汀《みぎわ》に整列するのはおそらく宦官たち。幕を張って女性たちの乗船を待っているのだろう。海上には松明《たいまつ》が浮かべられ、厳重な警備が敷かれている。（ドーソン，前掲書）

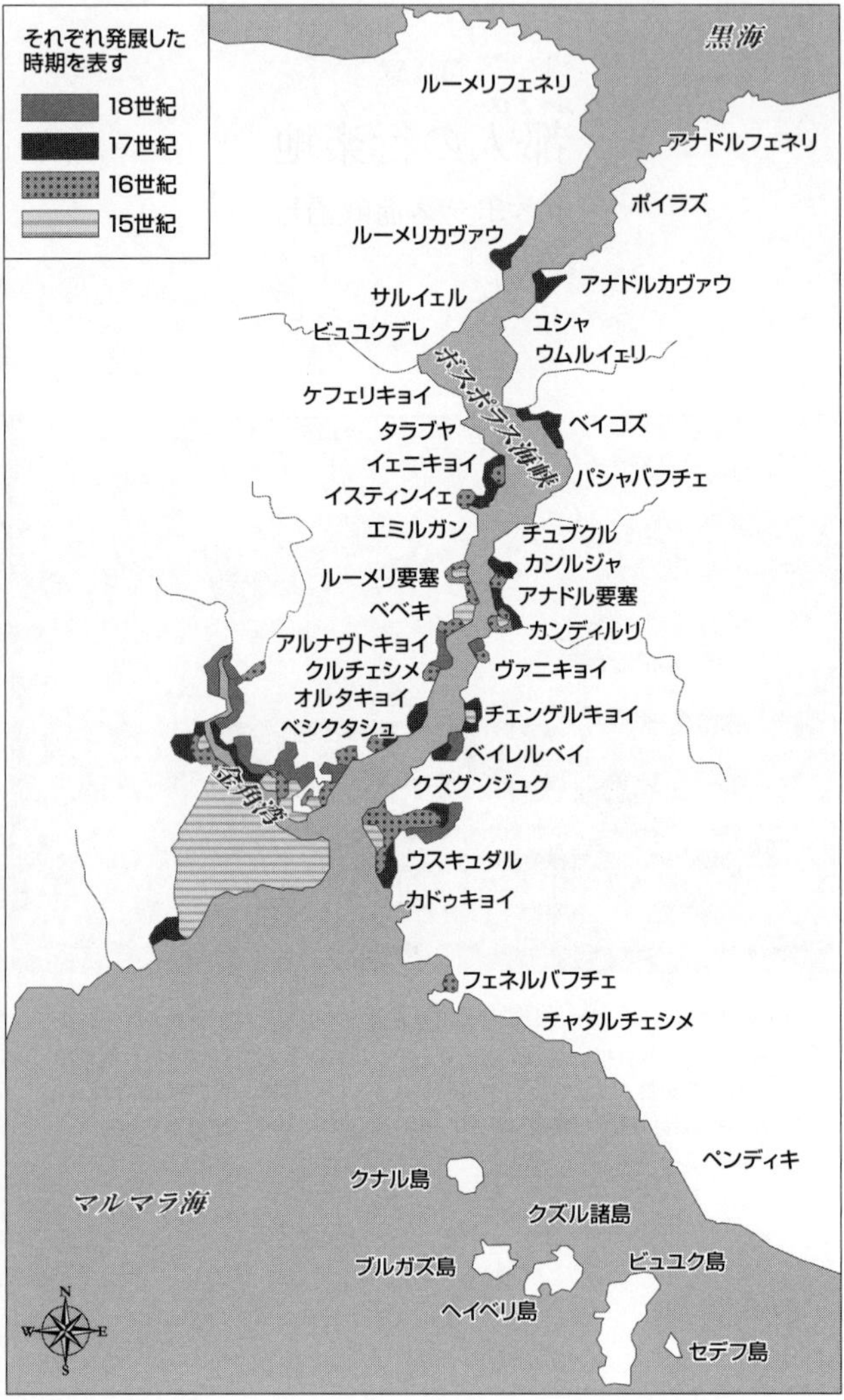
それぞれ発展した
時期を表す
18世紀
17世紀
16世紀
15世紀
黒海
ルーメリフェネリ
アナドルフェネリ
ポイラズ
ルーメリカヴァウ
アナドルカヴァウ
サルイェル
ビュユクデレ
ユシャ
ウムルイェリ
ボスポラス海峡
ケフェリキョイ
タラブヤ
ベイコズ
イェニキョイ
イスティンイェ
パシャバフチェ
エミルガン
チュブクル
カンルジャ
ルーメリ要塞
アナドル要塞
ベベキ
カンディルリ
アルナヴトキョイ
クルチェシメ
ヴァニキョイ
オルタキョイ
チェンゲルキョイ
ベシクタシュ
ベイレルベイ
金角湾
クズグンジュク
ウスキュダル
カドゥキョイ
フェネルバフチェ
チャタルチェシメ
ペンディキ
クナル島
マルマラ海
クズル諸島
ブルガズ島
ビュユク島
ヘイベリ島
セデフ島
N
W
E
S

避暑屋敷の世界

ベシクタシュ浜離宮を出てすぐ、手漕ぎの私たちの舟は荒い波の洗礼を受けることだろう。ボスポラス海峡は一見したところ穏やかに見えるが、実際には黒海とエーゲ海の塩分濃度の相違によって潮の流れが速く、いまでも世界有数の海難事故多発海峡として名を轟かせる。加えて船の行き来を阻むのが、古代より七つの岬があるとされてきた複雑な海岸線だ。これに潮が当たって複雑な海流を生み出すのである。

その七岬《しちみさき》のうち水路がもっとも急なカーヴを描き、船足が遅くなる箇所の両岸に大城塞が構えている。ヨーロッパ岸のルーメリ要塞（一四五二年）とアジア岸のアナドル要塞（一三九五年）である。現在のファーティフ・スルタン・メフメト大橋の南の海際に佇む両要塞の目的は、一にも二にもコンスタンティノポリス征服であり、黒海沿岸のイタリア植民都市と都の行き来を遮断することだった。そのため、いざ征服が成ると急速に重要性を失って荒廃し、一九世紀末の写真を見ると城内には民家が立ち並んで庶民が暮らしていたことが分かる。
舟遊びの盛期も、両要塞が兵《つわもの》どもの夢の跡となったのちのチューリップ時代（一七一八―一七三〇）である。一七世紀末、西欧やロシアとの長く苦しい戦争を乗り越えて久しぶりの平和がイスタンブールに訪れたこの時期、帝王と群卿たちが避暑と静養、そして舟遊びのための離宮《カスル》や館《キョシュク》、避暑別荘《ヤル》、庭園を海峡沿岸にこぞって建てはじめるのである。雲上人を迎えるにふさわしいお屋敷が整うと、それまではトプカプ宮殿内で行われていた種々の祝典の場も、海峡沿いの離宮へと移っていく。庶民たちは、貴顕が帝都の各地を歴訪しては宴に興じるのを、大砲の音とともに日夜、知ったことだろう。先述のようにチューリップ時代はイェニチェリの蜂起によって幕を閉じたものの、海沿いのお屋敷と舟遊びの習慣はしっかりと宮廷の人々に、ついで帝都の富裕市民の間に定着し、ベシクタシュと北隣するベベキの海岸線を起点として一八世紀末までに、両岸には二〇を超える離宮が立ち並び、その隙間を高官たちのお屋敷が埋めていって、今日に続くボスポラス海峡という一大沿岸リゾートが築かれるのである。

現存するお屋敷は一九世紀後半から二〇世紀初頭にかけて建てられたものが大半であるが、ベベキの蛇の館《ユランル・ヤル》やエミルガンの聖地太守の館《シェリーフレル・ヤルス》など、一八世紀末に建てられた古別荘も残っている。ボスポラス海峡のお屋敷は二～四階建ての窓の多い開放的な木造建築で、海辺の木造建築であるにもかかわらずいずれも保存状態はすこぶる良い。たとえばエジプト副王――のちのムハンマド・アリー朝エジプト国王――の居館として使われた白亜のエミーネ・ヴァーリデ・

パシャ館などは、いまもベベキにあってエジプト総領事館として用いられているし、ほかにも大統領府の避暑施設やさる財閥の本部、はたまた結婚式場やホテルへと転用されて健在なお屋敷が無数にある。ボスポラス海峡沿岸地域はトルコ共和国でもっとも不動産価格の高い地域に数えられるが、こうしたアンティーク別荘を買い求め、改修して夏を過ごし、あるいは住まいとして楽隠居を決め込むのが、ここ三〇〇年変わらないイスタンブールの富裕層のステータスなのである。

黒海、草原と地中海の境海

王朝人たちの栄華をいまに伝えるお屋敷を眺めつつボスポラス海峡を北端まで上り詰めると、二基の灯台に迎えられる。東岸のアナドル《アナトリア》灯台は一八世紀半ば、ヨーロッパ岸のルーメリ灯台は一九世紀半ばに建てられた。後者に関してはビザンツ期にも灯台が立っていた場所らしい。このルーメリ灯台の袂、同名の港の東隅に糸取棒岩場《オレケカヤルクラル》と照準岩《ニシャーンギャーフタシュ》と呼ばれる岩塊が佇立《ちょりつ》している。由縁を知らねばただの磯岩に過ぎないが、西欧からの旅人たちはルネサンス期以来、はるばるイスタンブールからこの岩を見物に訪れた。それというのも、この二つ岩がアルゴー船に乗り込んだイアソンたちアルゴナウタイ（アルゴー船員）の行く手を阻んだシュムプレーガデスの打ち合わせ岩の残滓《ざんし》であるとされたからだ。古代ギリシアの英雄イアソンがハルピュイア退治で得た秘術によって大岩は粉砕され、その一部がここに残っているというわけだ。では、私たちもアルゴナウタイに倣って北の海に目を向けてみよう。近代以前、イスタンブールにとって地中海を経てインド、アフリカ東海岸へと繋がった南方航路に伍《ご》する重要性を持ったのが、この黒海とその先のクリミア半島、そしてその後背に広がる広大無辺の草海へ至る北方航路であった。

黒海は、「地中海世界」のようにその沿岸が一つの文化世界ないしは政治空間として括《くく》られることが少なく、いまだ各国史、地域史の範疇《はんちゅう》に留まって分かち書きされがちである。そのため黒海が語られるときは、古代ギリシア人や中世イタリア商人が沿岸に「植民」したことや、北東ヨーロッパとコンスタンティノポリスを繋ぐ陸の交易路「ヴァリャギ《ヴァイキング》からグレキ《ギリシア》への道」の意義が強調されるなど、とかく西欧史の文脈で周縁的に言及される。しかし、小麦の一大生産地である沿岸部から内陸に足を踏み入れれば、そこには中国まで続く草原の道が開けている。

黒海、アゾフ海、カスピ海の三海の北に横たわり、西はルーマニア、ポーランド、リトアニアの東境、東は天山《てんざん》山脈まで続くこの広大な平原が「キプチャク草原《デシュティ・クプチャーク》」と呼ばれはじめるのは一三世紀のこと。西進したモンゴルのジョチ・ウルス（日本ではキプチャク・ハン国と呼ぶことが多い）が、この広大な草原を支配したことに由来する。同国は急速にテュルク化、イスラーム化し、一四世紀前半にはヴォルガ河下流に位置する王都サライの人口は数十万を数えて押しも押されもせぬ大国となる。

このキプチャクからイスタンブールへもたらされた数ある産品の中で、のちの歴史を大きく変えたのは毛皮と奴隷である。ペスト菌が毛皮を媒介としてコンスタンティノポリスからイタリア、そして西ヨーロッパで猛威を振るったことは有名だが、キプチャク平原から南へ売られた奴隷たちの内、エジプトに送られてのちにマムルーク朝を立てたテュルク系奴隷軍人《マムルーク》の勇名もつとに知られる。なにせ、モンゴルを退けイスラーム世界では屈指の英雄とされるマムルーク朝第五代のスルタン・バイバルス（在位一二六〇―一二七七）も、キプチャク平原出身のテュルク系軍人奴隷であったし、王朝滅亡後も彼らマムルークは頭領《ベイ》と呼ばれるカイロの都市豪族へと変貌して、なんと一九世紀初頭まで権勢を保ったのである。

一方、近世のイスタンブールとキプチャク平原を繋いだのが、クリミア・ハン国である。キプチャク・ハン国は一四世紀後半から内紛が続きカザン・ハン国やアストラ・ハン国、ノガイ・オルダなど、チンギス・ハーンの末裔《まつえい》たちの王国へ分裂するが、このうち腐海とアゾフ海によってユーラシア大陸から隔てられた天然の要害クリミア半島の主となったギライ王家が開いた国である。一四七五年から一七八四年の滅亡に至るまで、ギライ王家はイスタンブールのスルタンに臣従を誓い、三〇〇年にわたって北のロシアとの緩衝国を務める。オスマン家の方でもチンギスの血統《アーリ・ジェンギーズ》と呼ばれたギライ王家を厚遇し、両家は婚姻を結び、歴代のギライ家の王子たちはイスタンブールの宮廷で教育を受け、国許へ戻って王位につく者も少なくなかった。

そして、クリミア・ハン国の主な輸出品が、白人奴隷であった。同国の奴隷獲得遠征によってウクライナやロシア、ポーランド、バルト三国などから拐《かどわ》かされた人々は、王都バフチサライヤケフェ、そして黒海とアゾフ海の間の地峡に広がる腐海に築かれた濠門《オルカプ》城塞の奴隷市場でイスタンブールの奴隷商人に売却され、ここボスポラス海峡を経てウンカパヌ港などへもたらされた。スレイマン一世の寵妃ヒュッレムや、キョセムを倒して女人天下の掉尾《ちょうび》を飾ったトゥルハン・ハティジェのような母后たちも、クリミア・ハン国によって帝都へ連れてこられた女性たちである。

黒海南北の深い結びつきは現代の言語の中にも痕跡を留める。クリミア・タタール語はテュルク諸語の中でもカザフ語などと同じキプチャク語群に属するため、オグズ語群に属する現代トルコ語とは必ずしも疎通性が高くないはずだが、語彙、文法の面でオスマン語、トルコ語の強い影響を受け、現在では非常に高い疎通性を持つにいたっている。

王家の婚姻関係、奴隷貿易を中心とする経済的結びつき、同じスンナ派を奉じる宗教的共通性、なにより言語も似通った両国に挟まれとなれば、近世の黒海はさながらテュルクの海の様相を呈するかに見えるが、その一方で政治風土の点では黒海の南北岸の間には微妙な隔たりもある。それを教えてくれるのが両王家の名乗る称号だ。モンゴルの大征服以降、汗《ハン》や可汗《ハーン》の称号はチンギス・ハーンの男系子孫のみに名乗りが許された。チンギス統原理と呼ばれるこの不文律は、かなり強固に中央アジアの政治史に作用し続けた。もともとは、汗《ハン》も可汗《ハーン》も古代テュルク語カガンに由来し、時の流れの中で縮約した君主号が汗《ハン》（ハン）、これに対してモンゴルの大征服以降に「大ハーン」のような意味合いで復活させられた古語が可汗《カガン》（ハーン）である。

中央アジアの梟雄《きょうゆう》ティムールとその後裔《こうえい》であるインドのムガル帝国の王族たちでさえ、あくまでチンギスの女系子孫であるためハーン号は名乗らなかったのに対して、オスマン家はモンゴル・テュルク世界の不文律に拘泥することなく可汗《ハーカーン》を名乗って憚《はばか》らず、臣下は帝王に我が可汗《ハーカーヌム》と呼びかけた。その一方で、天幕などの帝王の御座所に立てられる馬印《トゥー》の数には、「チンギス裔《えい》」であるギライ王家への配慮も見みられる。馬印は可汗の九本を最大として王族、重臣と立てる数を減らしていくのだけれど、ギライ家は八本に対してオスマン家は七本としているからだ。こうした儀典にかかわる微妙な関係は、いみじくも黒海の南に位置するイスタンブールが、北のモンゴル＝テュルク系遊牧民の世界秩序と地中海・イスラーム文化圏のそれが交わる境界地であったことを示している。

一九世紀、チンギス・ハーンの裔たるクリミア・タタール人たちは、多くの進歩的知識人をイスタンブールの学界へ送り出したが、一九四四年にソビエト連邦によって全住民が強制移住を余儀なくされると——約半数が途上で命を落とした——急速に存在感を失い、いまクリミア半島に暮らすのは一九六七年以降に帰還した二五万人ほどである。

第5章
アジア、あるいはアナトリア

19世紀初頭のアジア岸をトプハーネの高台より望む。画面左端にウスキュダル埠頭が開け、少し右手の海上に乙女の塔が描かれる。海岸線が切り立ち、護岸工事の行われた現代とは様相を異にする。（メリング，前掲書）

ベシクタシュ
ドルマバフチェ宮殿
ボスポラス海峡
ベイレルベイ宮殿
ウスキュダル
スルタン丘
チャムルジャの丘
ミフリマーフ・スルタン・モスク
サラジャク岬
イェニ・ヴァーリデ・スルタン・モスク
鷹匠宮
カラジャアフメト墓地
ハレム界隈
ヘラエウム岬
(ハレム岬)
セリミイェ兵営
ハイダルパシャ港
ハレム・バスターミナル
ハイダルパシャ駅
バグダード街道
モダ地区
カドゥキョイ
モダ岬
N
W
E
S

スクタリオンとカルケドン、あるいはウスキュダルとカドゥキョイ

舳先を南に巡らせボスポラス海峡南端へ戻ろう。現代ではアジア岸やアナトリア岸と呼ばれる大地を船上から眺めれば、市街地が内陸に向かってどこまでも広がるが、アジア岸の街々のもともとの中核地域はそれほど広くはない。北は往古のダマリス岬、現在のサラジャク岬北部の王女丘《スルタンテペ》あたりからヘラエウム岬（ハレム岬）を経て、モダ岬の南端までの九キロほどの沿岸部と、その内陸のごく狭い平野部に限られたのだ。現在で言えば、アジア岸の主要地区ウスキュダルとカドゥキョイの行政区を合わせたのより、やや狭い範囲に当たる。南北の岬の間は、いまでこそ護岸工事によって均《なら》されているものの、本来は崖地と丘陵が続き港に不向きであった。そのため、アジア岸では海へ出るために南北に二つの街が発展したようだ。

紀元前六八五年、メガラからの植民者がビュザンティオンに先んじて築いたのが、南のカドゥキョイの街である。歴史的にはカルケドンとして知られる。その後、植民都市カルケドンの

北の平野部に徐々に居住地と港が形成され、これが黄金の街、ないしはギリシア神話の英雄アガメムノーンの娘クリューソテミスの街を意味するクリュソポリスと呼ばれるようになる。これが現在のウスキュダルのもととなる。トルコ語名ウスキュダルの語源は諸説あるが、ローマ帝国期にこの地域に所在した盾工房《スクタリィ》に由来すると広く信じられている。

　北に外港としてクリュソポリスを従えるカルケドンは、古代末期まで独立的な地位を維持したようだが、四世紀初頭にその地位を失う。三二四年、まさにここクリュソポリス（ウスキュダル）で対立皇帝を降して単独皇帝となったコンスタンティヌス大帝によって、三三〇年の「遷都」の折にクリュソポリスとカルケドンを一つの地区としてコンスタンティノポリスへ編入されたためだ。この「吸収合併」がどの程度の行政的実態を伴ったかは分からないが、三三〇年に史上初めてボスポラス海峡を跨ぐ海峡都市が誕生したとも言えるだろう。

　カルケドンは、ビザンツ期にも引き続き海港として栄えたが、オスマン期に入ると北側のスクタリオン／ウスキュダルがアナトリア州への主たる玄関口として発展しはじめる。一五世紀に海港の機能が北遷した理由は定かでないが、おそらく旧市街の都市開発と連動してのことだろう。それというのも、ビザンツ期の大宮殿は宮殿岬の南寄りに置かれ、港も南岸に整備されていたのに対して、オスマン期の宮城トプカプ宮殿は宮殿岬の北側に座し、海へ出る際にも宮殿岬北岸の舟屋が用いられた。また、先述の通り、市全体の物流においても旧市街南岸のエリュテリオス港／カドゥルガ港が廃れ、その中心は金角湾沿いのウンカパヌ港、ヤーカパヌ港へ移っていく。帝国の交代によってヨーロッパ岸における海運の中心が北へ移動したのと合わせ、アジア岸北部のウスキュダルの地位が向上したと推察されるのである。

私たちのアジア岸周遊も、北のウスキュダルからはじめることにしよう。

ウスキュダル、大いなる鄙アナトリアへの入り口

ウスキュダルの大地を踏みしめたとき、旅行者としてこの街を訪れた人の視線はヨーロッパからアジアへ至ったのだという地理的事実以上の感慨を満足させてくれるなにがしかを求め、その街並みの上をさまように違いない。しかし、いつの時代であれ、そうした文明論的なロマンティシズムを湛えた眼差しに応えてくれるモニュメントがここウスキュダルにあった例《ためし》はない。いや、現代に入ってようやく「アジア大陸へようこそ」と書かれたトルコ語の地味な看板がいくつか立てられたものの、それも潮と車塵《しゃじん》にまみれるに任されている。現代のトルコでは、ウスキュダルの街の奥に続くのはあくまで「アナトリア」であり、さらにその先に思惟《しい》を及ばせたとて、想起されるのは北寄りに続く「テュルク世界」か、イラン、アフガニスタンを念頭に置く「東方イスラーム世界」であって、アジアというのは近代のヨーロッパにおいて再発見、拡大化された外来の観念的な存在に留まるようだ。これは、トルコの人々が拡大主義的に世界を捉え直そうとしたとき、トゥラーン主義（トルコ民族主義）や汎イスラーム主義に則ることはあっても、日本のようなアジア主義という呼称は一切、用いなかったことが端的に示すだろ

う。

とはいえ、ウスキュダルには薄汚れた看板に代わる立派なモニュメントが存在するから心配無用だ。埠頭から海上に目を向けたとき、二〇〇メートルほど沖合に浮かぶ白い塔が目に入るだろう。いまでは、アジア岸を象徴するアイコンとなった乙女の塔《クズ・クレスィ》である。オスマン期には税関や流罪者の中継地として便利に活用され、いまはレストラン兼披露宴場として名を馳せるが、もともとはビザンツ大宮殿の城壁と大鎖で結ばれて、海峡の往来を監視、管理するための防衛施設であったのがこの海上の孤塔。つまり、乙女の塔は文字通りにヨーロッパとアジアを結んでいたわけだ。

では、ウスキュダル埠頭から南へ向かいながら時計の針を近世、それもウスキュダルの再開発が本格化した一八世紀初頭あたりまで巻き戻してみよう。大きなフェリーに変わって、海岸線には無数の渡し舟が係留され、西欧からの旅客が口を揃えて「蠅《はえ》のように群がる」と評した船頭たちの客引きの声が耳に飛び込んでくる。そんななか、客引きの声をおしのける大声が耳朶《じだ》を打つ。

「おおい、さんどー《船頭》!」

見れば、いかにも田舎の紳士といった風情の恰幅《かっぷく》のよい男性が、二人の船頭に声をかけている。

「おらをウスタングル《イスタンブール》さつれてけ」

威勢のよさそうな方の船頭が素っ頓狂な声で訊《き》き返す。

「お前の親方《ウスタヌキムブラー》はどこかいな、だあ?」

すると、高慢で神経質そうなも一人が馬鹿にしたように相方を突っつく。

「「イスタンブールへ」って言ってんのさ」

「おいおい、そいつの言ってることと、おめえの言ってることの間にゃ、それこそこの世の果ての山くらい開きがあんぞ!」

かくして二人の船頭は喧嘩《けんか》をはじめ、やがて腹を立てた田舎紳士は「お前らせんだく桶《おけ》で船頭《さんど》ーやっとるだか?」と怒鳴りつけた挙句、去って行ってしまう。

右記は、シェフザーデバシュで瞥見したトルコ語庶民芸能の花形たる影絵芝居《カラギョズ》の古い演目からの抜粋。まさに一八世紀頃のウスキュダル埠頭を舞台として、都言葉と鄙《ひな》言葉(アナトリア方言)の不通性を笑いの種とする。ウスキュダルはアナトリア出身のトルコ系住民や旅客が帝都へ入る玄関口であるから「訛った」トルコ語を聞く機会が多かったわけだ。さらにトルコ語で「馬盗人《うまぬすっと》、ウスキュダルへ渡れり」と言えば「後の祭り」を意味する諺《ことわざ》になると申し添えれば、イスタンブールにとってのウスキュダルの街が、旧市街の位置するヨーロッパ岸と文化的に均質な対岸の一地区というよりは、むしろ後背に広大なアナトリアを控える大いなる鄙の突先と認識されていたことが窺える。私たちがこれから遊歩するのは、アジアというよりはアナトリアなのである。

二人の貴婦人のモスクと宿場街

影絵芝居の主人公二人組を見送ったなら、改めて埠頭を見渡してみる。今も昔も最初に目に入るのは、左手の小高い王女丘《スルタンテペ》と、ふもとに佇むミフリマーフ・スルタン・モスクだ。もうお馴染みのスレイマン一世とヒュッレム母后の長女ミフリマーフ姫が一五四七年に建立した一堂であり、このモスクの佇む場所が近世ウスキュダルのおおよその北限である。一六世紀半ばころ、貴顕や富裕層の中には、征服からおよそ一〇〇年を経て手狭になった旧市街を出て、いまだ長閑《のどか》な田舎町であったウスキュダルに屋敷を設《しつら》える人が出はじめる。このモスクはそうしたウスキュダル開発の第一波を象徴している。ところが、一七世紀に入るとアナトリアの東部諸州で反乱が頻発し、そのたびに多くの避難民がウスキュダルへも押し寄せて治安が悪化する。さらにスルタンたちが帝都を離れてエディルネで過ごすようになったことも相俟って、アジア岸の開発は鈍化してしまう。その後、チューリップ時代に入って宮廷がイスタンブールへ舞い戻ったことで、ようやくウスキュダルの開発は再開するのである。そして、一八世紀初頭からはじまる再開発の先駆けとなったのが、ミフリマーフ・スルタン・モスクから右手に視線を振ると目に入るイェニ・ヴァーリデ・スルタン・モスク（一七一一年落成）である。

ウンカパヌで訪ねたハティージェ・トゥルハン母后のモスクと同じ名前であるが、建立者は狩人王メフメト四世の寵妃《ハセキ》であったギュルヌーシュ母后。ゼンタの戦いで大敗を喫して以降、西欧との和平を模索し、カルロヴィッツ条約締結にこぎつけたムスタファ二世、キョプリュリュ家の大宰相たちが勝ち取った西欧諸国との束の間の平和を背景にチューリップ時代の栄華を演出したアフメト三世という二人の息子を帝位に送ったギュルヌーシュ母后は、スレイマン一世に迫る四〇年間もの治世を誇ったメフメト四世が狩競《かりくら》にまで伴ったという愛妃。政《まつりごと》には関わらず、むしろ多くの慈善活動が記録に残される貴婦人だ。晩年を穏やかに隠棲した義母ハティージェ・トゥルハンを見習ったのだろうか。いずれにせよ、ウスキュダルの埠頭を飾るミフリマーフとギュルヌーシュ両貴婦人のモスクは、この街の都市開発の歴史を表徴するのである。

そして、貴婦人方のモスクの間を貫くのが、昔から変わらないアジア岸の目抜き通りである。現在の国民主権《ハキミイェティ・ミッリーイェ》大通りからタシュキョプリュ大通り、ついでバグダード大通りと名を変える道である。往時の呼び名は伝わっていないが、この通りこそがオスマン期に陸路で帝都へ上り、あるいはアナトリアへ分け入るべく人々が往来した主要街道に当たる。

この街道はウスキュダルとカドゥキョイの境あたりから南東の海岸線沿いに伸び、ペンディキを経てゲブゼに至ると二本に枝分かれしていた。一本目のルートはそのまま海岸沿いを東進し、イズミト（旧ニコメディア）、サパンジャ湖を経てサカルヤ平野へ出ると、その先でアナトリア高原へ上るための山道に挑む。森深いデュズジェ、ボルなど標高八〇〇メートルほどの高原都市を繋いで高度を上げながら、南東へ続く峠道を越えればアナトリア高原へ出る。標高はおよそ八〇〇から一二〇〇メートルほど、山がちで乾燥したこの高原にはアンカラ、コンヤ、カイセリなどの内陸の大都市が点在する。

一本目のルートは現在、アンカラへ向かう高速バスが通う経路であるものの、山道はきつく狭隘である。これに対して、近世によく活用されたのは二本目のルート。つまり、ゲブゼから対岸のヤロヴァへ船で渡る道だ。ここからイズニク湖西岸を南下して古都ブルサへ入る。ここから西へ向かえばバルケスィルやアクヒサル、マニサを経てアナトリアの海の玄関口である海港都市イズミルに至り、東へ向かいエスキシェヒルを経れば、アナトリア高原へ出てコンヤへ至る。コンヤはルーム・セルジューク朝以来、オスマン期を通じて陸の街道の集約するアナトリアの一大貿易拠点である。この古都から東へ進めば、古くからの手工芸・商業都市カイセリ、南東のトロス山脈を越えてアダナへ入れば、その先にはシリアのアレッポ、ダマスカスの大都が待ち受け、またオスマニイェを経てアインターブ（現在のガズィアンテプ）からフラト河《ユーフラテス》、さらに東行してアーミド（現在のディヤルバクル）からディジレ河《ティグリス》へ出れば、船で東方や紅海へ出るルートにも接続する。コンヤから南下した場合は、アランヤ、アンタルヤの港町から船出して、キプロスなどを経てアレクサンドリアへ至る。

現在でも両ルートをなぞるように国道と高速道路が築かれ、昔と変わらない物流の大動脈として健在であるが、諸街道の最初の駅屯に当たるのがここウスキュダルであった。そのため、往時のウスキュダル埠頭の周辺と旧街道筋には隊商宿が軒を連ね、イスタンブールとアナトリアを結ぶ始点にして終点たる宿場街として賑わった。さきの影絵芝居のやり取りも、日常的にアナトリアのさまざまな鄙人と接するウスキュダルの街の雰囲気をよく伝えているわけだ。宿の炉端《オジャクバシュ》では、入京の興奮と都落ちの悲哀が、都言葉と鄙言葉を介して相混じり、悲喜こもごもの身の上話が花咲かせたことだろう。

鷹匠宮を経てカラジャアフメト墓地へ

宿場街の名残を留めるいくつかの隊商宿を眺めつつ目抜き通りを南下し、途中で海岸へ降りていく現在の人民《ハルク》大通りへ入ろう。なだらかな坂を上っていくと左手に現れるのが鷹匠《ドアンジュラル》公園である。園内に佇む小さな鷹《たか》の彫像は、地名のもととなった鷹匠宮《ドアンジュラル・サラユ》を記念する。その名の通り、鷹匠たちが猛禽の飼育に当たった施設だ。

実はオスマン帝国は史上稀にみる規模で狩猟組織を整え、狩猟地を維持した帝国としても知られる。狩猟に耽溺《たんでき》するあまり狩人王《アヴジュ》と綽名されたメフメト四世が、一六六四年にエディルネ近郊で催した狩競《サイドゥ・シキャール》には、実に三万人近くが動員されたともいう。こうした大がかりな狩《かり》競《くら》を実施するため、イスタンブールの御門の奴隷軍内には猛禽や狩猟犬を育てる専門部隊が置かれ、内廷学校にも鷹匠学舎が開かれて狩猟の専門官が養育された。彼ら鷹匠は高い位階を持つ軍人として、一方では帝王の身辺に侍って政にも関わり、他方ではここ鷹匠宮殿で養育された平《ひら》の鷹匠たちが帝国各地の狩猟地へ赴き、宮殿に献上する狩猟用猛禽（鷹、鷲《わし》、隼《はやぶさ》など）や観賞用の小鳥の飼育を監督するとともに、帝王の狩猟地《シキャールギャーフ・セラーティン》の保全に努めた。そのせいか、彼ら鷹匠をアンシャン・レジーム期の自然保護官と讃する向きさえある。

では、鷹匠公園から南へ向けて緩い坂を上っていくと、すぐに道の両脇は白塀に仕切られた緑地に変わる。詩人ジョージ・ゴードン・バイロン（一七八八―一八二四）が称えたそのままに、ほかでは見られないほど高く生い茂った木々が聳え、塀の向こうには灰白色の墓石群が覗く。イスタンブール最古にして最大のカラジャアフメト墓地だ。

アジア岸はイスタンブールに先んじること一〇〇年、一四世紀半ばにオスマン領となり、ここカラジャアフメト墓地もその時代に整備されたムスリム墓地を起源とする。征服後、海を渡って旧市街に居ついた人々の中には、死後に少しでも聖地の近くで審判の日を待ちたいと望み、わざわざ遺体を舟で運ばせてここに埋葬させる者も少なくなかった。イスタンブールでもっとも聖地に近い人気霊園ともなれば、被葬者には著名人も多く、とくにナービー（一六四二―一七一二）やネディーム（一六八一―一七三〇）のようなオスマン期の大詩人や、ここウスキュダルに生まれ育ったトルコ現代文学の父の一人レシャット・ヌーリー・ギュンテキン（一八八九―一九五六）などの文学者の褥《しとね》にはいまでも献花が絶えない。ちなみにギュンテキン前期の長編小説『ミソサザイ』（一九二二年）は、知的で健気《けなげ》、なにより不屈というトルコ文学のヒロインの祖型たるフェリーデ女史を生み出した傑作として名高い。作品の大筋は、イスタンブール生まれのフェリーデ嬢が、婚約者に裏切られて傷心し、周囲の反対を押し切って教師としてアナトリアの村々へ赴き奮闘するというもの。いかにも、アナトリアの玄関ロウスキュダルで物心をつけた作家の代表作らしい。

ハレム・バスターミナルとハイダルパシャ駅、イスタンブール交通史の生き字引

海岸線を目指して南西へ下り行けば、ハレムと呼ばれる界隈に至る。なるほど、対岸にトプカプ宮殿のハレムが遠望できる。地名の由来もそこにあるのだろうと納得しそうになるが、実際にはビザンツ期のヘラエウム宮に由来する。ヘラエウム宮殿は一六世紀に取り壊され、大建築家スィナンの指揮でウスキュダル宮殿として建て直された。当時の西欧人の残したスケッチなどを見る限り、城壁を備えた大掛かりな宮殿であったようだが関係史料は少なく、遅くとも一七世紀半ばには放棄されている。

そのビザンツ、オスマンの失われた二つの宮殿の跡地に建つのが、セリミイェ兵舎《クシュラス》である。一八〇〇年に付置され、一八二六年のイェニチェリ解体後にはトルコ最初の西欧式軍隊である新秩序軍《ニザーム・ジェディード》の駐屯地となった。現在もトルコ西部防衛を担う国防軍第一軍の司令部が所在する。もっとも、世界的にはスクタリ野戦病院という名の方が通りがよいだろう。クリミア戦争（一八五三―一八五六）の折、フローレンス・ナイチンゲール（一八二〇―一九一〇）が日夜、奮闘したのがまさにこのセリミイェ兵舎であったからだ。

ランプの貴婦人と看護学揺籃の地であるセリミイェ兵舎を横目にさらに南西へ進めば、五分とかからずに海岸沿いに佇むハレム・バスターミナルへ行きあう。この、一見すると小規模で

見栄えもしないバスターミナルに立って視線を南に振れば、貨物船やフェリーが行き来する大港が連なっている。南北約五キロ、現在のアジア岸の物資搬出入を一手に引き受けるハイダルパシャ港である。

そして、この港湾の南端、行政区分的にはカドゥキョイ地区の北端にあるのがハイダルパシャ駅《ガル》である。一八七二年、ハイダルパシャ駅から旧街道の岐路ゲブゼまでの路線が開通し、一八九三年にはアンカラ、九六年には南回りのエスキシェヒル経由至コンヤ路線と、一九世紀後半を通じて徐々に延伸していった。これらの路線の始発駅であるハイダルパシャは、対岸のオリエント急行の終点スィルケジ駅とフェリーで直結し、ヨーロッパから「アジア深部」へ分け入ろうとする西欧人たちを受け入れた。一八六〇年代からはじまる鉄道化の時代、イスタンブールからアナトリア、そしてアジアへの玄関口は、ウスキュダル北部の埠頭から南に三キロほど下ったここハイダルパシャ駅へ移ったわけである。

ハイダルパシャにふたたび大きな変化の波が打ち寄せるのは二〇世紀半ばのこと。はじめてイスタンブールに路線バスがお目見えした一九二六年から四半世紀を経たこのころ、バスはイスタンブールの主要な公共交通機関へと成長し、自家用車も一般化しはじめていた。こうした自動車時代の到来を受けて、ヨーロッパ岸からの車載フェリーがハイダルパシャ港に発着するようになる。そして一九七〇年にイスタンブールとアナトリアの諸都市を結ぶさきほどのハレム・バスターミナルが営業を開始する。こうしてハイダルパシャ界隈は、鉄道時代から自動車時代に入ってもなお、イスタンブールからアナトリアへの玄関口としての地位を維持したのである。

ただし、問題もあった。ヨーロッパ岸とアジア岸を結ぶ橋はいまだなく、人も荷物もフェリーへ乗り換えねばならなかったのだ。ところがボスポラス海峡は常に船舶で混雑しているので、車載フェリーの増発は難しい。自動車による大量輸送がはじまると、ヨーロッパ岸＝アジア岸の陸上交通の効率化は、ボスポラス海峡というボトルネックに阻まれてしまうのだ。そうしたなか両岸交通を劇的に変化させたのが、一九七三年のボスポラス大橋の開通である。二〇一六年のクーデター未遂事件を受けて七月一五日殉死者大橋《オンベシ・テンムズ・シェヒトレル》と改名したこの橋が、さきほど私たちが舟に乗り込んだベシクタシュの北に位置するオルタキョイとウスキュダル北方のベイレルベイを結んだのを皮切りに、一九八八年にファーティフ《征服王》・スルタン・メフメト大橋、二〇一六年にはヤヴズ《苛烈王》・スルタン・セリム大橋、および自動車専用のアヴラスヤ《ユーラシア》・トンネルが開通する。アヴラスヤ・トンネルは、いままさに私たちが立つここハレムの大深度地下を貫いている。

ところで、いまハイダルパシャ駅を見回してもどこにも列車の姿は見当たらない。二〇一三年に鉄道用海底トンネルであるマルマライが開通したのだが――日本の安倍《あべ》晋三《しんぞう》首相も立ち会った――その始発駅は第1章で幻のリュゴス川を探し歩いたイェニカプの大地下に置かれ、ウスキュダルではハイダルパシャではなく私たちがアジア岸への上陸を果たした埠頭の地下、ちょうどイェニ・ヴァーリデ・スルタン・モスク隣に新駅が造られている。近代以降に長らくアジア／アナトリアへの玄関口を務めたハイダルパシャ駅は、二一世紀にいたってその一四〇年にわたる役目を終えたというわけだ。

ハレム岬の海岸線は——乗り物好きの向きを除けば——無味乾燥なトラフィック・ハブにしか見えないようでいて、その実イスタンブールにおける近代交通発展史の見本市の様相を呈すのである。

カドゥキョイ、アジアの中のヨーロッパ

ハイダルパシャ駅を越え、海沿いの桟橋《ルフトゥム》通りを辿って円形の湾を回り込んでいくと、カドゥキョイ埠頭へ至る。埠頭から賑々しい街へと足を踏み入れればすぐ、特有の重低音とともに紅白に塗られた一両編成の愛らしい路面電車が通り過ぎていく。正式名称をカドゥキョイ—モダ保存《ノスタルジキ》環状路面電車といい、イスタンブールで唯一の環状線。総延長二・六キロに一〇駅という小規模な路線だ。そして、この路面電車で囲まれた丸の内がカドゥキョイの街の中心たるモダ界隈である。

ビザンティウムに先んじて築かれたカルケドンの街は、五世紀頃を繁栄の頂点としつつ城壁がなかったことも災いして徐々に衰退し、オスマン期にはもっぱらギリシア人が暮らす風光明媚な郊外の街となっていった。小邑の佇まいが変化するのはウスキュダルに一世紀ほど遅れ、トルコ近代史が幕を開ける一九世紀のこと。定期汽船が旧市街とハイダルパシャ港を結ぶよう

になると、はじめは富裕なギリシア系市民が移住を開始し、一八七〇年のベイオール大火（次章にて後述）の後は新市街の西欧人やギリシア人を中心とする非ムスリム臣民たちが到来し、モダ界隈は急速に欧化していく。

モダの活気の担い手がキリスト教徒たちであったことを示すように、路面電車の丸の内には一五余りもの教会が並んでいる。カトリックはもちろんプロテスタント各派、ギリシア正教会、そしてアルメニア教会とアルメニア・カトリック教会がひしめくのだ。たとえば、聖タクヴォル・アルメニア教会と、その東にある聖レヴォン・アルメニア・カトリック教会を取り上げてみよう。その名の通り、前者はアルメニア教会、後者は一七世紀にカトリックの宣教を受けて改宗したアルメニア・カトリック教会である。四五一年に、ここカドゥキョイで開かれた公会議でカルケドン信条を拒絶して成立したアルメニア教会と、一七世紀にカルケドン派からカトリックへ改宗した人々の教会とが、四〇〇メートル足らずの距離にあって共存するのはイスタンブールならではの光景と言えるだろう。

カドゥキョイはさして広い街ではない。そのためモダ路面電車の丸の内を出れば、すぐにも海沿いのモダ公園に至る。行政区分上の現代イスタンブールは、さらに南東のペンディキ地区まで伸びているが、この公園のすぐ東を通るバグダード大通りは、その名の通りバグダードに通じる東方街道であったから、歴史的にはこのモダ公園より東はイスタンブールの外と見なしてよいだろう。ということは、私たちはイスタンブールの東南端まで踏破し終えたのだろうか。

否、イスタンブールはここから海を越え、人々がただ島々《アダラル》と呼ぶクズル諸島へ続くのである。

「島々」へ

ビュユク島、ヘイベリ島、ブルガズ島、クナル島の四島を筆頭に九つの島から成るクズル諸島は、ギリシア名のプリンギ（プリンスィズ）諸島としても知られるが、オスマン期から現代に至るまでただ島々《アダラル》と呼ばれるのが一般的である。プリンギ諸島の名は、コンスタンティノポリス近海の僻地《へきち》として修道院が建てられたのち、やがてビザンツ王族や要人の流刑地として用いられたことに由来する。一〇七一年にトルコ人のアナトリア進出を決定づけたマラーズギルトの会戦で大敗を喫したロマノス四世も、両目を潰されてのちクナル島（旧プロティ島）で死亡している。時代は下りオスマン期にも流刑《ネフィイエ》は行われたものの、より遠隔のキオスやレスボス、テネドス、キプロス、そしてロドスのような島が流刑地となったため、クズル諸島は海軍提督の管轄下に置かれつつも、征服以前とさほど変わらないギリシア人、アルメニア人、ユダヤ人の暮らす牧歌的な島であり続けたようだ。なにせ島々の中で一番大きなビュユク島（旧プリンギ島）でさえ、モスクが建設されたのは一九世紀末のことなのだ。

とはいえ、近代化の波はもう少し早い一九世紀半ばに島に到来している。カドゥキョイや金角湾沿いの埠頭と定期船で結ばれるようになったのだ。往来が楽になったことで、イスタンブールの富裕層の避暑屋敷が立ち並ぶようになり、クズル諸島はイスタンブールの新たな保養地として開発される。ただし、「島々」は本土では味わいえない贅沢を備えてもいた。静謐と長閑な時間の流れに彩られた島の時間《アダ・サアティ》である。それは詩作と創作になくてはならないものであるためか、この島にゆかりある人には文人、作家が数知れない。

たとえば、一八四四年の開学以来、幾人ものコンスタンティノポリス総主教が輩出したハルキ神学校が所在するヘイベリ島は、日本でも知る人の少なくない風刺作家アズィズ・ネスィン（一九一五―一九九五）の出身地であるし、彼が生まれたちょうど翌年から二年ほどの間、この島の海軍技術学校（現在の海軍高校）では、大詩人ヤフヤー・ケマル・ベヤトル（一八八四―一九五八）が教鞭《きょうべん》を執っている。あるいはイスタンブールの珈琲店に入りびたり庶民の暮らしぶりを活写した大作家サイト・ファイク（一九〇六―一九五四）は、このあと私たちが向かう新市街北部の自宅で冬を過ごし、夏はもっぱらブルガズ島の別荘で執筆した。トルコ三大文学賞の一つに名を与えたファイクの別荘は、文学博物館に改装されている。さらに、現在まで続く大新聞『共和国』を発行し、作家としても多作であったヒュセイン・ラフミ・ギュルプナル（一八六四―一九四四）もまた、ここブルガズ島で長く暮らしている。帝国末期に新聞人として大成した彼の家も博物館として開放されている。

そして、レフ・トロツキー（一八七九―一九四〇）が一九三〇年代に約二年を過ごし『ロシア革命史』を著した地であるビュユクアダ島には、カラジャアフメト墓地でお参りしたギュンテキンが別邸を構え、いまではノーベル文学賞作家オルハン・パムクの別荘も所在する。パムクは幼少時に父の持つヘイベリ島の別荘で夏を過ごしたそうだが、そちらは娘に譲って自身は作家として成功したのちビュユク島に別荘と農園を買い求めている。いまも昔も「島々」は、ときに都に倦《う》んだ文人たちが逃避する地であり続けているというわけだ。世界帝都イスタンブールの濃密に過ぎる都市の空気は、作家に天啓をもたらすと同時に彼らをひどく疲弊させてしまうのかもしれない。

チャムルジャの丘、近代を見晴るかす

では、島々から本土へ戻るべく、久々に空中へ舞い上がるとしよう。目指すはアジア／アナトリア岸周遊の掉尾を飾るにふさわしい地、チャムルジャの丘だ。ウスキュダルの東に聳えるこの丘は、海抜二メートルほどの埠頭から直線距離で五キロ、その頂上は標高約二七〇メートルであるから、いずれの道を行っても急坂との格闘を覚悟せねばならない。それにもかかわらずビザンツ期、近世オスマン期の人々は、その坂道をえっちらおっちら上って頂上を目指した。その理由は、丘の頂上に降り立って西に視線を投げたときに明らかになる。このチャムルジャの丘は、旧市街と新市街とアジア岸、つまりはイスタンブールを一望の下に収められる数少ない場所なのだ。そのため第2章扉の都市図のように、東のチャムルジャの丘から描かれたイスタンブールの姿は、数世紀にわたってマイナーチェンジを重ねながらヨーロッパで受け継がれていった。ガラタ塔から眺められるイスタンブールが世界帝都の支配者たちが望んで見せたい

と願った艶姿であるなら、東から見下ろされたこの光景は、それを冷徹に解剖しようとする外部者の眼差しに晒された裸の姿と言えるかもしれない。

そんなイスタンブールを見下ろしながら、私たちは時計の針を近世の終わりへと大きく進める。改革派の啓蒙君主マフムト二世の病没から四ヵ月を経た一八三九年一一月三日、いま対岸に横たわるトプカプ宮殿の第一庭園西北、ギュルハーネ庭園において外務卿ムスタファ・レシト・パシャ（一八〇〇―一八五八）によって、ある勅書が読み上げられていた。庭園の呼び名をとってギュルハーネ勅書と呼ばれるそれには、マフムト二世の改革路線の骨子、要するに国家主導の西欧化路線を引き継ぐことと、ムスリムと非ムスリムの別なく帝国臣民が平等である旨が、今上《きんじょう》のスルタン・アブデュルメジト一世（在位一八三九―一八六一）の宸筆《しんぴつ》によって記されていた。おりしも、実質的な独立状態にあったエジプト総督の軍団がイスタンブールに迫りつつあったトルコ・エジプト戦争のさなかのことである。エジプトの背後にいるフランスと彼らと対立するイギリス、双方の市民社会の支持を得るべく書かれた勅書の思惑は当たり、列強の介入によって帝都イスタンブールはあわやというところでエジプト艦隊の砲火に焼かれずに済んだ。

一九世紀、西欧列強という証人の前でその履行が約束された西欧化改革は、チューリップ時代から一〇〇年を閲《けみ》した遅々たる歩みを擲《なげう》って、否応なしに近代へと走り出そうとしていた。そしてその舞台となったのは、私たちがこれから向かう新市街北部である。

第6章

花開く近代

新市街北部、ペラ、ハルビイェ

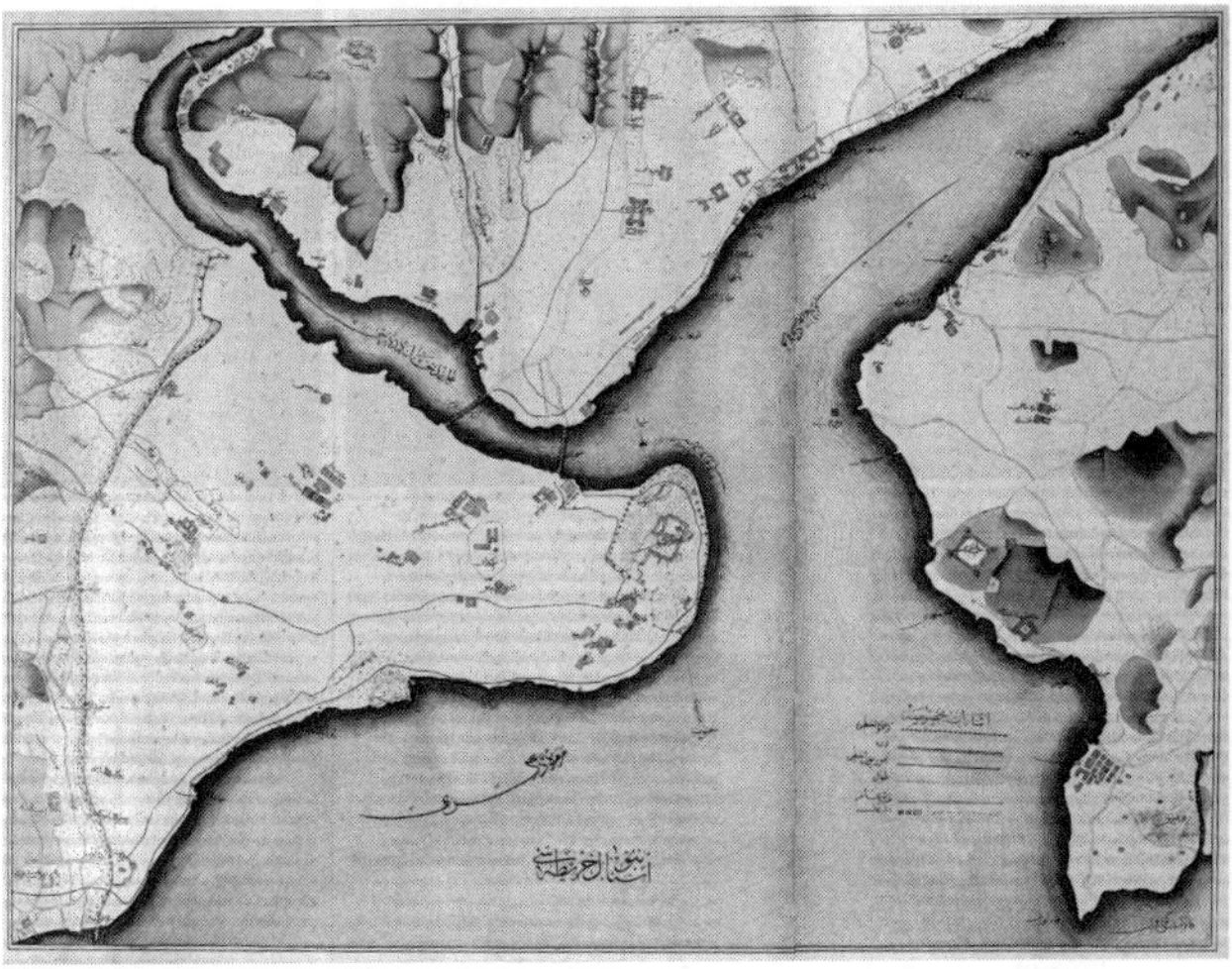

1883-1884年のイスタンブールの鉄道図（点線）。イスタンブールの北への拡大が見て取れる。旧市街の御前会議所通りからガラタ橋を経てガラタへ入ると、海岸沿いを宮殿筋へ向かう路線と、ガラタ城市の坂を上り、近代の都大路ペラ大通りを経てハルビイェ、シシリへ至る路線に分かれている。

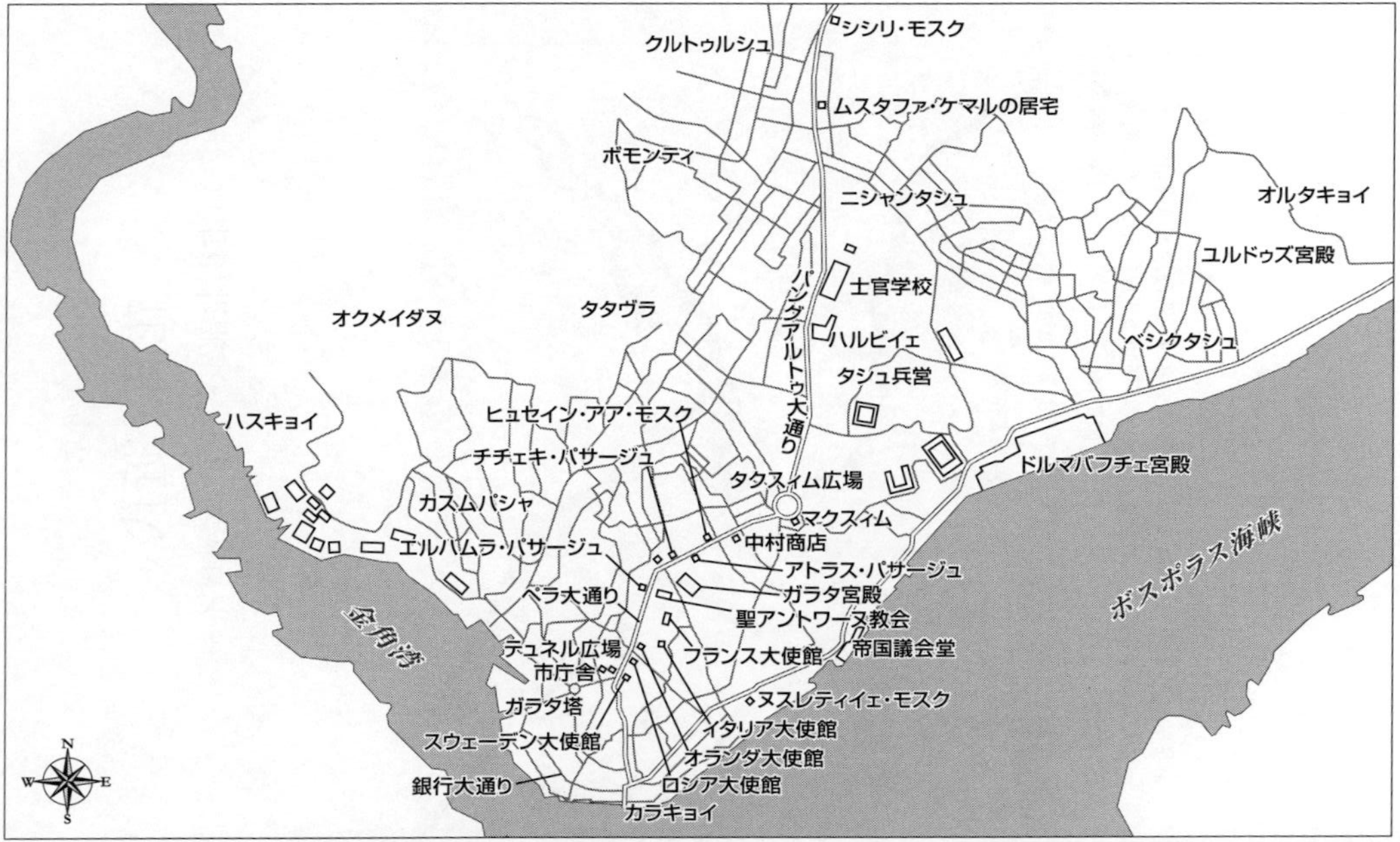
シシリ・モスク
クルトゥルシュ
ムスタファ・ケマルの居宅
ボモンティ
ニシャンタシュ
オルタキョイ
ユルドゥズ宮殿
士官学校
パンガアルトゥ大通り
オクメイダヌ
タタヴラ
ハルビイェ
ベシクタシュ
タシュ兵営
ハスキョイ
ヒュセイン・アア・モスク
チチェキ・パサージュ
タクスィム広場
ドルマバフチェ宮殿
カスムパシャ
マクスィム
中村商店
エルハムラ・パサージュ
アトラス・パサージュ
ガラタ宮殿
ペラ大通り
金角湾
聖アントワーヌ教会
ボスポラス海峡
デュネル広場
フランス大使館
帝国議会堂
市庁舎
ヌスレティイェ・モスク
ガラタ塔
イタリア大使館
スウェーデン大使館
オランダ大使館
銀行大通り
ロシア大使館
カラキョイ
N
W
E
S

1　近代イスタンブールを見下ろす

近代への遷宮、ドルマバフチェ宮殿とユルドゥズ宮殿

イスタンブールがオスマン語で恩恵改革《タンズィマートゥ・ハイリイェ》、世界的にはただ改革《タンズィマート》の名で知られる西欧化改革の受け皿となった一九世紀、その長い歴史から見ても類稀な変化が訪れている。都市の政治的中心の移動である。ビュザンティオン、コンスタンティノポリス、コスタンティニイェ——紀元前七世紀から一九世紀前半に至るまで、この街の権力の中心は旧市街の城壁内にあった。ところがこの時代、街の中心が史上初めて新市街へ、より正確にはガラタの城壁外へと移動するのである。

都市の中心の移動をなによりも象徴するのは、ドルマバフチェ宮殿とユルドゥズ宮殿への遷

宮である。ドルマバフチェ宮殿は、私たちが舟遊びへ出たあのベシクタシュ浜離宮の跡地に一八五六年に造宮された。ボスポラス海峡に南面する本館は矩型《くけい》をなし、側室を従えた広間が連なる二階建ての宮殿だ。いまも観光客用の入場門とされる西翼が公的空間《セラームルク》、中央の巨大な祝宴の間《マーベイン》を挟んで東翼が後宮《ハレム》というトプカプ宮殿と類似の伝統的な宮殿構造は保つ反面、各部屋は油彩と壁面、天井装飾に埋め尽くされたネオ・バロック様式で整えられている。延々と連なる広間と側室、トプカプ宮殿の円蓋下の間で瞥見した壁際の座椅子《ディーワーン》が廃され、絨毯の上に西洋式の椅子が配された部屋の数々は、イスラーム世界で最高の権威を持つイスタンブールの帝王の暮らしぶりが急速に欧化していったことを物語る。

　ドルマバフチェ宮殿の上空からさらに近代イスタンブールを見渡せば、こことよく似た二つの宮殿が視界に飛び込んでくる。対岸のウスキュダル北東の海沿いのベイレルベイ宮殿（一八六五年）と、ドルマバフチェ宮殿北隣のチュラアン宮殿（一八七二年）である。両宮殿を造った二人のスルタン、アブデュルメジト一世と弟のアブデュルアズィズ（在位一八六一―一八七六）は、いずれも欧化改革に前向きである反面、浪費癖と建築好きを兼ね備えるオスマン家の帝王らしい習性を受けついでいた。ウスキュダル内陸のアディレ・スルタン離宮、新市街北部のウフラムル《菩提樹》離宮、舟遊びの園キャウトハーネのチャーラヤン《清水》離宮、ボスポラス海峡はアナドル要塞近傍のギョクス《天水》離宮、あるいはトプハーネのヌスレティイェ《賛助》・モスクにオルタキョイのシンボルたる大メジディイェ・モスク等々――歴史的な評価はいまいちの両帝王によってオスマン金貨を湯水のように浴びせられた帝都イスタンブールは、一九世紀に至って絢爛たるオスマン・バロック建築という土洋折衷の衣で着飾ることになるのである。

これらの建築物がよく似た姿を呈するのは、設計者が同じであることにも起因する。オスマン・バロック建築の栄枯と歩みを共にしたアルメニア系オスマン人の名家バルヤン一族の人々だ。一八世紀後半のクリコル・バルヤンから、息子のガラベト、サルキスを筆頭とする四人の孫までの数代、宮廷建築家の称号を占めた彼らは、一〇〇年弱にわたりイスタンブール建築界を牽引した。西欧文化の移入が加速化した改革期のイスタンブールは、以前にもまして彼らのようなアルメニア系やギリシア系の非ムスリム臣民がのびのびと活躍するコスモポリスの様相を呈したのである。

一方、ドルマバフチェ宮殿の東端から東へ二〇〇メートルほどのところに大きな坂がある。海岸から北に向け二キロ以上をかけて標高一三〇メートルを上るユルドゥズ坂《ヨクシュ》だ。現在は大幅に拡張されてバルバロス大通りと名を変えたこの坂の東側に、広大な緑地が開けている。これがユルドゥズ宮殿である。巨大な本館を持つ西洋式宮殿ドルマバフチェとは異なり、上空から眺めれば広大な庭園にお館《キョシュク》の散らばる、どちらかといえば伝統的なオスマン宮殿の趣を残す。そしてこの宮殿は、一八七八年二月から一九〇九年まで、ただ一人のスルタンが主たる宮城と定めた特異な宮でもある。

主はアブデュルハミト二世。この名前は一八七六年に非西欧圏ではチュニジアに続き二番目、アジアでは最初に発布されたオスマン帝国憲法を、わずか一年半で君主大権を以て停止し、議会を解散させ、秘密警察《ハフィーイェ》による捜査と検閲、密室裁判に彩られた三〇年にわたる専制の記憶とともに思い起こされることが多い。その一方で、スルタンに大権が戻されて政情が安定したのも確かで、都市生活の近代化（あるいは機能化）が一気に進んだのもこの時期だった。鉄道や無線網にガス灯などのインフラがイスタンブール、イズミルといった大都市で急速に整備されるのである。帝都イスタンブールの「文明開化」は、むしろ皇帝の専制によってこそ進んだのだ。

時計塔が語ること

先述のバルヤン一家が最初期に建てたバロック建築に、トプハーネのヌスレティイェ・モスクがある。山の手の大使館街（後述）と東のドルマバフチェ、ユルドゥズの宮城街との中間に位置するトプハーネは、近代に入ると帝都の新たな表玄関として賑わい、このモスクも周辺の珈琲店の活況とともに西欧人によってたびたびスケッチされている。しかし、画家たちにとってはあまりにありふれていたためなのか、ほとんど描かれることのなかった施設がある。現在イスタンブールに現存する九つの時計塔のうち最古のヌスレティイェ時計塔（一八四九年落成）である。いまでこそ煤《すす》に汚れた侘《わび》しい姿を晒しているが、この時計塔はイスタンブールに流れる時間に訪れた決定的な変化を教えてくれるなによりの証人と言える。

当然ながらイスタンブールの人々とて昔から時間を知る術をいくらでも弁《わきま》えていたし、懐中時計の類も西欧からの重要な贈答品としてさほど珍しいものではなく、時計塔そのものも一七世紀にはスコピエやベオグラードのようなキリスト教徒が多い帝国都市には存在していた。それでもなお、イスタンブールの時間感覚は近代に入っても長いこと、季節によって開始時刻の変動する五回の礼拝時刻を告げるエザーンの声を頼りに流れていた。ヨーロッパの旅行者たちがトルコ式《ア・ラ・テュルカ》時計と呼びならわしたそれである。

ところが、国境を跨いで鉄道やフェリーが通うようになると、正確な運行のため機械式時計の刻む世界時間を共有する習慣がイスタンブールにも根付きはじめる。つまりヌスレティイェ時計塔は、イスタンブールの時間感覚がイスラームのそれから西欧のそれへと変化していく過渡期を象徴するのである。

2　ペラ／ベイオール

ペラ大通り、近代イスタンブールの都大路

では、いよいよ近代イスタンブールへ降り立つとしよう。目指すは、ガラタ塔の少し東から北へ伸びるガーリップ翁《デデ》通りの終端に開かれた小さな広場だ。テュネル広場と呼ばれるここが、近代帝都の新たな都大路たるペラ大通りの始点となる。かつてはただ大通り《ジャッデイ・ケビール》とも呼び習わ

され、共和国建国後に現在の独立《イスティクラール》大通りと名を変えた。近代の新市街を周遊する私たちは、しばらくの間はペラ大通りと呼んでおく。

　ペラ大通りは全長一・三キロほど、テュネル広場を発して六〇〇メートルほど北北東へ伸びてのち東へ大きく曲がり、北東へ七〇〇メートルほど向かい、タクスィム広場を終点とする。現在、一両編成の紅白塗装の路面電車がせっせと行き来する区間である。このペラ大通りを立体的に捉え直してみると、ガラタ橋袂のカラキョイから東のトプハーネまでの界隈では、丘は海際まで迫りイスタンブール一、二を争う急斜面を形成している。目抜き通りでありながら途中で大きく屈曲しているのは、海からせりあがる斜面を登り切った尾根沿いに形成された結果なのである。旧市街の御前会議所通りと同じく、新市街の都大路もまた「丘の上」を繋いで築かれたということだ。

　このペラ大通りを中心に広がるのが旧ペラ地区、現在のベイオール地区である。古代から人々が用い続けてきたこのペラという呼び名については少し説明が必要だ。第3章で述べた通り「越えて《パラ》」というギリシア語の接頭語に由来するのは確かだが、その指し示す範囲が時代によってかなり異なるのだ。まず、ビザンツ期には金角湾を挟んだラテン人居留区であるガラタ城市を「向こう岸」程度の意味合いでペラと呼んだらしい。その後、オスマン期には金角湾ではなく、ガラタ城壁を「越えた」先の城壁外北部一帯を指すようになる。そして近代になると、ガラタ城壁の内外をひっくるめてペラと呼ぶ人も出てきて、これまた故のない話ではないのだが、それについては少し後に触れる。

一方、ベイオールという呼び名の方は、共和国成立後の一九二五年以降、正式な行政名称となっている。トルコ語で君子のような意味合いだが、肝心の君子さまの正体が定かではない。イスタンブール陥落後、ビザンツ皇族の一つコムネノス家の血を引く地方政権トレビゾンド帝国のアレクシオス王子がイスラームに改宗し、この近辺に屋敷を構えたのに由来するという説と、のちにヴェネツィアの統領となるアンドレア・グリッティがイスタンブール滞在中に生《な》し、この地で育てられたルドヴィーコ・グリッティ（ベネト語ではアルヴィーゼ・グリッティ）の屋敷に由来を求める二説が知られる。一般的には、生粋の「ペラ人」であるグリッティ家の御曹司説の方が好まれ、広く人口に膾炙《かいしゃ》している。

さて、一九世紀半ばのテュネル広場に立てば、そこにはシルクハットの紳士やエレファントスリーブのドレス姿の淑女たちと、トルコ人の物売りや荷運び人がかしましく行きかっている。人いきれをかきわけ、ひとまず広場の西側へ行ってみると、坂の下にオスマン男爵様式の白亜の建物が佇んでいる。ベイオール市庁舎である。

一八五四年、クリミア戦争中のイスタンブールには同盟国イギリス、フランス、サルデーニャの兵士が大量に駐屯することになった。異人の兵隊の急増に対応するべく、イスタンブールにはじめて本格的な市政組織が作られる。ローマ皇帝アウグストゥスの整理した古代ローマに倣って一四街区を設置した都市は世界に少なくないが、近代のイスタンブールもこのときもともと旧市街に設定されていた一四街区を廃し、旧市街、新市街、アジア岸を包括する都市圏全体を一四街区に再分割し直す。そのうち、パリのカルティエ・ラタン界隈と同じ第六区を冠したのがここベイオール区だ。予算の関係上、実質的な都市改造が実施されたのも、この第六区だけだった。そして、このときの第六区がガラタ城市とペラ大通り界隈はもとより、海際のドルマバフチェ宮殿までをも包摂したため、いつしか現在の新市街そのものが、ペラ／ベイオールと呼ばれるようになっていくのである。

テュネル線、ヨーロッパ人のための荷運び列車

「金角湾の向こう側」、「ガラタ城壁を越えた先」、そしてついに「新市街そのもの」を示すようになったペラという地名の変遷史を見届け終えたものの、ひと息つくゆとりもないほどに近代のテュネル広場は西欧の紳士淑女でごった返している。彼らは一体、どこから湧いてくるのだろうか。そう思って見れば、彼らを続々と吐き出すネオ・バロック様式の建物が広場の南側に佇んでいる。一八七五年、世界で二番目に開通した地下鉄であるテュネル線の駅舎である。全長五五〇メートルのこの地下鉄は、ガラタ橋袂のカラキョイとここテュネル広場を結ぶ運行時間二分足らずの世界最短の地下鉄。どうしてこんな玩具《おもちゃ》のような地下鉄が造られたのかといえば、その答えは、いままさにトルコ人の荷運び人に大荷物を背負わせ、自分たちは楽しげにペラ大通りの方や、市庁舎周辺のホテル街へ消えていく彼ら西欧からの旅行者たちに求められ

る。この時代、海路でガラタのカラキョイ港に着いた旅客たちは、わっと群がる荷運び人を雇い、大荷物を預けてここテュネル広場周辺のホテルへ投宿するのが常道だった。しかし、港へ下りると、さっそくイスタンブール名物の急坂の洗礼を受ける羽目になる。その名も高歩道《ユクセク・カルドゥルム》通りの急坂を、長旅で疲れた身体に鞭打って上らねばならないのだ。一八六七年、この光景を自らもイスタンブール観光旅行で目の当たりにしたフランス人エンジニアのウジェーヌ＝アンリ・ギャバンが、この急坂を地下道《テュネル》によって攻略しようと思いつき、一〇年を経ずに実現させたのがこの愛らしい地下鉄なのである。

図18　19世紀後半の高歩道通り。フランス人旅客をして人力の限界を感じせしめた急登である。

しかし、テュネル開通から八年後の一八八三年には、早くも競合路線が開通する。現在の路面電車のご先祖様にあたるガラタ＝ペラ馬車鉄道が、ガラタ橋袂の各国金融機関が軒を連ねた銀行《バンカラル》大通りを発して現在のオクチュ・ムーサ大通りからシシハーネ、テペバシュ界隈にかけての老舗ホテルの前をかすめながら西から丘を回りこむようにペラ大通りへ上り入《い》り、タクスィム広場を経て北のハルビイェ界隈までを結んだのである。もっとも、競合する馬車鉄道の登場にもかかわらず、テュネルの経営が傾くことはなかった。同じ年、対岸の旧市街のスィルケジ駅までオリエント急行が開通したからだ。この世界一有名な長距離列車の運行に合わせて、ペラ大通りの北側の区域にはペラ・パレス・ホテルはじめ、大《ビュユク》ロンドン、トカトルヤン・ホテルなどの大ホテルが——いずれもいまだ健在——営業を開始する。つまりテュネルは、以前を倍する勢いでガラタの急坂の麓に押しかけるようになった西欧の旅客を、ガラタ＝ペラ馬車鉄道と分け合うことで共存したのである。

ギャバンの慧眼《けいがん》は、ガラタ＝ペラ馬車鉄道がバスに取って代わられ廃線となったいまも、変わらず元気に坂を行き来するテュネルの存在が証《あか》し立てている。これ以降、イスタンブールの急坂は馬力や蒸気力、そして電力によって徐々に征服されていくこととなるが、その記念すべき最初の例たるテュネルは、実のところは坂に慣れた帝都市民のためというよりは、ヨーロッパからの観光客たちを見越して建設されたのである。

古きペラ、大使の街

いましも駅舎から出てくる観光客にまぎれてペラ大通りに踏み出そう。道の両側には地階が店舗、上階はアパルトマンという設《しつら》えの五、六階建てが立ち並ぶ。バロック、ゴシック・リヴァイヴァル、アール・ヌーヴォー等々、そのときどきの流行の建築様式を取り入れたアパルトマン群は、混沌《こんとん》として賑やかな街並みを作り出している。現在では上階の部屋の多くも店舗に利用されているけれど、往時には西欧人はもとよりハイカラを以て鳴る富裕層や芸術家たちが住まいした高級アパルトマンだ。たとえばペラ大通りを歩きはじめてすぐ、左手に現れる丸みを帯びた壁面が特徴的なナルマンル荘《ユルドゥ》。帝国末期から共和国期を通じて芸術家の集ったアパルトマンとして知られ、トルコの文豪ヤシャル・ケマル（一九二三—二〇一五）が兄のように慕った偉大な風刺画家アブディン・ディノ（一九一三—一九九一）や、イスタンブール大学のシュピッツァーのゼミで薫陶《くんとう》を受けた西欧文学研究者サバハッティン・エユボール（一九〇八—一九七三）など錚々《そうそう》たる顔ぶれがここで暮らしたし、オスマン帝国の崩壊と新共和国の誕生を目の当たりにした作家アフメト・ハムディ・タンプナル（一九〇一—一九六二）が、イスタンブールを舞台にした傑作長編『心の平安』（一九四九年）を執筆したのも、このアパルトマンだ。

ガラタ・メヴレヴィー教団修道場と隣接するスウェーデン領事館や、イスタンブール初の西洋式カフェとして一八一〇年に創業した老舗レボン菓子店を挟んで並ぶロシア領事館とオランダ領事館などを眺めつつ四〇〇メートルほども歩くと、高い壁に囲まれ、ゴシック・リヴァイヴァル様式の門の向こうにフランス式のカテドラルが屹立する大教会に行きあう。イスタンブール最大のカトリック教会、聖アントワーヌ教会である。現在の大伽藍は一九一二年に建てられたが、教会のそもそものはじまりは一二三〇年にガラタ城壁内に建てられた聖フランチェスコ教会に遡る。この教会が、一六九六年の大火災による焼失を機に城壁外のこの場所へ越してきて、一七二四年以降はペラ・聖アントワーヌ教会と改称するのである。どうしてわざわざ城壁外へ移転したかといえば、そこに信徒たち——それもイスタンブールでもっとも身分の高い信徒たちが暮らしていたからだ。そう、各国の大使たちである。

近世を通じて市街地はガラタ塔袂《クレディビ》から徐々に北へ拡大し、これに伴ってペラ大通りの原型が形成されていったが、その開発に先鞭をつけたのが他でもない各国大使館だった。一六世紀、もともとは旧市街東部やガラタ城壁内に点在したヨーロッパ各国の大使館が、火災の頻発などを受けてまだ土地の空いていたペラへと移ってくるのである。実はさきほど瞥見したナルマンル荘にしてからが、旧ロシア帝国大使館であったし、テュネル広場から聖アントワーヌ教会までの道の右手の斜面はイスタンブールでは古顔に当たるフランスとイタリア（ヴェネツィア共和国）の、そして教会からペラ大通りを挟んで向かいの後背にはイギリスの領事館が、いまなお広大な敷地を保持している。

イスタンブールで最初に常設的な大使館を開いたのはフランス王国と言われている。一五三五年のことだ。王の館《メゾン・ド・ロワ》と称された公邸には、『千夜一夜物語』の紹介者アントワーヌ・ガランをはじめイスタンブールにゆかりある多くのフランス人がお世話になり、彼らの日記を見ると集会場や待ち合わせ場所として便利に使われていたことがわかる。

一方、イスタンブールの異人のうち最古参と言えるヴェネツィア人だが、その大使館は流転すること著しかった。一四五四年に一度は大使館開設の許可を賜るものの、ヴェネツィアの大使《バルヨス》たちは旧市街東部やガラタ城市、そして一六世紀前半以降は現在の大使館のある場所に移るものの、代々の大使はあくまで屋敷を間借りしながら外交任務を執り行った。オスマン帝国と対立して戦争になるたびに大使館を封鎖されるので、そちらの方が理に適《かな》っていたのだろう。聖ベノワ教会と並ぶカトリックの古刹聖マリア・ドラペリス教会の角を曲がった先に、現在ではイタリア人学校やイタリアン・レストラン、ホテルを従えて鎮座する旧ヴェネツィア大使館が完成したのはようやく一七八一年のことであるから、本国ヴェネツィア共和国が滅亡するまでのほんの一六年ほど使用されたに過ぎない。ヴェネツィア大使館はフランス共和国に接収され、のちに長くオーストリア大使館として用いられた末、第一次世界大戦終了後にイタリア大使館となった。ただし、トルコ語ではヴェネツィア宮殿《ヴェネディキ・サラユ》という通称がいまでも通じる。

　イスタンブールが首都ではなくなった一九二三年以降、各国大使館はアンカラへ移転したため、ペラ大通りのそれらは領事館へ格下げとなったものの、多くの建物はいまでもペラ大通り南部の山の手、上階から金角湾とボスポラス海峡を見晴らす旧帝都の一等地を固守し続けている。イスタンブールの新顔たるドイツや我が日本の旧領事館が、さらに北のタクスィム広場の近辺にあることを思い起こせば、ガラタ塔袂からはじまって旧大使館街を経て、聖アントワーヌ教会を北辺とするこのあたりまでが、「城壁を越えた先」としての古いペラをなすと言えるだろう。

新しいペラへの曲がり角、ガラタ宮殿とベイオール大火

聖アントワーヌ教会を過ぎると、ペラ大通りは尾根に沿って大きく東へ向きを変える。この古いペラから新しいペラへの、文字通りの曲がり角に構えるのが現在のガラタサライ高校、往時のガラタ宮殿《サライ》である。一四八一年、バヤズィト二世の時代に建造され、私たちがトプカプ宮殿で見物した内廷学校組織の一翼をなす人材育成のための離宮だった。一七世紀末には、財政状況の悪化のため廃校とされるも一九世紀初頭に復活し、一八五六年にはガラタサライ帝立学校《メクテビ・スルターニー》へと改組され、トルコで最初のフランス式教育を導入した外務官僚育成機関に変貌する。一五世紀末の宮殿時代から数えれば創立五〇〇年というイスタンブール最古の教育機関であり、卒業生には大宰相のごとき大官はもとより、帝国の近代化を先導した名だたる外交官、あるいはアルバニア王アフメト・ベイ・ゾグー（一八九五―一九六一）、公務のかたわら新聞発行や翻訳・文筆活動に邁進《まいしん》してイスタンブール文壇を彩ったテヴフィク・フィクレト（一八六七―一九一五）やナームク・ケマル（一八四〇―一八八八）などの錚々たる文人官僚たち、そして現代トルコの生んだ最大の詩人ナーズム・ヒクメト（一九〇二―一九六三）が名を連ねる。高校となった現在も、トルコ随一の名門リセとして知られる。ちなみに強豪サッカーチームとして名高いガラタサライＳ　Ｋ《スポル・クリュプ》も、一九〇五年に在校生によって結成された学生チームがもととなっている。

さて、この名門校の門前で、時計の針を一八七〇年六月五日へ進めよう。この日の午前六時

半、現在のタクスィム広場北西のフェリディィイェ大通りで火の手が上がる。火は裏通りを埋め尽くしていた木造民家群をまたたく間に飲み込み、ペラ大通りへ至って南下し、一三時間後にまさにこのガラタサライ高校の手前で消し止められたときには、ペラ大通りの北部一帯の家屋三四〇〇棟と、大通り沿いに並んでいた各国大使館、そしてこのころ市民の娯楽場として盛況をきわめた劇場群が灰燼に帰していた。

ガラタ塔の一番のお役目が火の見櫓であったことが示すように、イスタンブールは火事の街である。木造家屋が密集する狭隘な通りが続く市街でひとたび火が出ようものなら、それを消し止めるのは容易ではない。この一八七〇年のベイオール大火は、その五年前に旧市街中心部を焼き尽くしたホジャパシャ大火、一九一二年に同じく旧市街南部で発生したアクサライ大火と並ぶ近代帝都の大火災として記憶され、これを機に石造りの欧風高層建築が立ち並ぶ大通りから一歩入れば、昔ながらの木造家屋が軒を連ねるという近世の面影深い古いペラは姿を消し、裏通りにまで四〜六階程度のコンクリート製アパルトマンが立ち並ぶ現在の景観が形作られるのである。

オリエントのパサージュ論

ガラタ宮殿の向かいに、おそらくトルコでもっとも有名なパサージュがある。チチェキ・パサージュだ。魚市場に隣接し、裏手の迷路のようなネヴィーザーデ通り界隈と合わせてイスタンブール有数の飲み屋街を形成する。観光客がわざわざ訪ねるパサージュと言えば、ここチチェキ・パサージュくらいのものだが、実はペラ大通り／独立大通りは今も昔も世界一のパサージュ過密地帯でもある。世紀末イスタンブールの人々が、失われた古きペラの焼け跡に三〇に迫るパサージュを建設したからだ。私たちもそのうちのいくつかに立ち寄ってみよう。

図19　1922年9月のペラ大通り。チチェキ・パサージュ前より北を向く。現在と異なり複線の路面電車の軌道が見て取れる。

たとえばアヴルパ《ヨーロッパ》・パサージュは、建造された一八七四年当時の様相をよく残している。象牙色の内壁、ロココ調の装飾、上階の壁面に並ぶ彫像群――それらが天窓から差す日光に照らし出されるさまは、本場パリのパサージュと遜色がない。このパサージュはトルコ語で鏡の抜道《アイナル・ゲチト》とも呼ばれている。ガス灯の時代に屋内を照らすため鏡が並べられた名残だが、注目したいのは「ゲチト」という言葉の方だ。「抜道」を意味するパサージュのトルコ語訳であるのだが、ペラ大通りのすべてのパサージュにこの訳語が当てられているわけではない。確たる決まりはないようだが、通例は別の通りに抜けられるパサージュのみがこう呼ばれる。本来は、貴族邸宅の分割の際に生じた隙間地をもとに発展したパリのパサージュと異なり、そもそも何もない焼け跡に一から作られたイスタンブールのパサージュは、抜道としての機能は二の次で、はじめから「屋内ショッピングモール」として建てられたため、そうした経緯が訳語にも表れているのだ。そんなわけで、洋名としてはパサージュを名乗りつつもトルコ語では店舗や工房の寄り集まった商業施設を表すハン（原義は「隊商宿」）を名乗ったり、ときには抜道《ゲチト》パサージュ（在ウスキュダル）などという珍奇な名前のパサージュ（？）も存在する。ちなみに、二〇世紀初頭にフランスで出版されたイスタンブールの地図やガイドブックはペラ大通りのパサージュを頑《かたく》なにhans《アン》と記載している。パサージュ発祥国の拘《こだわ》りなのか、フランスでは土風《ア・ラ・トゥルカ》パサージュは認められなかったのかもしれない。

　では、「屋内ショッピングモール」というどこか聞き覚えのある言葉を反芻《はんすう》しながらもう一度、さきほどは欧風《ア・ラ・フランガ》に見えた屋内に視線を巡らそう。狭隘な店舗が軒を突き合わせ、店の外まで商品を陳列するこの光景、見覚えがないだろうか。そう、グランド・バザールやエジプシャン・バザールだ。すでに近世の旧市街の時間旅行を終えた私たちは、イスタンブールにはベゼスタンという屋内商店街の伝統があったことを知っている。実のところイスタンブールのパサージュは、当初からヨーロッパ伝来の最新のショッピングモールの一形態として移入され、その結果として欧風《ア・ラ・フランガ》小型ベゼスタンともいうべき姿を呈して、市民の購買欲と街歩きの欲求に応えたのである。

ではもう一つ、少し大通りに戻って聖アントワーヌ教会の向かいに口を開けるエルハムラ・パサージュへ立ち寄ろう。その名の通りアルハンブラ《エルハムラ》宮殿を模した装飾が随所に見られ、オリエントの世界帝都でオリエンタリズム建築に触れるという不思議な体験が叶うパサージュだ。オリエントの中核たるイスタンブールにオリエンタリズム芸術を訪ね歩きたい向きは、このパサージュのすぐ南西、ペラ・パレス・ホテルとの中間に位置するペラ博物館へ足を運ぶのも一興だ。まさに「オリエントのオリエンタリズム」をテーマとする博物館だから。でも、私たちは近代から現代にかけてのイスタンブール娯楽史をなぞるこのパサージュの盛衰をもう少し追いかけてみたい。

はじまりは恩恵改革の少し前、一八三一年だ。この年、この場所に帝都で最初の西洋劇場である水晶座《パレ・ド・クリスタル》、通称フランス座《フランスズ・ティヤトロ》が開館する。以後、一八六一年にナイトクラブへ改装されつつ、劇場としては一九〇六年まで営業を続ける。往時にはフランスの大女優サラ・ベルナール（一八四四—一九二三）も公演を張ったという名門劇場である。このフランス座を嚆矢として、ナウム劇場（一八四四年）——帝王の御座席を備えた大劇場で現在のチチェキ・パサージュの敷地に建っていた——オデオン座、ヴァリエテ座など一三もの劇場がペラ大通りには立ち並んだ。ムスリム女性が舞台に立つのが憚られた時代、これらの劇場ではヨーロッパから招かれた劇団やアルメニア系などの非ムスリムの演劇人が活躍した。

史上最初のトルコ語／オスマン語による戯作はイブラヒム・シナースィー『詩人の結婚』（一八五九年）で、美人の妹と結婚できると騙され醜い姉の方を娶らされそうになった高慢ちきな詩人が、なんとか妹の方と結婚できるよう奮闘し、両想《りょうおも》いの二人が結ばれるまでの顚末を描く喜劇である。本作は新聞連載を経て舞台化され、人気を博した。こうした国産演劇の成功は、物語は韻文によってしたためられるべしとするペルシア文学の伝統を固守してきたイスタンブール文壇に、口語／散文による創作という真新しい一石を投じ、その波紋は見る間に大波と化して、西欧化によって帝国の浮揚を期する改革派官人たちが公務の傍らこぞって戯作《げさく》に取り組むこととなる。ついには一九世紀の大詩人ナームク・ケマルをして、演劇こそ至上の芸術と言わしめるほどの隆盛を誇るのである。『詩人の結婚』の主眼は、世話人を立てる伝統的な婚姻を暗に批判し、精神の自由としての恋愛を重んじるべしと主張するところにあるが、本作から一三年後に新聞連載のはじまるトルコ初の散文小説『タラートとフィトナトの恋』では、むしろ自由恋愛がもたらす悲劇が描かれていて、一九世紀後半のイスタンブールにおける恋愛・結婚観の葛藤も窺える。

話をエルハムラ・パサージュに戻そう。パサージュ自体は一九二一年から数年をかけて大幅な改修が行われて現在の姿となり、一九二三年（つまり共和国建国の年）以降は、映画館エルハムラ座として再出発する。一九二〇年代、市内各所で夏季限定の野外映画館が興行し、ペラ大通りには無声映画を上演する大小の映画館が軒を連ねるようになっていたが、そうしたなか一九二七年、エルハムラ座は国内ではじめてトーキー映画を上映するというトルコ映画史を記念する快挙を成し遂げる。さらに一九三〇年には虫歯治療のためイスタンブールに滞在していた国父ムスタファ・ケマルが供回りたちと一緒にお忍びで足を運んだ由縁もあって——独立戦争時の記録映画を観覧したらしい——押しも押されもせぬトルコ一の映画館として名声を轟かせるのである。

しかし、一九四〇年代後半からは持主が頻繁に交代し、ナイトクラブ、劇場と衣替えを繰り返すうちに、やがてイスタンブール一の映画館の座をアトラス・パサージュ内に作られたアトラス座（一九四八—）に明け渡す。開館当初イスタンブール最大の座席数を誇ったアトラス座の方は、一九五〇年代から七〇年代後半にかけてトルコ映画の代名詞であったイェシルチャム撮影所の近傍に位置することもあって、撮影所が閉鎖された今日でも映画ファンの足が絶えない聖地となっている。

これに対してエルハムラ座は、一九七二年にふたたび映画館として復活するものの、今度は成人映画館として名を馳せ、ノーベル文学賞作家オルハン・パムクをはじめイスタンブールの若者たちがひっそりと、しかし熱心に足を運ぶ秘された聖地と化す。トルコ最初の劇場から映画館、ナイトクラブ、そして成人映画館と、イスタンブールの娯楽施設を生々流転した本館は、一九九九年の火災を機にふたたびナイトクラブとして営業を続けている。

アア・モスクと中村商店、近代ペラ大通りを振り返る

ふたたびペラ大通りを北上していくと、遠く左手に数本の樹木が垣間見える。久しぶりの緑を目指して進めば、これまた久々にエザーンの声が聞こえてくる。そうなのだ、ペラ大通りには一八五〇年代以降、公式に解禁された教会の鐘の音はよく響くが、イスタンブールでも有数のモスク過疎地帯であるため、お馴染みのエザーンがめっきり聞こえなくなるのだ。そんな大通り沿いにある唯一のモスクが、緑生い茂るこのヒュセイン・アア・モスクである。ガラタ宮殿に仕えた同名の隊長《アア》が一五九六年に建造した古刹で、私たちが立つこの一帯がまだ緑野であったろう近世から、劇場やパサージュが立ち並ぶ近代の都大路に様変わる近代に至るまでの四〇〇年間、周辺商店の勤め人たちの祈りを受け止め、アア・ジャーミィ《モスク》の通称で親しまれてきた。ペラ／ベイオール界隈のモスク不足は現代でも問題視され、幾度かモスク建設の話が持ち上がっては先延ばしになってきたが、二一世紀に入ってイスラーム保守政権が長期化するなか、ついに大伽藍が建設されることとなった。二〇二一年五月に落成したタクスィム・モスクである。この大堂宇については、終章であらためて触れることにしよう。

珍しいついでにもう一ヵ所、一八九六年から八年ほどの間だけ営業した不思議な商店に立ち寄りたい。アア・モスクの一〇〇メートルほど先、当時のペラ大通り八一番地、現在のキュチュク・パルマク・カプ通りの角に佇む大型衣料品店が入る建物だ。日本商品館とか中村商店とか呼ばれたこの店は、イスタンブールにあって唯一、日本人の経営する商店として、磁器や漆

器、飾り箱や絵画、日本の写真、各種サイズの和紙などを商った。

　エルトゥールル号海難事故（一八九〇年）ののち日本じゅうから集められた義援金をイスタンブールへ届けたアブデュルハリル・ヤマダ・パシャこと山田寅次郎（一八六六―一九五七）も開店に尽力し、この店を活動拠点とした。山田、中村商店双方についての研究は数多いが、写真史料などが発見されておらず店構えなどについては不明で、当時の市街地図を漁って隣にカフェがあったことが窺える程度だ。ただ、日本とオスマン帝国の間に国交のない時代、官民を挙げて熱烈な歓迎を受けた有名人である山田はオスマン官界にも顔が利き、この商店が一時期は日本の民間大使館のような空間となっていたのは確かなようだ。隣のカフェで一〇〇年前の同胞と話し込みたいところだが、君府の日本人たちの目を通してみたイスタンブールについては、山田の著した『土耳古《トルコ》畫觀《がかん》』（一九一一年初版、二〇一六年に復刊）に譲り、私たちはペラ大通りの終端に向けて歩きながら、この大通りの歴史的意義について振り返ってみたい。

　二一世紀のいまペラ大通り／独立《イスティクラール》大通りに立つ人は、もしかしたら幾ばくかの失望を覚えるかもしれない。なにせ人口一千万を優に超えるメガシティの目抜き通りなのだ。当然、シャンゼリゼや銀座通り、あるいは長安街などを想起することだろう。ところがこの大通りはさして道幅もなく、行く手に目を凝らしても宮城や凱旋門、オベリスクなどのモニュメントが見えるわけでもなし、両側に並ぶ欧風アパルトマン群はなるほど瀟洒ではあるが、パリなどのそれに比していずれも小ぶりで、なにより統一性がない。こうした小さな失望か、さもなくばある種の見くびりを抱いたままこの通りを歩きはじめてしまった不幸な遊歩者の目に映るのは、つまるところ近代に入って「ヨーロッパの瀕死《ひんし》の病人」と揶揄された斜陽のイスラーム帝国の限界を知らしめるかのような、模倣された劣化版の西欧でしかないだろう。でも、それではいかにももったいない。なにせ、それはこの通りが持つ土風《ア・ラ・トゥルカ》と欧風《ア・ラ・フランガ》という二つの相貌のうち、後者にしか目を向けていないからだ。ペラ大通りの特質はむしろ、表通りから一歩入った先に張り巡らされた小路やパサージュを以て常人には容易には掘りつくせない無数の店舗や施設がひしめくという不可視の豊かさ、言うなれば西欧人居留区にあって奇《く》しくもイスラームの都に似つかわしい都市の構造を現出させつつ、そこに貪欲に西の文物を持ち込んでは陳列して見せた結果生まれた、欧風と土風のあい混ざる世界帝都に唯一無二の混沌にこそ、求められるべきではないだろうか。

3　タクスィム、ハルビイェ

タクスィム広場と新たな山の手ハルビイェ

一・三キロ弱におよぶペラ大通りを踏破した私たちの前に開けるのは、タクスィム広場だ。トルコ共和国でもっとも有名な広場であり、広場中央には国父アタテュルクをはじめ、その右腕、左腕に当たる第二代大統領イスメト・イノニュとフェヴズィ・チャクマク元帥ら元勲の立像が厳《いか》めしい共和国記念碑が佇む。この広場が首都アンカラのクズライ広場やタンドアン広場（現在はいずれも改称）を押しのけ、いまなおトルコ共和国の顔を務める広場と目されるのは、一九六九年の反米主義デモに伴う血の日曜日事件や、一九七七年に三〇余名が落命した血のメーデー事件、そして二〇一三年のイスラーム保守政権に対する反政府デモなど、トルコ現代史上の数々の政治的事件の舞台となってきたからだ。

しかし、近代イスタンブールを周遊する私たちの目に映るタクスィム広場は、旧市街のアト広場やバヤズィト広場とは比べるべくもない、都市のはずれの郊野の趣が強かった。それを示すのが、ペラ大通りの終端北側にいまも佇む六角形の古い建物、広場の語源であるタクスィム分水場《マクセミ》だ。チューリップ時代が終わった直後の一七三二年、かねてより問題となっていた新市街沿岸部の水不足を解消すべく、北のベオグラードの森から南に向けてなだらかに下る丘陵に新たに大水道が通される。その際、ベイオールやガラタ、トプハーネなどの各地に水を分配《タクスィム》するのにもっとも適する市街地のはずれの高台に築かれたのがこの分水場。いまでこそ市街に埋没しているが、入り口に掲げられた記年詩の最終行に「楽園の河と見紛《みまが》う美味なる清水の分かたれる場所」と詠まれるそのままに、一八世紀初頭に行われたこの水道整備事業なくして、これまで歩いてきたペラ大通りやトプハーネ界隈の発展はなかった。

市街地の北の果てであったタクスィム広場は、一八五六年のドルマバフチェ宮殿への遷宮を受けて繁華なペラと宮城を結ぶ要路としての重要性を増したものの、しばらくの間は広大な敷地を有する兵営群が並ぶ閑散とした佇まいを保ったのち、先述の一八七〇年のベイオール大火を受けて一挙に宅地開発が本格化する。地方行政官や軍人が輩出するような上流のトルコ系、貿易業や銀行業、ホテル経営や建築分野などで巨万の富を築いたアルメニア系やギリシア系の大家《たいけ》、ユダヤ系の富裕層、諸外国から亡命してきた王族・貴族、そして西ヨーロッパ人たち──ペラ界隈で暮らしていた人々が、より広く静謐な環境を求めてタクスィム広場以北の緩やかな丘陵地帯へと、こぞって居を移したのである。これが新市街のさらに北に形成された新たな山の手、ハルビイェである。例によってハルビイェは通称で、南からパングアルトゥ、ニシャンタシュ、タタヴラ、ボモンティ、シシリなど多くの地域を含むが、要はタクスィム以北のパングアルトゥ大通り（現在の共和国《ジュムフリイエト》大通りと救国戦士《ハラスキャール・ガーズィー》大通りに相当）沿いの諸地域をまとめた呼び名である。南側をハルビイェ（時代によってはパングアルトゥやフランス語のパンカルディの方が通りがよいが、ここではハルビイェと呼んでおく）、北側をシシリと大別することもある。欧化した富裕層の暮らす新たな山の手となったハルビイェ界隈には早々に馬車鉄道もお目見えし、この路線はのちに路面電車となって一九六一年まで運行した。

士官学校、元勲たちの学び舎

では、タクスィム広場からは馬車鉄道に揺られつつ北のハルビイェ界隈に乗り入れよう。車に先んじて道を行き、「そこのけ《ヴァルダ》！」と歩行者に呼ばわるそこのけ士《ヴァルダジュ》の大音声を聞きながら往時のパングアルトゥ大通り（共和国大通り）を北上していけば、一九六〇年代あたりまではトルコ随一の高級アパルトマン街として知られた街並みが連なる。世紀末から二〇世紀初頭にはコンサートホールや劇場、名門女学校が立ち並んだが、道の東側には柵に囲われた広大な緑地が広がる。医学校を筆頭に諸々の軍事学校が集まったタシュ兵営《クシュラ》だ。一八世紀に最初の兵営が置かれ、パングアルトゥ・アルメニア人墓地（現在のホテル・ヒルトン）を飲み込みながら順次、拡大していった。樹間から覗く白亜のネオ・ロマネスク様式の学舎群を眺めつつ進んでいくと、辻に差し掛かる。現在の共和国大通りが救国戦士《ハラスキャール・ガーズィー》大通りと知事公邸《ヴァーリコナウ》大通りに分かれるハルビイェ交差点《カウシャウ》である。

この辻の右側に佇むひときわ堂々とした、しかし飾り気のない建物が、ハルビイェの地名のもととなった士官学校《メクテビ・エルキャーヌ・ハルビイェ》だ。一八四六年に設立された帝国一の作戦士官養成機関として名を馳せた。特筆すべきは、一九世紀末の卒業生たちだ。まずは、一八九六年に入学したイスマイルという青年。旧市街の御前会議所通り界隈に生まれ育った彼は、この一二年後にアブデュルハミト二世の専制に終止符を打つ青年トルコ革命を指導し、憲法復活を実現するイスマイル・エンヴェル・パシャ（一八八一－一九二二）だ。

そのイスマイル・エンヴェルが一八歳で卒業、任官した一八九九年、入れ違いで今度は金髪碧眼《へきがん》の美丈夫が入学してくる。すでに陸軍幼年学校で五年間学び、一八歳になってから次席入学を果たしたこのテッサロニキ出身の秀才は、のちの第一次世界大戦ではイギリス軍のゲリボル半島上陸を押しとどめて国民的英雄となる人物。トルコ独立戦争（一九一九―一九二二）においてトルコ共和国建国を主導したムスタファ・ケマルその人だ。

この二人のほかにも第一次世界大戦で対ロシア戦線を支え、一時はムスタファ・ケマルのライバルと目されたキャーズム・カラベキル（一八八二―一九四八）をはじめ、帝国末期の大宰相や大臣はもとより、トルコ共和国の国会議長や大物議員など、いうなれば共和国建国の元老たちを育んだのが、この帝国士官学校なのだ。共和国に入って士官学校の校舎は師団本部を経て、現在では軍事博物館へと転用され、人々がオスマン軍楽隊の演奏を鑑賞すべく詰めかける人気博物館となっている。

ハルビイェ、新たな丘の上の人々

ふたたび馬車鉄道に揺られながら現在の救国戦士《ハラスキャール・ガーズィー》大通りをゆっくりと進んでいこう。アパルトマンとミッション・スクールなどの教育機関、政府施設が並ぶこの界隈は、観光客向きの場所ではないので、当時の各種ガイドブックにも大した記述はないが、文学作品の中にうってつけの案内書がある。ペヤミ・サファの傑作都市小説『ファーティフとハルビイェ』（一九三〇年）と、オルハン・パムクの初作『ジェヴデト氏と息子たち』（一九八二年）だ。前者は、幼馴染の恋人にやや飽いている旧市街《ファーティフ》に暮らす少女ネリマンが、煌《きら》びやかな新市街《ハルビイェ》に住む男性から夜会へ誘われ心浮き立たせるものの、途中でロシア人船員と関係を持ったがためにうらぶれた女性の身の上話を聞くにつけ、すんでのところでペラ・パレス・ホテルへ遊びに行くのを思い留まり、幼馴染という青い鳥のもとへ戻るという筋書き。波瀾万丈《はらんばんじょう》のハの字もないこの小説のみそは、旧市街と新市街の間を行き来するヒロインによる都市案内と、そこから立ち上がってくる「東」の古い文明の象徴たる旧市街と、帝国政府の肝いりで正義とされた「西」の文明の住処である新市街の対比だ。

サファが誇張を交えて描いた新市街と旧市街の際立った格差、生活基調の相違が顕在化したのは、ここハルビイェ界隈が発展する一九世紀末のこと。世紀末イスタンブールのハルビイェに出現した欧風ブルジョワという「丘の上の人々」の盛衰については、まさにこの地域に生まれ育った作家オルハン・パムクの『ジェヴデト氏と息子たち』に詳しい。彼らの生活感覚からすればペラ大通りの終端テュネル広場あたりまでがまっとうな世界であり、その丘の一歩下のバロズ《ダンスホール》が並ぶカラキョイは若者が悪い冒険と火遊びを嗜む悪所、ガラタ橋を渡った先の旧市街なぞはターバンを巻いた坊主が往来して野犬が群なし、だぼっとだらしないもんぺ《シャルヴァル》を穿《は》いた労働者たちが所在なく道端に屯して煙管《リュレ》を吸う旧時代の異世界ということになる。その一方、我らが折り目正しきネリマン嬢のように旧市街に生まれ育った人にとっては、フランス語や英語、ロシア語が飛び交い、夜会と称して資産家の男女が手を取り合って踊るような新市街の賑わいは、同じく歩いて三〇分の異界そのものなのである。『ファーティフとハルビイェ』や『ジェヴデト氏と息子たち』ではやや大袈裟《おおげさ》に描かれるものの、ハルビイェ、シシリというタクスィム広場以北の新たな山の手の誕生以降、イスタンブールの人々がこの街を、それまでのように金角湾を中心に広がる街としてではなく、地形的にも経済的にも、そして文化的にも北高南低の街と認識するようになっていくのは事実である。世紀末、イスタンブールはその身内に伝統と近代（あるいは進歩と停滞）を表徴する二つの地域を胚胎《はいたい》するようになるのである。そしてそれは、二〇世紀半ば以降に加速化する、金角湾沿岸地域の旧都心化の前触れでもあった。

白系ロシア人とアルメニア人

エンヴェル・パシャら士官学校《ハルビイェ》の卒業生たちによって、ハミト専制の重い帳《とばり》が振り払われたのは一九〇九年七月である。この無血クーデターによって憲法と帝国議会が復活した第二次立憲政期（一九〇八―一九二二）は、イスタンブールが世界帝都として過ごす最後の一五年となる。この時代のイスタンブールは、日常生活と芸術活動の双方における解放感とともに、イタリア・トルコ戦争、バルカン戦争、第一次世界大戦、そしてトルコ独立戦争という一〇年以上にわたる動乱と、三〇〇万人以上の戦死者を出す長く凄惨《せいさん》な死の影に彩られている。

この戦乱期にあって、イスタンブールに新たな移住者たちが到来する。ロシア十月革命から三年を経た一九二〇年六月、白軍勢力の最後の砦《とりで》であるクリミア半島が陥落し、いわゆる白系ロシア人の避難民が押し寄せたのである。当時、人口九〇万人程度であったイスタンブールに詰め掛けた軍人八万六〇〇〇名、民間人六万名から成る大量の難民たちのため、各地にシェルターや病院、学校が作られ、大規模な難民キャンプが置かれたフロルヤ（現バクルキョイ）やイェシルキョイ、アジア岸のトゥズラなどの郊外の村々ではインフラ整備が進められる契機となるなど、都市開発にも大きな影響を与えた。

　またロシア人たちは与えられるばかりではなく、イスタンブールのナイトライフを一変させたことでも知られる。彼らは、それまではどちらかというと観劇、飲酒（そして売春）が分散的に行われていたイスタンブールの夜に、それらの愉しみがひとところに集う新たな施設としてのナイトクラブを持ち込んだのである。一九一一年開業のイスタンブール最古のバーとされるガーデンバーことガーデン・プティ・シャンを受け継いだ同名ナイトクラブ（一九一四年開業）を皮切りに、黒いロシア人と称えられたフレデリック・ブルース・トーマス――ロシア国籍を持つブラック・アメリカンだった――の開いたマクスィム（一九二一年開業）など、ガラタの下町からタクスィム近辺の至るところに、ロシア美人《ハラショー》たちがショーガール、接客係を務めるナイトクラブが続々と開店する。ヘミングウェイが驚嘆したカラキョイの酒場街の狂乱も、大戦を背景として誕生したのである。

　戦後、ロシアからの避難民たちがアメリカなどへ去ったあとも、彼らが伝えたナイトクラブの伝統は、トルコ人歌手が公演を張るトルコ版キャバレーたるガズィノへと受け継がれる。トルコで最初にジャズの演奏された栄えあるマクスィム・ガズィノスはその好例で、実に一九九〇年代まで営業を続けた。最盛期を築いたトルコ人経営者ファフレッティン・アルスランのもとからはトルコ古典音楽と歌謡曲の橋渡し役を演じ、のちのサナト音楽の祖となったゼキ・ミュレンや、男性歌手として出発し、性転換手術を経てトルコを代表するトランスジェンダーの女性歌手としていまも活躍するビュレント・エルソイ、ロマ出身の大物女性歌手スィベル・ジャンや、クルド系の大立者イブラヒム・タトゥルセスなどの歌手が巣立ち、トルコ音楽界の登竜門となった。

その一方、白系ロシア人たちと入れ替わるようにしてペラ界隈から姿を消した人々もいる。アルメニア系臣民たちだ。すでに一八世紀末からロシアとの共謀を疑われ、二〇世紀に入るとアダナなどの地方都市でムスリムによる襲撃に晒されていた彼らであるが、ここイスタンブールではパサージュやホテルの経営者として、また俳優や歌手、建築家など優れた芸術家として大きな存在感を保っていた。しかし、一九一五年四月二四日以降、要職にあったアルメニア系臣民たちが次々と逮捕され、アナトリア各地の刑務所へ送られはじめるのである。その中には、専制を打倒した青年トルコ人たちに協力を惜しまなかったジャーナリストや教師、作家も多数含まれていた。逮捕される前に民兵組織に惨殺される者もいたし、そのほかの多くもアナトリア各地へ移送後、処刑されている。

イスタンブールにおいてアルメニア人迫害がはじまる一九一五年四月二四日は、いわゆるアルメニア人ジェノサイドの開始の日とされる。多言語・多宗教都市として万民を受け入れるアジールとなり、バベルの塔が崩壊してのち誕生した七二の言語すべてが話されるとさえ称えられたイスタンブールが、民族間の憎悪の前に膝を屈し、コスモポリスとしての限界を迎えた日としても記憶されるべき日付だ。

国父のアパルトマン、救国の起点

一九二三年、馬に代わって電気で動くようになった市電に揺られつつ、救国戦士《ハラスキャール・ガーズィー》大通りを北上していこう。それにしても救国戦士とは大仰な名前だと首を捻《ひね》りつつ、素気のない六、七階建てのアパルトマンが続く五〇〇メートルほどをこなすと、右手に時代に取り残されたように古びた小ぶりのアパルトマンが現れる。トルコ共和国建国の父ムスタファ・ケマルの住まいした家である。ムスタファ・ケマルが母親や妹とともにここで暮らしたのは、第一次世界大戦後のイスタンブール占領期のことだ。

一九一八年七月、アブデュルハミト二世に代わってスルタン位にあったメフメト五世（在位一九〇九―一九一八）が大戦のさなかに崩御し、一〇月の末にゲリボル方面でイギリス軍を押しとどめるのが限界に達した頃、休戦協定が結ばれる。オスマン帝国にとって最後の聖戦となった第一次世界大戦は、敗北に終わったのである。その半月後の一一月半ば、連合国陣営の艦隊が機雷除去を口実に強引に金角湾へ入港する。イスタンブールは一四五三年以来、実に四六五年ぶりに敵対勢力の侵入を許したことになる。英軍が新市街、仏軍が旧市街、伊軍がアジア岸にそれぞれ上陸し、許可なくあたりのホテルや民家を占拠し、以後五年間にわたって英軍を中心とする連合国軍がイスタンブールを占領下に置く。

敗戦後、戦争を率いた青年トルコ人の首脳たちは戦死するか、国外へ出るか、あるいは逃亡先でアルメニア人の復讐者《ふくしゅうしゃ》たちに追い立てられて殺されつつあった。こうして生じた権力の空白に、最後の帝王となるメフメト六世（一九一八―一九二二）が取り立てた政治家や軍人たちの一人が、ようやく「パシャ」を名乗る高級将官となったムスタファ・ケマルだった。国民的英雄となった彼は、皇太子時代に副官としてヨーロッパ巡幸へ同道した縁もあり、新帝の覚えがめでたかったのだ。一九一八年一一月に帝都へ戻ったムスタファ・ケマルは、家族ととともに約半年をこのアパルトマンで過ごしている。この期間に連合国から、イスタンブール近辺とアンカラを含むアナトリアのごく一部を残して、帝国領土を戦勝国で分割する委任統治案が示される。これはアナトリア全土に暮らすトルコ系臣民の居住地が分断されることを意味したため、メフメト六世も容易には受け入れがたく、交渉は難航する。

業を煮やしたギリシア王国軍が休戦協定を破り、ギリシア系住民が多く暮らす帝国第二の都市イズミルに上陸するのは、翌一九一九年の五月一五日のこと。イズミルとその周辺地域のトルコ系住民は略奪に晒され、約五〇〇〇名が殺害された。一方、イスタンブールにあったムスタファ・ケマルは、オスマン軍の武装解除監督を下達され、ギリシア軍上陸の前日にこのアパルトマンを出て、あくる日に乙女の塔から貨物船バンドゥルマ号に乗りこんで帝都を離れている。そして、黒海沿岸の都市サムスンに上陸した五月一九日、スルタンからの命令は無視し、ギリシア軍への徹底抗戦を呼びかけ、各地のオスマン軍や旧帝国議会の議員たちと連絡を取りながら救国戦争を開始するのである。

一方、ギリシア軍による無差別攻撃の報が伝わると、イスタンブールでは作家や学者、市民がアト広場に集って抗議集会を開き、世論は徹底抗戦一色に染まる。これを重大視した占領軍は、民心懐柔を期して選挙を実施し、帝国議会を再編する。ところが、新たに組織された議会で採択された案も、アラブ人居住地域を除くバルカン、アナトリアのトルコ人居住地の保全、つまりはムスタファ・ケマルたちが掲げるのと同じ列強の分割統治案を拒否するものだった。ここに至って連合国陣営は搦手《からめて》の交渉をひとまず脇に置くと、一九二〇年の三月にイスタンブールをふたたび軍事占領下に置く。今回は大規模な都市封鎖が行われ、メフメト六世には再三にわたって、分割案を飲むよう要求がなされるのである。

結局、一ヵ月余りあとに列強の要求に従ってメフメト六世は議会を解散させ、八月にはついに分割案を飲まされる形でセーヴル条約に調印する。これに対してアンカラで結成されたのが、イスタンブールを脱出した旧オスマン帝国議会の議員たちが合流したトルコ大国民議会、現在のトルコ共和国の国会である。その後は序章で述べた通り、足掛け三年にわたるいくつもの局地戦を重ねた末、一九二二年に休戦が成り、翌年のローザンヌ条約によってオスマン帝国に代わってトルコ共和国が成立する。

士官学校時代も含め、ムスタファ・ケマルはその青春時代の多くをイスタンブールで暮らした人物であるから、その居宅は他にも残っているが、この旧パングアルトゥ大通り沿いの四階建てのアパルトマンは、のちの国父《アタテュルク》が祖国救済計画を練り、その戦場へ赴いた最後の安息地として共和国史の始点とも見なされうる。こう考えれば、救国戦士大通りという命名もさほど大袈裟ではないだろう。

ルームの都とアナトリアの都

激動という形容がふさわしい一二年余におよぶ戦乱を経てトルコ共和国が建国されたとき、イスタンブールはこれまでと同じようにはいられなかった。列強占領下でその要求に屈したイスタンブールの悪評は、容易に拭えるものではなかったのだ。もちろん、国民がよってたかってイスタンブールの市民を敵視したということではない。アタテュルクにしてからが「イスタンブールは我々の歴史と文明の集約」と称え、戦後にはイスタンブールをして「国民への、祖国への私たちの愛によって出来た神聖にして高貴なるミフラーブである。今後、いかなる出来事があろうと、いかなる軍隊が到来しようと、私たちの魂はこの聖なるミフラーブから顔を背けることはない」と述べて市民を安心させているのだ。しかし、少なくともこの都市が新たなトルコ人国家の首府にふさわしいと思う人がいなかったのは確かだ。そこは世界帝国の都ではあっても、トルコ人の都ではなかったからだ。こうしてイスタンブールは、三三〇年から数えればおよそ一六〇〇年ぶりに首都ではなくなる。

対して、新たに首都たるを宣言されたアンカラは、鉄道こそ通っているものの人口たかだか二万人程度の地方都市でしかなかった。富も知識も芸術も、すべてが永久にして不変の世界帝都たるイスタンブールに置き去りにされたままなのだ。しかし同時に、この小都市が象徴するのはトルコ人の大地アナトリアであり、そこはトルコ民族が繁栄すべきまだ見ぬ理想郷、いうなれば未来そのものとされた。こうして、過去と未来、伝統と近代、そして郷愁と希望のそれぞれを託された「イスタンブールとアナトリア」という対比構造が現れる。現在に至るまで、一〇〇年近くにわたってトルコ共和国の地理認識のみならず、思想、文化を左右してきた対比だ。

では、イスタンブールははたしていつ世界帝都たる名誉を失ったのだろうか。メフメト六世がひっそりとドルマバフチェ宮殿を去った一九二二年一一月一六日の早朝だろうか。あるいは正式に首都がアンカラに定められた一九二三年一〇月一三日かもしれない。それとも、世俗権力を持たないカリフとしてかろうじてイスタンブールに留めおかれていたアブデュルメジト二世が追放された一九二四年三月なのか。いや、ムスタファ・ケマルがアンカラにおいて大国民議会を立ち上げた一九二〇年四月二三日まで遡るべきなのだろうか。いずれも歴史の画期と言えるが、本書はその劈頭《へきとう》において都市の名がその体を表すか否かを論じながら幕を開けた。だからこそ、もっとも印象的な日付として一九二九年一月三日を上げておきたい。

この日、対外的には英仏語などでコンスタンティノープル、国内的にはそのオスマン語表記であるコスタンティニイェを正式名称としてきたこの都市の名前、つまりは古代以来のコンスタンティノポリスの名が、正式にトルコ語の発音に即した「イスタンブル」と改められた。前年に行われた文字改革によってアラビア文字――とそれが表徴するオスマン的、イスラーム的文化――と訣別《けつべつ》するべく創られた新トルコ文字（トルコ・ラテン文字）を以てİstnabulと綴られたそれは、トルコ人たちが日常的に使っていた呼び名を、正式な呼称に格上げしたということ以上の意味を持つ。なぜなら、それが世界帝都イスタンブールの終焉《しゅうえん》であり、メガシティ・イスタンブールの誕生でもあったからだ。

第７章

新都心とバンリュー

イスタンブール市の市章。七つの丘を表す七つの三角形を、アヤソフィア型モスクの四本のミナレットと丸屋根が取り囲み、紋章下部ではヨーロッパ岸とアジア岸を示す二つの街並みが最下部中央でボスポラス海峡によって分かたれる。

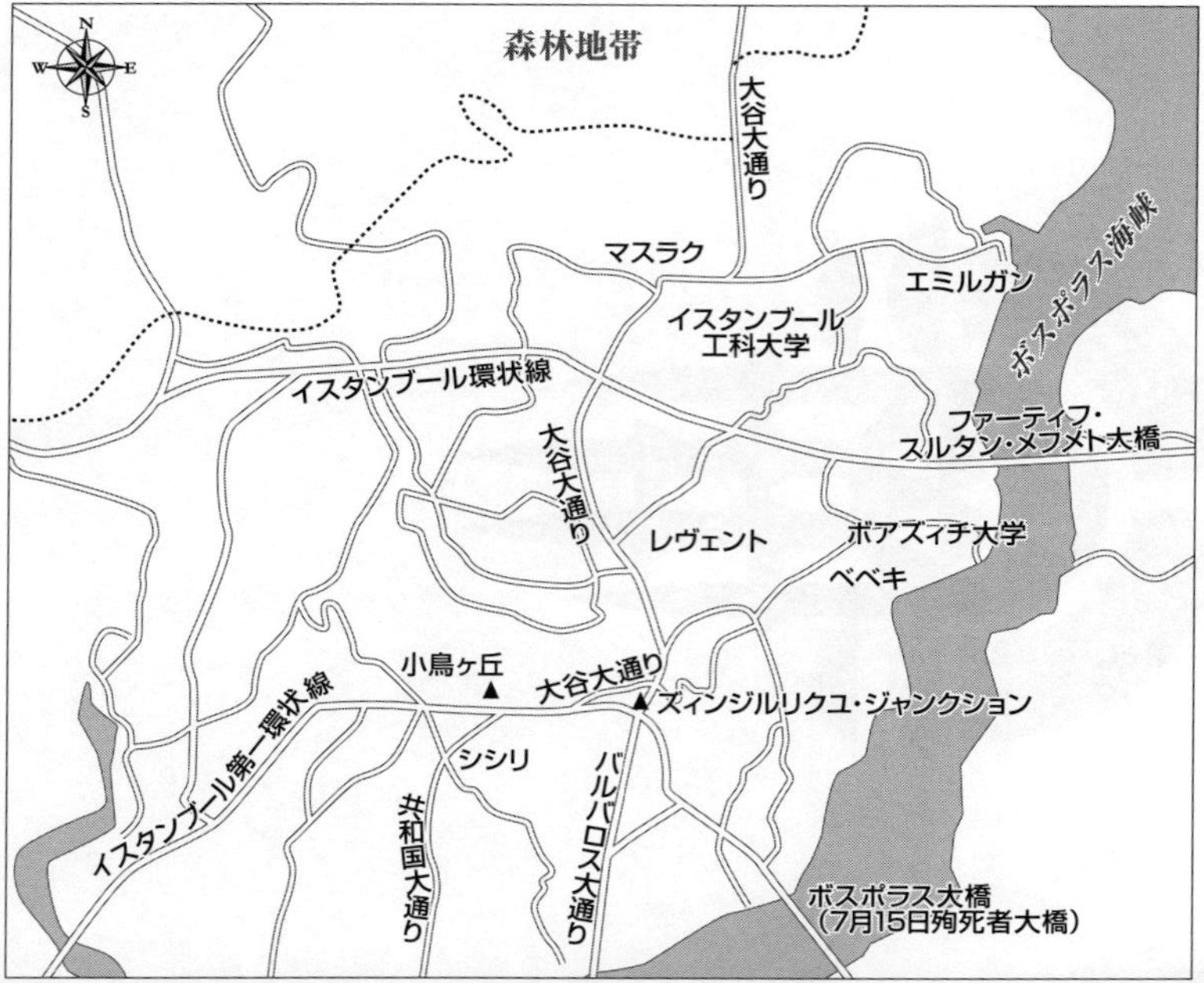

森林地帯
N
W
E
S
大谷大通り
マスラク
エミルガン
ボスポラス海峡
イスタンブール
工科大学
イスタンブール環状線
ファーティフ・
スルタン・メフメト大橋
大谷大通り
レヴェント
ボアズィチ大学
ベベキ
小鳥ヶ丘
大谷大通り
ズィンジルリクユ・ジャンクション
イスタンブール第一環状線
シシリ
共和国大通り
バルバロス大通り
ボスポラス大橋
（7月15日殉死者大橋）

シシリ・モスク前、巨大都市イスタンブールへ続く辻

市電に揺られながら共和国初期の救国戦士《ハラスキャール・ガーズィー》大通りをさらに北へ向かえば、ふたたび辻に差し掛かる。現在はシシリ・モスク（一九四五年落成）が境をなして、救国戦士大通りはここで青年トルコ人革命を称揚する自由の碑《アービデイ・ヒュリイエト》の佇む広場へ至る同名の通りと枝分かれする。一九六〇年代まで、いまは廃線となったテュネル＝ハルビイェ路面電車の最終駅と倉庫がこの辻に置かれていた。旧市街のエディルネ門から御前会議所通り《ディーワーンヨル》を経てガラタ橋を渡り、急坂を踏破してペラ大通り（独立《イスティクラール》大通り）へ出て、タクスィム広場を経てパングアルトゥ大通り（共和国大通り〜救国戦士大通り）を北進してきた世界帝都イスタンブールの「丘の上の都大路」は、ここシシリの辻を終端としたのである。

一九二〇年代、市街地はこの少し先の小鳥ヶ丘《クシュテペ》の手前あたりまで続いていたものの、ここシシリのアパルトマン上階から北を見晴らせば、その先に都市はなく丘と小邑《しょうゆう》が広がっていた。

つまり、私たちのいるこのシシリの辻こそが、一八三九年の恩恵改革開始以来、世界で最初期に行われた西欧化と歩みをともにしながら、ゆっくりと北へ発展してきた近代イスタンブールの到達点ということになる。

それにしても、一九二三年から一九五〇年まで――トルコ史でいうところの共和国初期――のイスタンブールが詳しく語られる機会はあまり多くない。それはとりもなおさずこの都市が現代史という時空間の中では周縁化したことを物語るだろう。それを示すように、イスタンブールの都市史をなぞる類書の多くは前章までの近代帝都を語って筆を擱《お》く。世界帝都という名誉を失ったいま、発展途上国の一地方都市でしかなくなった都市の物語に耳を傾ける必要はないとでも言わんばかりに。しかし、このシシリの辻は世界帝都の果てではあるかもしれないけれど、現代イスタンブールの終端ではない。それどころか、現在のシシリ・モスク前に突っ立って郷愁に浸るのは廃線マニアか、この辻を描くオルハン・パムクの短編「窓から眺める」のファンくらいのもので、みなシシリの先に続く広大な「新都心」へ向けて先を急ぐのが常だ。だから私たちも、この場所を世界帝都の終端ではなく、世界有数のメガシティたる現代イスタンブールへのとば口と弁《わきま》えて、最後の都市周遊へ踏み出すことにしよう。

共和国都市イスタンブール

共和国建国後、戦争によって九〇万人程度から約七〇万人まで減ったイスタンブールの人口は、徐々に回復していく。一九三〇年代には世界大恐慌の影響で失業者が増加し、煙草や綿花などのトルコの主要輸出農産物を扱う農民や、関連産業に従事する労働者たちがイスタンブールへ詰め掛けることもあったが、人口増加はおしなべて緩やかな水準に留まった。

恐慌の次にやって来たのは第二次世界大戦だ。国防のため大兵団が、駐屯したトラキアの街々の発展に大きく寄与したことや、ロシアや東欧、そしてドイツからユダヤ人亡命者と難民が押し寄せたことは、いずれも大きな変化ではあった。さりとて、この時期の新聞や小説を開けば、国民総動員体制による一〇〇万の陸軍の維持による武装中立のひずみとして、都市での物資欠乏や農村部での小作農民の払底《ふってい》の方が大きな社会問題となっていたことが窺える。外から眺める限り、建国後の二〇年ほどの間のイスタンブールは、他のトルコの都市と同じように貧しさに喘ぐばかりで、ユダヤ人たちの大半が間を置かずにアメリカやイスラエルへ渡っていったのと同じように、二回目の大戦も頭の上を通り過ぎて行ったかのようだった。ただし、都市の中に分け入れば、臣民《レアヤー》から国民《ミッレト》となった人々の生活には大きな変化が起きていた。大詩人ナーズム・ヒクメトをして「イスタンブールの臍《へそ》」と言わしめたガラタ橋の上に立って、共和国初期（一九二三―一九五〇）のイスタンブールの雑踏を観察してみよう。

街路を行く女性の大半は、帝国時代と変わりなくスカーフやチャルシャフ（チャドル）を被っている。男たちの方は一九世紀以来、洋装に馴染んできたこともあって、トルコ帽が禁止され山高帽や目出し帽をかぶるようになった以外、大きな変化はないように見える。しかし、彼らが手にする新聞の白黒写真の中では、堂々と髪の毛をさらけ出した美女たちが晴れ晴れとした笑みを浮かべるようになる。それが正しく進歩的な現代女性の理想像であると、国が推奨するようになったからだ。一九二〇年代後半に入ると街の景観も、そして雑踏に立って聞こえてくる都市の声も、徐々に変わりはじめる。一九二八年の文字改革の結果、街の看板からアラビア文字が消えていき、ラテン文字に置き換わっていくのだ。一九三二年には街路に響くエザーンの声にも大きな変化が現れる。それまで親しんできたアラビア語のそれから、トルコ語に革《あらた》められるのだ。一九四〇年代に入るとアラビア語エザーンは完全に禁止され、この状況が一九五〇年まで続く。

一九三二年に最初のトルコ語エザーンが流れたとき、ガラタ橋の上に立ち止まって、「神は《アッラーフ・》偉大《エクベル》なりじゃなくて、神は偉大なり《タンル・ウルドゥウル》だって？　変てこなエザーンだな」と当惑したであろう通行人たちの話すトルコ語そのものにも、変化は訪れる。共和国都市イスタンブールの住民は、華麗なオスマン語を育んだあの君府訛りの正統な後継者にして、現代トルコ語の基礎となっている軽やかなイスタンブール方言《アーズ》の響きは保持したものの、彼らが外来語とも思わずに用いてきたアラビア語やペルシア語の語彙は、民族言語の純粋性を損なうものとして徐々に取り除かれ、アンカラの政府と学者たちが考えた新しいトルコ語の語彙に置き換わっていくのだ。

アタテュルクをはじめとする新国家の指導者たちが思い描いた共和国の姿は、なによりもトルコ民族の純粋な文化的理想郷であったと言える。とはいえ、これらの言語・文化面におけるトルコ革命が大成功を収めたというわけではない。一九五〇年の総選挙の後でアラビア語のエザーンは復活したし――トルコ語のエザーンは一八年間も詠まれた割にはあまり愛着を持たれなかったようだ――アラビア語やペルシア語の語彙もまた、日本語から漢語を取り除き得ないのと同様に数多く残っている。しかし、それでもなお変化への挑戦はさまざまな形で続けられた。こうした共和国初期に行われた文化的革命の数々は、言語と文字という民族文化の根幹部分から徐々に東方との繋がりを断ち、イスラーム世界から自らを切り離していくことにもなるだろう。それは内向きには、トルコ民族文化の発展という輝かしいヴィジョンを提示して貧しい国民を勇気づけた反面、オスマン語というリングワ・フランカ（国際共通語）の棄却と、アラビア文字という広大な文字文化圏からの離脱が、イスタンブールという都市をヨーロッパからも、イスラーム文化圏からも周縁化させていくことになるのである。

都市プランの再整備、プロストの示した道

橋上から見て取れるいま一つの大きな変化は、軍用車両以外の自動車の増加だ。一九二七年に最初の市営バスが運行をはじめ、三〇年代には少数ながら自動車タクシーも営業を開始する。丘の街イスタンブールにとって、線路敷設工事がいらず、馬よりも馬力があり、風雨に左右されにくい自動車ほどうってつけの乗り物はない。ところが、あまりに古いこの街には歩行者か、せいぜいが馬のために通された古代からの急峻な隘路が溢れていて、この文明の利器の運用に

は適さない。いや、自動車が発明されるずっと前にイスタンブールに赴任したプロイセン王国のフォン・モルトケでさえ、帝都中心部の交通の不便を深刻な問題であると報告しているのだから、交通渋滞はイスタンブールの歴史的な宿痾《しゅくあ》とさえ言える。こうしたなか、イスタンブール再開発のグランド・デザインを任されたのがアンリ・プロスト（一八七四―一九五九）である。一九三六年から実に二〇年近くをイスタンブールで過ごした彼が描いたのは、都心部（旧市街および新市街）と郊外を接続する幹線道路網《ブールヴァール》を整備するプランだった。

すでにオスマン期から幾度となくイスタンブールに滞在した経験を持つこのフランス人建築家は、幹線道路の面積を抑えてでも、従来からある史跡を残すべく奮闘する。そうなると、新たな主要幹線道路は新旧両市街の「丘の上」同士を繋ぐ伝統的な都大路（御前会議所通り〜ガラタ橋〜ペラ大通り）を避けるルートを取らざるを得ない。新旧両市街を繋ぐ新たな動脈として注目されたのは、ガラタ橋の西に架けられたアタテュルク橋へ接続するアタテュルク大通りだ。この大通りは、南ではトプカプ門とテオドシウスの城壁を、文字通りに穿《うが》って旧市街の中心を東西に貫くようになった祖国《ヴァタン》大通り（現在のアドナン・メンデレス大通り）と接続し、北ではアタテュルク橋を渡って独立大通りの西約二〇〇メートルを並走しながら坂道を上り、ペラのホテル街をかすめてレフィク・サイダム大通り、タルラバシュ大通りを繋ぎつつタクスィム広場から共和国大通り（旧パングアルトゥ大通り）へと接続した。さらに旧市街の海岸沿いと、新市街のドルマバフチェ、ユルドゥズを繋ぐ伝統的な海岸道《サーヒル・ヨル》の道幅も可能な限り広げられた。

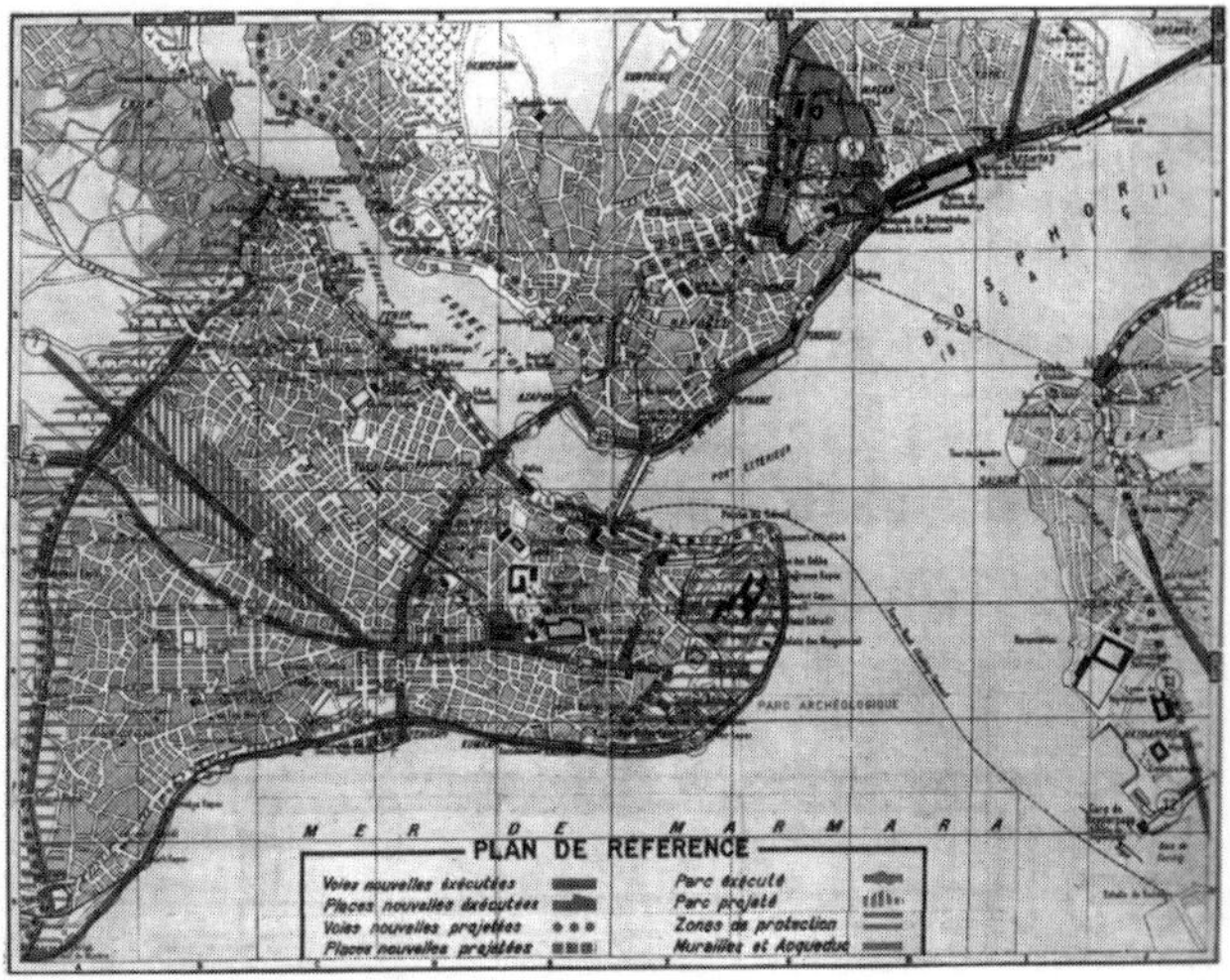

Plan directeur d'Istanbul, par H. Prost, vers 1937.

図20　プロストの都市改造計画。既存の大通りを拡大し、幹線道路とする都市計画が示され、おおむね実現した。

こうした道路網の整備は、一九四〇年代以降に本格化するモータリゼーションによく対応し、さらにのちにはこの主要幹線を取り囲むように環状高速道路が巡らされることで、複雑な地形によって隔てられてきたイスタンブール都市圏の結びつきは強まり、郊外部にトルコ最大のイスタンブール工業地帯の形成をも促すこととなる。

　もっとも、プロストの都市計画は当初、同業者のル・コルビュジエなどから機能的ではないという批判も受けている。確かにイスタンブールの歴史を重んじるあまり——だからこそ彼が採用されたのだが——史跡保護という足《あし》枷《かせ》を自らに課したその都市開発計画は、輸送路確保の観点から見れば中途半端な感が否めない。実際イスタンブールは、二一世紀の今日に至ってなお、世界有数の交通渋滞に苛立《いらだ》ち続けているのだ。しかし、人間が徒歩と獣しか用いなかった時代から連綿と築かれてきた都市構造が保たれ、年間一千万人以上の観光客が徒歩で気軽に世界帝都を見物できるのは、やはりプロストのお陰である。

一夜建ての街々、バンリューの形成と都市の劇的拡大

ではシシリ・モスク前へ戻り、ついでに時計の針を一九五〇年あたりまで進めよう。共和国建国から四半世紀を閲《けみ》したわけだが、驚くことにシシリ辻の先はいまだ大通り沿い以外さほど開発が進まず、桑や菩提樹が生い茂る急峻な丘が連なっている。都市開発の槍先たる新市街北部でこれなのだから、旧市街西部やアジア岸内陸部、あるいはボスポラス海峡沿岸の後背地にも、丘や野原が続いているのは想像に難くないだろう。一九五〇年代に入るまでのイスタンブールは、都市の中心から徒歩圏内にいまだに緑野といくらかの森を残す牧歌的な佇まいを保っていたのである。

そんなある朝、シシリに住む住民の一人が自宅アパルトマン上階の窓を開け、北の小鳥丘《クシュテペ》へ目を向けた。見慣れたはずの丘の斜面に掘っ立て小屋が数軒、忽然《こつぜん》と姿を現していた。目を凝らすと煮炊きする煙が見え、炉端《オジャクバシュ》をほっかむりにもんぺ姿の女性たちが子供をあやしつつ取り囲んでいる。身支度をして馴染みの珈琲店へ行き常連客にその話を振ると、なんとその知

友も「うちの裏の丘にも一夜にして家が建った」と言うではないか。それを聞きつけた隣の卓からも「うちもだ！」という声が上がる。珈琲店の客たちは、なにか途轍《とてつ》もないことが自分たちの街のすぐ外で起きつつあるという予感に押し黙ってしまう。店内の静寂に、ヨーロッパでの戦後復興の推移をどこか他人事《ひとごと》のように垂れ流すラジオの音声だけが際立つのだった。

そもそも、それが最初にはじまったのはイスタンブール旧市街の壁外南西部、あの若人王オスマン二世が密殺された七塔城《イェディ・クレ》を見上げるカズルチェシメ地区だったとされる。現在はゼイティンブルヌと呼ばれる界隈だ。オスマン期から皮革加工工場やテクスタイル製造工場が連なったこの工場街のはずれ、隣接するイェディクレ救世主アルメニア病院とバルクル・ギリシア病院の敷地内に、一九四五年のある晩、予告なく掘っ立て小屋が建てられたのだ。これがトルコで確認された最初の不法占拠家屋「一夜建て《ゲジェコンドゥ》」である。すぐさま憲兵と行政による取り壊しが行われたが、不法居住者は陸続と押し寄せて一九四九年には周辺の一夜建ては五〇〇〇戸に達し、もはや解体も立ち退きも不可能となってしまう。そして、同じ現象はトルコのあらゆる都市の郊外で起きつつあった。唐突に都市郊外に姿を現し、一夜にして家を建てたこの人々は、いったいどこからやって来たのだろうか。

第二次世界大戦後、アメリカはソ連と国境を接するトルコを西側諸国の防波堤とみなし、欧州復興計画の名のもと低金利で大資本の貸し付けを行う。マーシャルプランという名の大盤振る舞いは、国内の産業振興に汲々《きゅうきゅう》としていたトルコにとっては天からの恵みに等しかった。

政府は国民の経済格差の是正を第一の目標と定め、この援助金を貧困地帯たる内陸部や東部、つまりアナトリアの農村へ注《つ》ぎ込む。外国製トラクターなどの農業機械を大量に購入し、それを安価で各地の農村に貸与したのだ。この政策は大成功をおさめ、アナトリアの開墾は劇的に進展してトルコは地中海有数の農業国へと成長する。その一方で、その恩恵を受けたのは開墾すべき土地を持つ大地主ばかりで、小規模農家や小作農民は機械に職を奪われる格好で職にあぶれてしまう。一九五〇年代にイスタンブールへ押し寄せたのは、彼らアナトリアの食い詰めた農民たちだったのである。

では、忽然と姿を現した一夜建ての街は、どのような世界なのだろう。シシリの辻から北上し、さきほど遠望した小鳥ヶ丘《クシュテペ》を訪ねてみよう。ボスポラス海峡北部へ至る幹線道路である大谷《ビュユクデレ》大通りを渡り、手近なところのメスト・ジェミル通りあたりに飛び込んでみる。この地区に一夜建てが並びはじめた五〇年代、高名な音楽家ジェミル氏は存命であったので、この通りはまだ番外地だったはずだ。大通りに敷かれたアスファルト道路は一夜建ての街に入るやむき出しの土道に変わり、道の両側には背の低い平屋建てが斜面に張りつくようにして並ぶ。しかし、近寄ってみるといずれの家も小なりとはいえレンガが積まれてトタン屋根が架けられ、中には壁を鮮やかに塗装している家さえ散見される。通りに屯する人々の間にも不穏な空気はなく、男たちは連れ立って工場へ、あるいは売り物を担いで街中へ呼び売りに出かけ、女たちも街中のアパルトマンで家政婦の口を見つけた者はスカーフを被りロングコートを着ていそいそと出勤していく。地区に残る女性と子供たちも、町内に自力で掘った井戸へ行って鶏と一緒に家事に忙しそうだ。不法居住区という言葉からスラムを想定して一夜建ての街に踏み込んだものの肩透かしもいいところ、貧しくとも驚くほど牧歌的な光景が広がっている。

その理由は、一夜建てを建てる際には、一族や村などの単位で一斉に行うというその建設方法にあった。出稼ぎ人としてイスタンブールで働く男衆が、親族や地縁者が送ってきた資金で建築資材を用意する。それを軽トラに載せて前もって建設予定地として目星をつけていた場所へ向かい、田舎から出てきた親族や同郷人と合流する。そして、再会を喜ぶ間も惜しんで、家族総出で一気に壁を作り、夜明けまでに板でも何でも構わないので屋根をかけるところまで持っていく。屋根さえあれば「家」ということになるからだ。あくる日からは壁を作り窓を入れて、とりあえず暮らせるところまで持っていき、当局の派遣する解体業者が来ないと確信できたなら、さらに家の細かなところまで整えていくわけだ。こうして出来上がるのが、町内ごとに血縁、地縁で固まった顔見知り同士が暮らし、自衛のために街の顔役を務めるやくざ者は出てくるものの、一定の秩序が保たれた一夜建ての街なのである。一夜建ては不法居住地ではあるが無法地帯ではなかったのである。

一夜建て建設のメソッドはすぐに共有され一九五〇～六〇年代を過渡期として、なんと九〇年代まで作られ続ける。六〇年代にはイスタンブールの人口の三分の一以上にあたる五〇万人が一夜建てに暮らしていたと見積もられる。一九五〇年のイスタンブール都市圏の人口は約一

○○万。一九二七年には約七○万程度であったから、四半世紀をかけた緩やかな、換言すれば無理のない人口増加と宅地開発が進んでいたと言えるが、六○年には一○年前の二倍近い約一七○万、七○年には二八○万、八○年には四六○万、九○年に六六○万、二○○○年には市の行政区内の人口は八八○万、都市圏全体ではついに一○○○万を超えたと見積もられる。これらの人口増加のほとんどが不法居住者たちによるものだ。そしてこの一夜建ての街々が、インフラ整備さえ伴わない都市計画なき無秩序な宅地拡大という形で、イスタンブールの急峻な丘からなる後背地《ヒンターランド》の運命を大きく変えていくのである。

工場町の誕生、一夜建てドリームの終焉とインナーシティの出現

一夜建てがかくも急速に拡大し得た背景には、一九五○年代に本格化する都市郊外の工場町《こうばまち》の発展がある。同じ時期、まず比較的平坦《へいたん》な土地に企業家たちの手が伸びはじめる。トルコ最初の一夜建ての街となった城壁外西部の海沿いのゼイティンブルヌや、その内陸部のエセンレル地区から、殉教者が眠る聖地エユプ、チューリップ時代の饗宴《きょうえん》の地であったキャウトハーネにかけての金角湾西部の内陸一帯が工場町に生まれ変わるのだ。アジア岸でも、ウスキュダル東方のウムラニィェや、カドゥキョイからバグダード街道を南東へ進んだ先のカルタルがこれに続く。七○年代に入ると外国製のボーリング車が投入され、これまでは工業地に不向きとされた丘の上でも工業用水の確保が容易となる。はじめは丘を縫うように広がった工場町は一

挙に拡大し、イスタンブールの丘々を一夜建てともども征服していく。そのため、早くも八〇年代には地下水が枯渇し、イスタンブール全域が深刻な渇水に見舞われることにもなるだろう。

しかし、なにはともあれ丘の頂上にまで散水機よろしく人件費を振りまく工場が林立した甲斐あって、一夜建ての街々はスラム化の憂き目を見ることなく、安価な労働力の供給源として政府に黙認されたのである。彼ら農村出身の新たな労働者たちによって、イスタンブールは金属加工業、機械製造業や薬品製造、プラスチック加工業、それに繊維業を主とするトルコ一の工業地帯へ成長する。観光客として訪ねたなら、こうした工場町ははるか郊外にあって足を運ぶ機会はまずない。しかし、飛行機の窓から覗いたときに視界の隅をかすめる広大な郊外の工業地帯こそが、イスタンブール経済を支えているのである。

国家によって積極的に見過ごされることとなった一夜建ての街を政治的に取り込もうとする動きが本格化するのは一九六〇年代だ。左派政党と右派政党、続いてイスラーム系保守政党がこの街へ入り込む。一夜建ての街々は、一方では珈琲店を根城として結成された各政党の下部組織に活動家や戦闘員《ミリタン》を提供し、他方では各家の戸口にまで政党の地区担当者が足しげく通ってくるようになる。文字の読めない者も少なくないので各政党は親しみやすいロゴを考案し、日持ちのする食料品や洗剤、石鹼《せっけん》、タオルなどの生活用品と一緒にそのロゴを渡して、「ぜひ我が党に一票を」と頼んで回る。とくに慈善活動について優れたノウハウを持つイスラーム系政党はこの手の草の根の選挙活動に長《た》け、本籍は故郷に置いたまま、不法居住者という日陰者の身分に甘んじる住民たちに、選挙に勝利した暁には一夜建ての街そのものを正式な街区として市に編入することを約束する。紆余曲折を経つつ、この約束はおおむね守られた。八〇年代、農村出身の不法居住者たちは一転してトルコ最大の都市の郊外に土地と家を持つ不動産所有者に変身するのである。さらに運よく開発地域に指定された一夜建て住人の中には、不動産業者や政府に高値で土地を売って大金を得る一夜建てドリームを叶える者さえ出てくる。現在、イスタンブールにおいてアパルトマンが林立する地域の中にも、こうしたもと一夜建て地区の来歴を持つところは少なくない。私たちがいまいる小鳥ヶ丘のメスト・ジェミル通りにもアパルトマンの狭間《はざま》にぽつぽつと一夜建てが残っているが、これらは売り抜けに失敗した一夜建ての末路なのである。

かくして一夜建てはイスタンブールの街に法的に認められて取り込まれ、その役目を終えたかに見えるが、実際にはいまなお各地に残っている。さきほどの一夜建てドリームが、九〇年代に急速に萎《しぼ》んでしまったからだ。たとえば八〇年代後半、ファーティフ・スルタン・メフメト大橋が架けられた直後から急速に形成されたアジア岸のスルタンベイリ地区などがそうした不幸な一夜建ての街の典型で、九〇年の湾岸戦争以来続いた不況も相俟って、いざイスタンブールへ来たものの路頭に迷った失業者があふれ、一時期はトルコでもっとも治安が悪いと評されるスラムと化してしまったのである。一方、ここ小鳥ヶ丘も一部の放棄された一夜建てにロマの人々が居着いて盆栽《ボンザイ》——脱法ハーブの隠語——の生育・販売を行う無法地帯と化しつつあるという。一夜建てはイスタンブールの一部となってその発展に寄与した反面、その夢のあとに危険なインナーシティをも残していったのである。

コンクリートの街の誕生と路上の変化

小鳥ヶ丘を後にして、メジディイェキョイ大通りを東へ歩いていこう。五〇年代後半までは人家のまばらな寒村の佇まいを見せたここメジディイェキョイ界隈も、六〇年代に入ると急速に発展しはじめ、七〇年代にはボスポラス大橋（一九七三年開通）と金角湾最奥の金角湾橋《ハリチ》（一九七四年開通）とを結ぶ第一環状線が通ったことで、イスタンブールの新たな商業区となる。この大通りの左右には、現代トルコのどの都市へ行っても見られる平均的な街並みが続いている。六階から一〇階建て程度の鉄筋コンクリートのアパルトマンが並び、その一階部分のテナントに料理店や軽食スタンド、小規模なスーパーマーケット、携帯電話販売店、雑貨商《バッカル》などの商店がぎゅうぎゅう詰めにされ、だいたいが白やベージュ、ときに薄紅色の外壁にはさまざまな宣伝広告《パノ》がかかり、それらのさらに上に掲げられた「共和国建国〇〇周年」――架け替えを忘れてだいたい二年ほど前の年で止まっている――と誇らしげに書かれた月星旗の看板が見下ろしているという光景だ。

木造二階建ての伝統家屋や、一九世紀末に建てられた一族がかたまって暮らしていた長細い三、四階建てのアパルトマンの跡地にこうした街並みが形成されるのは、おおむね一九六〇年代以降のこと。結果として、重機の入れない狭隘な旧市街や急峻な斜面の住宅街以外は、またたくまにこの鉄筋コンクリートの街並みに置き換わっていった。オルハン・パムクや村上春樹《むらかみはるき》のような作家たちは、こうした地域を醜いコンクリートの街と切って捨てるが、この街並みにこそ現代イスタンブール人の暮らしがあるのも事実である。

では、六〇年代の路上に視線を下ろしてみよう。雑踏でも平気で寝転がって熟睡する犬たち——イスタンブールには動物に意地悪をする者はほとんどいない——とそれを器用によけていく通行人たち、自分の店の軒先でちょっと格好つけて煙草をふかしながら知り合いを探す商店主たちに交じって、ピラフや胡麻《ごま》パンの屋台を引き、あるいは偽造カセットテープや違法コピー小説と偽造煙草を載せた板を抱えて、咥《くわ》え煙草で「らっしゃい《ブフィルン》、らっしゃい《ブフィルン》、らっしゃい《ブフィルン》……」と声を張り上げる口ひげ勇ましい男衆の姿がひときわ目を引くことだろう。

これまで都市を周遊してきた私たちは、言うなればずっとイスタンブールの路上《ソカク》で過ごしてきたことになる。近世の路上はさまざまな母語が飛びかう多言語空間であったし、近代のそれは英独仏語のいわゆる列強言語を身につけた官人、軍人が闊歩するマルチリンガルな空間だった。そしてアナトリアの人々が押し寄せた一九五〇年代以降のイスタンブールの路上は、一転して方言《アウズ》があふれるトルコ語の空間に様変わりするのである。なにせ、新たに大挙してやって来た移住者たちは、一夜建てに引き籠って工場との間を行き来するだけではなく、路上に繰り出して大声で客を呼び寄せる路上商人《ソカク・サトジュラル》たちともなるからだ。イスタンブールは、彼ら路上商人たちを介してアナトリアを知ったとも言える。ヨーグルト売りにボザ売り、青物売り、ゆで卵売り、プラスチック製の各種容器を売るプラスチック売り《ナイロンジュ》、旧式のカメラで証明写真を撮る即席写真屋《アラミニュット・フォトーラフチュ》、あるいはムール貝のピラウ詰め《ミディイェ・ドルマ》、胡麻パン《スィミト》や焼き栗《ケスターネ》、焼き玉蜀黍《ムスル》、野菜の酢漬け《トゥルシュ》、腸の炙り《ココレチ》や肝臓の揚げ物《アルナヴト・ジエリ》等々の、帝国時代から帝都の路上を賑わわせた職種も、その多くをアナトリアの人々が引き継ぐこととなる。路上での商いも、おのおの地方出身者の専業として細分化され、勝手に商売する者には地縁のやくざ者から制裁が加えられ、棲み分けが進んでいく。かくして、かつての農民《キョイリュ》は一夜建て民《ゲジェコンドゥル》となり、路上を介して徐々にイスタンブール人《イスタンブルル》となっていった。現代イスタンブール人の大半を占めるのは、まさに彼らなのである。

二一世紀、結びつく都市圏、橋、海底トンネル、地下鉄

一夜建ての街を取り込むにつれて、イスタンブールはまるで生き物のように市域を拡大させていく。当然ながらその拡大は一夜建てという無秩序な宅地を取り込んでいく過程であったから、都市計画は皆無で、インフラの整備が追いつくはずもなかった。ようやく丘や渓谷を越えて広がった都市圏を結びなおす作業がはじまるのは七〇年代以降で、それが本格化したのは二一世紀に入ってからだ。

一九七三年、ユルドゥズ宮殿の東の裏手にあたるオルタキョイ地区とアジア岸のベイレルベ

イ宮殿の西側を結んだボスポラス大橋（現・七月一五日殉死者橋）を嚆矢として、一九八八年にはさらに北のルーメリ要塞とアナドル要塞を結ぶようにファーティフ・スルタン・メフメト大橋が、二〇一六年には黒海に臨む海峡口にヤヴズ・スルタン・セリム大橋が架かり、三本の大橋がボスポラス海峡を跨ぐようになった。二〇二〇年代には、建設中の一本を含む三本の海底トンネルが掘りぬかれ、海峡両岸はますます緊密な輸送網で結びつけられている。これまでたった二本しかなかった地下鉄も二〇一〇年代に入ってから四路線が開通し、さらに五路線が建設中で、バスを乗り継がなければ行けなかった郊外区《ケナル・マハッレスィ》と都心部の往来も劇的に短縮された。

二一世紀、イスタンブールは半世紀にわたって無秩序に肥大化した身体をようやく把握し直して、次なる発展に備えるかのようである。

新都心レヴェントとマスラク、現代イスタンブールの到達点

では、メジディイェキョイ大通りを東進し、第一環状線の高架から外れるように大谷《ビュユクデレ》大通りへ入って北東へ歩いていこう。頭上にのしかかっていた高架を抜け視界が開けると同時に、行く手には高層ビル群が現れる。摩天楼を目指しつつ一キロも歩けば、南から斜面を上ってくる大幹線道路が合流する。私たちが立つこの場所は、あのユルドゥズ宮殿の面するユルドゥズ坂の終端にあたる。

ユルドゥズ坂がバルバロス幹線道路《ブールヴァール》と名を変えたのは一九五〇年代、新市街北部の開発促進

のための拡大工事を経たのちのことだ。これによって、さきほど歩いてきたイスタンブール第一環状線と、新市街の南北をまっすぐに繋ぐバルバロス大通りの交わるここズィンジルリクユ・ジャンクションが、現代トルコでもっとも交通量が多い自動車交通の要として立ち上がってくる。そして、バルバロス大通りとイスタンブール第一環状線の接続した七〇年代以降、標高一〇〇メートルを超える新市街北部の広大な台地の開発が一気に加速するのである。

ではバルバロス大通りが合流後、ふたたび大谷《ビュユクデレ》大通りとなった道に沿って一路、北を目指そう。オフィス街を貫いて都心部と、風光明媚なボスポラス海峡北部のサルイェル地区のビュユクデレ界隈とを結ぶこの大谷大通りが、言うなれば現代の都大路ということになるだろうか。広々とした歩道に片側三車線の、舗装も上質な幹線道路、聳える高層オフィスビルと大型ショッピングモールの数々、道行くスーツ姿のビジネスマンや欧米のモードそのままに着飾る瀟洒な男女たち――この整然とした街並みこそが、現代イスタンブールの新都心たるレヴェント、マスラク界隈、共和国のＧＤＰの実に三割を稼ぎ出すイスタンブールの経済的中枢である。

南側のレヴェントには、もともとガラタ城壁内カラキョイの歓楽街と隣接する銀行《バンカラル》大通りに集中していた金融機関の多くが本店を移転し、国際金融センターの役割を担う。また、日本やアゼルバイジャンのようにタクスィム界隈の「旧都心」から領事館を移した国も少なくないから、経済外交の舞台ともなっている。一方、北のマスラクはレヴェントの拡大地域といった趣のオフィス街であるが、二〇〇〇年代ころより超高層ビル建設競争の舞台となり、不動産価格の高騰は留まるところを知らない。このレヴェントとマスラクの東には高級住宅街であるエティレルが横たわり、そのさらに東には名門ボアズィチ大学がボスポラス海峡を見下ろすように構える。このボアズィチ大学か、あるいはマスラクのど真ん中に大キャンパスを構えるイスタンブール工科大学あたりを卒業して国内外の一流企業に就職、タワーマンションに居を構え、ゆくゆくはボスポラス海峡沿岸か島々に別荘を持つというのが、現代トルコの成功談の一典型となりつつある。よく言えば先進的、少し意地悪な言葉を選ぶのなら規格化されたグローバル・スタンダードの所産たるこの新都心が、現代イスタンブールのひとまずの到達点なのである。

終　章

世界帝都の夢を見る世界都市《グローバルシティ》

世俗国家の象徴タクスィム広場と共和国記念碑。国父の立像を建設中のタクスィム・モスクが見下ろす。

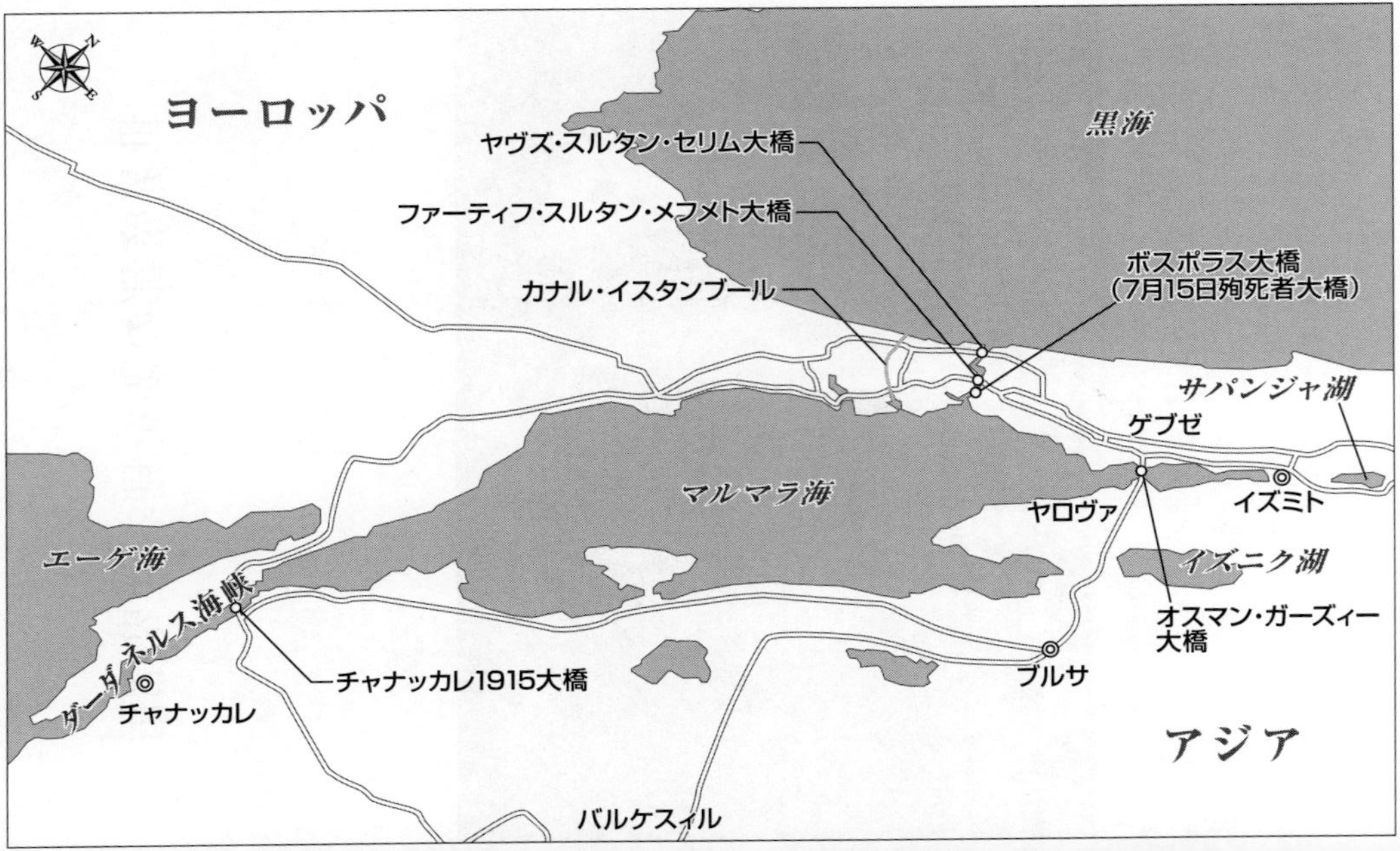
ヨーロッパ
黒海
ヤヴズ・スルタン・セリム大橋
ファーティフ・スルタン・メフメト大橋
カナル・イスタンブール
ボスポラス大橋
（7月15日殉死者大橋）
サパンジャ湖
ゲブゼ
マルマラ海
イズミト
ヤロヴァ
イズニク湖
エーゲ海
オスマン・ガーズィー
大橋
ダーダネルス海峡
チャナッカレ1915大橋
ブルサ
チャナッカレ
アジア
バルケスィル

マルマラ海の内海化とカナル・イスタンブール構想

終章に至ったいま、最後にもう一度だけイスタンブールの空へと舞い戻ろう。ただし、今度はもっと高く、イスタンブールのみならずマルマラ海、黒海が見渡せる高高度まで舞い上がるのだ。

眼下には蝶々のように両翼を広げ、いまなお拡大を続けるイスタンブールが横たわっている。さきほどまで私たちがいたマスラク地区の北辺はイスタンブール二〇〇〇年の水源地たる北の森林地帯へ続く丘陵に接している。となれば、都市はそこで途切れるかにも見えるが、実際の開発の手はベオグラードの森をはじめとする取水地を巧みによけながら後背地を北へ北へ伸び、二〇一〇年代には黒海岸へ及んだ。

二一世紀の大開発の先駆けとなったのは、二〇一六年にボスポラス海峡最北に渡されたヤヴズ・スルタン・セリム大橋と、この橋に接続する高速七号線こと北マルマラ高速道路である。

七号線は東ではアナトリアへ分け入り、西では黒海のほど近くを通ってイスタンブール新空港を抜けてマルマラ海へ南下するのだが、この高速道路の両端にもまた、二本の橋が架けられている。東では二〇一六年にゲブゼの少し東にオスマン・ガーズィー大橋が完成し、対岸アナトリアのヤロヴァ郊外とを結び、イズミト湾を大きく迂回せずともブルサなどの主要都市へ至れるようになっている。

一方、西のルートを進めばマルマラ海の南の玄関口であるダーダネルス海峡へ出るが、そこにもチャナッカレ一九一五大橋が建造中だ。この大橋が開通した暁には、イスタンブールから東へ伸びて南下し、トルコ第三の都市イズミルへ至るゲブゼ＝イズミル高速道路と、西へ伸びてダーダネルス海峡を渡るクナル＝バルケスィル高速道路が合流し、海を跨いでマルマラ海を覆う環状高速道路が完成する。それはつまり、マルマラ海を完全な内海として抱え込む前代未聞の大都市圏実現への第一歩に当たる。

これら陸の開発と連動し、イスタンブール空港の建設という空の道の開発も進展著しい。旧市街の城壁外西部にあった旧来のアタテュルク国際空港が宅地に囲まれ、手狭となったのを受けて拓かれた大空港だ。市内から約三〇キロ北西のアルナヴトキョイ郡へ順次、機能移転し、二〇一九年に全面開港に漕ぎつけたものの、いまなお工事は続いていて、二〇三〇年ごろを目《め》途《ど》に最終的には年間二億人の利用者数を見込む世界最大の空港を目指すという。この新たなイスタンブール空港が見据えるのは、地政学的にも、また文化的にもヨーロッパ、イスラーム文化圏、そして中央アジアのいずれの地域ともアクセスの良いイスタンブールの立地をさらに生かし、これに世界有数の観光都市としてのインバウンド需要を加味しながら、ドバイ空港やフランクフルト空港に伍するハブ空港としての発展である。それは古代以来、世界最高の交通の要衝として栄えながらも、喜望峰《きぼうほう》ルートの開拓やアメリカ航路の発見、そしてオスマン帝国という最後の世界帝国の解体を経て徐々に周縁化を余儀なくされたイスタンブールの地政学的長所をいま一度取り戻そうとする挑戦とも評しうる。

しかし、陸空の交通網が整備されてなお、イスタンブールには喫緊の大課題が残されている。世界一の船舶混雑海域であるボスポラス海峡だ。パナマ運河やスエズ運河の実に四倍に当たる年間五万隻以上の船舶が行き来するボスポラス海峡の狭隘さは、その畔の良港イスタンブールに二〇〇〇年以上にわたって巨万の富をもたらしてきた反面、現代に入ってからは幾度も深刻な海難事故と環境破壊を引き起こしてもきた。そして、海峡の混雑緩和のため、これまでも幾度か議論されてきたのが、ボスポラス海峡に並走する大運河を掘り抜こうという構想だ。実のところ、大運河の建設計画は古くからあり、幾度かルート策定も行われたものの、技術上の問題や用地確保の困難さからそのたびに立ち消えてきた。ところが、二〇一〇年代に入ってカナル・イスタンブールと名付けられた具体的な運河ルートが発表される。この空前の公共事業の実施は二〇一八年の大統領選挙では主たる争点の一つとなり、推進派の現職エルドアン大統領が再選したことで、現実味を帯びつつある。

第二のボスポラス海峡というべきカナル・イスタンブールは、真新しいイスタンブール空港の西側のカラ岬からドゥル湖、ドゥルスンキョイを経てキュチュク・チェクメジェ湖に接続してマルマラ海へ至る予定だという。総延長四〇キロを超える大運河によって、ボスポラス海峡の交通事情が好転すれば、イスタンブールの黒海沿岸諸国への影響力は増し、トルコの主導する黒海経済協力機構（BSEC）による沿岸諸国の経済統合も視野に入るだろう。さらに、イスタンブールの東二〇〇キロの黒海沿岸で調査の進むエレーリ沖合の海底ガス田が実用化され得るのであれば、エネルギー輸出国としてのトルコの次の一〇〇年を担う国家の大動脈になる可能性も秘めている。

二一世紀に入って加速度的に進められる空前の規模での都市開発の背景には、建設業界と関係の深い公正発展党政権が長期化し、彼らが建国一〇〇周年（二〇二三年）を見据えて巡らせるドラマトゥルギーとしての側面や、あるいはイスタンブール特別市長時代の都市整備の功によって大統領にまで上り詰めたエルドアン大統領の政治家としての習性も、当然のことながら読み取られるべきだろう。しかし、そうした政治的思惑のある一方で、新空港への移転も大運河の建設も、いずれも昔から議論されてきた計画である。見方を変えれば、イスタンブールという都市がおのずと発してきた成長への欲求に、ようやく人間社会が応えはじめたと見ることもできるかもしれない。

二一世紀初頭のいま、イスタンブールは次なる一〇〇年を見据えて巨大都市《メガシティ》を凌駕する世界都市《グローバルシティ》へ成長しようとしているのである。

二一世紀の巨大モスクが語ること

七つの丘、アヤソフィア型モスクの丸屋根、オスマン式ミナレット、テオドシウスの城壁、ボスポラス海峡を詰め込んだイスタンブールの市章にしてからが、すでに複合的であることが物語るように（第7章扉）、現代イスタンブールは多様なシンボルに溢れている。試みに観光ガイドを開けば、壮麗なビザンツ文化を偲ばせるモザイク画や、オスマン帝国の栄光を示すスルタン・アフメト・モスクやトプカプ宮殿の挨拶門の尖塔、新市街のハイカラ文化はガラタ塔や紅白の路面電車、あるいはイスタンブールの父たるボスポラスとアジア岸を象徴する乙女の塔や、母たるケロエッサが繋ぐ新旧、東西文化の架け橋を表徴するガラタ橋、はたまた共和国の進歩主義の結実たるタクスィム広場と共和国記念碑、そしてイスタンブールにおける多文化の闘争と混淆の歴史を雄弁に物語るアヤソフィア博物館など、複数の時代と異種の文化を託されたシンボルがずらりと並ぶはずだ。それは、首都アンカラが早々にアタテュルク廟《アヌトゥカビル》という絶対の象徴を得て、世俗主義国家のモスクのあるべき姿としての大伽藍コジャテペ・モスクを擁したのとは対照的で、むしろこの都市の文化的多元性を示す心地よい混沌であるようにも思われる。

ところが、そんなイスタンブールに二〇一〇年代末から、この一〇〇年間ついぞ築かれることのなかった巨大なランドマークが相次いで、それも国家の主導によって姿を現しつつある。まず二〇一九年、イスタンブール新旧両市街を一望するあのチャムルジャの丘に同名のモスクが落成する。直径三四メートルの大ドーム、高さは七二メートルというトルコ最大の大伽藍で、驚くべきことに六本のミナレットを備えている。オスマン期、ミナレットを複数基建てられるのは帝王か、許しを得た大官に限られた。ましてそれが六本となれば世界に唯一、スルタン・アフメト・モスクのみ。そうした帝王のモスクの似姿が、アジア岸の丘の頂に配されたのだ。マスメディアがこぞって大統領をしてスルタン・エルドアンと揶揄したのも無理はない。

ついで、世俗主義国家トルコのイスタンブールにおける象徴であったタクスィム広場に、同名のモスクが建立される。タクスィム分水場の背後、共和国記念碑の国父と建国の元勲たちの彫像をちょうど見下ろすかのように佇むこのタクスィム・モスクは、コロナ禍の影響で遅れたが二〇二一年五月に開堂にこぎつけた。いまやイスタンブールは、ヨーロッパ、アジア両岸の丘上に新たな大モスクを構えるに至ったのである。

これらと前後して二〇二〇年七月、旧帝都のほとんどすべてのモスクの雛形《ひながた》となったアヤソフィアをモスクへ回帰させる旨が、国家評議会により決定、通知された。隣国ギリシアとの関係改善の一環として、アタテュルクがこの偉大な建物を博物館へ改組して以来、多文化融合の象徴として閲《けみ》した八六年を経て、アヤソフィアは大アヤソフィア聖モスク《アヤソフィアイ・ケビール・ジャーミイ・シェリーフィ》として、ふたたびイスラームの礼拝所となったのである。同月二四日に集団礼拝が行われてのち、アヤソフィアはいまも礼拝の場として多くの信徒を受け入れている。

新たな丘の上のモスク建設と、アヤソフィアのモスク回帰の政治的意図や、ましてその功罪を論じるのは時期尚早のうえ、そもそも本書の目的ではない。しかし、ここ五〇〇年ほどのイスタンブール都市史を顧みれば、これらの行為の一つ一つが、この都市の在り方と、それが表徴してきたものを決定的に変えかねない行為であることは思い出しておきたい。つまり、二一世紀の政治家たちは、スレイマニイェ・モスクがそうであったように、この都市のシルエットを新たに縁取るべきランドマークとしてモスクを選び、ルームの支配者たる象徴アヤソフィアの主をイスラームであると、ふたたび宣言したことになるのだから。

天与の立地、人与の誉れ

それにしても二六〇〇年にわたるイスタンブールの歩みは、栄枯を繰り返しながらもついに必衰の摂理を見なかった発展の歴史である。食糧確保の困難さから衰退した長安、モンゴルの略奪からついに復活しなかったバグダード、王朝の滅亡とともにその位置さえ忘れ去られたサライ——巨大な都市を衰亡させてきた多くの要因を、イスタンブールもまた孕《はら》んでいたのだし、実際に幾度も滅亡の危機に瀕《ひん》し、長く停滞し、また城壁を破られて人と富を奪い尽くされるという都市にとっての破滅さえ被りながら、そのたびに以前を凌駕する再生を遂げてみせた。

イスタンブールの頽勢《たいせい》が、古代から現代に至るまで不変の陸海交通の要衝に所在するという地政学的優位に多くを負うてきたことは、論を俟《ま》たないだろう。しかしながら、天与と称すべきその立地のみでこの都市の繁栄を語りつくせるとも思われない。先述の通り、マルマラ海北隅《ほくぐう》という立地条件は諸刃《もろは》の剣となって、喜望峰航路の開拓やアメリカ航路の発見によって近世のごく早い段階から、この都市をグローバル経済の周縁へ追いやりはじめていたからだ。イスタンブールの尽きせぬ繁栄の背後には、ボスポラス海峡の畔に佇むという天与の立地のみならず、それを補うなにがしかが存在したはずなのだ。この都市の政治権力の特質、世界中から来朝する交易者たちの多様性、あるいはそもそも言語や宗教を異にする住民同士が隣人として暮らすことを既知のこととする古代以来の都市の空気——これまでイスタンブールの巷を歩き回って来た私たちの脳裏には、その答えとして個別の事例がいくつも思い浮かぶが、本書ではひとまずのところ、世界の四方から人々をしてこの都市に朝賀せしめた求心力、すなわちイスタンブールが帯びた世界帝都という栄名そのものに繁栄の要因を求めることでしめくくりたい。

イスタンブールは王朝・国家交代と、それに伴う言語・宗教・社会制度の変容という地域世界の大変革を幾度も経ながら、三三〇年から一九二二年に至るまで、実に約一六〇〇年の間、複数の帝国の権力中枢として周辺世界を支配した。世界を見渡しても古代から近代末期に至るまで、これほどの長期間にわたって複数の世界帝国の政治的中心として名実を兼ね備えた都市はない。その政治権力の継続性において、イスタンブールは世界に無二といってよい都市なのである。

そして、およそ一六〇〇年に及ぶ帝都としての記憶の堆積は、徐々にイスタンブールを世界の中心と仰ぐ、緩やかな地域世界を醸すに至る。帝都といえば、たとえそれが二〇〇〇キロの彼方《かなた》にあろうとも、ただちにイスタンブールのことと了解される世界観が、言語も宗教も違《たが》える人々に緩やかに、しかし広く共有されるようになっていったのだ。イスタンブールの長きに及ぶ殷盛《いんせい》は、東西南北へ伸びる交易路の交錯点という天与の立地と、まさにこの都市をこそ政治的、文化的中心と恃《たの》み、世界帝都たると信じた人々の心性、言うなれば人与の誉《ほま》れの双方に拠ってこそ、もたらされたと言えるだろう。

一九世紀後半から二〇世紀初頭にかけて生起した数々の動乱と、それによって生じた国民国家群の強固な国境線は、イスタンブールに鎮座してきた巨大な政治権力を、それが受け継いできた世界帝都という眩いばかりの権威もろとも追放し、イスタンブールが君臨した地域世界を分断し、ほぼ解体した。これに伴ってイスタンブールは文化的ヘゲモニーを亡失し、この都市を世界の中心と信じた人々は去り、かくして世界帝都の物語は終幕を迎える。世界帝都の栄名が失われたいま、それが復活することは二度とない。

さあれど、世界帝都の栄名を喪失してよりちょうど一〇〇年を経たいま、マルマラ海を包摂し、第二のボスポラス海峡さえ創り出そうという史上かつてない規模の都市圏構想を思い描きながら貪欲に膨張をはじめたその姿を見るにつけ、イスタンブールはいまだ世界帝都の夢から醒《さ》めやっていないのではないかという疑念が兆しもするのである。

あとがき

本書の冒頭で瞥見したように、イスタンブールの都市の空気は実に濃密で、驚くべき多声性を孕んで私たちにその歴史を語りかける。本書の執筆を打診されたとき尻込みしたのも、まさにそれが理由だった。トルコ文学（史）を専門とする筆者のフィールドはあくまでトルコ語、オスマン語の枠内にあり、時代でいえば一五世紀以降のイスタンブールに偏っている。そのため、ラテン語やギリシア語、アルメニア語、あるいはロシア語などで語られた古代からビザンツ期にかけてのこの都市の歴史までをも詳述するような壮大な都市史は、とても扱いきれない。しかも、史家による年代記的都市史であれ、文学者による遊歩的都市紀行であれ、イスタンブールの都市史、地誌にはいずれも劣らない名著が揃っている。それでもお引き受けしたのは、先行する類書の中に古代から二一世紀の現在までの都市形成、発展の過程を都市プランの観点から通観しているものが少なかったからだ。建都から二六〇〇年、世界帝都として一六〇〇年を経たこの都市の歴史をあまさず語るのは困難であっても、複雑な地形に築かれた都大路の形成と延長、それに伴う市域の拡張のような都市の身体的成長を基本プロットに据え、諸地域を周到に準備した順路で周遊すれば、都市の歴史と地理、そして文化を連繫《れんけい》させた小地誌くらいは編めるのではないかと思いついたのである。さらに都市周遊となれば、神の視点から都市を見下ろすばかりではなく、多くの時間を路上から街を見上げて過ごすことにもなるから、イスタンブールに特有の「都市の空気」のようなものもいくばくかは醸せるかもしれない。そのために、地図とともにいまは失われた都市の情景をある程度、写実的に保存する西欧の版画を多く収載した。こうした試みがうまくいったのかどうかは、読者の方々の判断に委ねたい。

はじめてイスタンブールの土を踏んだのは二〇〇〇年のことだから、気がつけば人生の半分以上をこの街と付き合ってきたことになる。慣れは擦れを生む。中公新書の藤吉亮平さんから本書のお声がけをいただいたお陰で、近世イスタンブールの片鱗《へんりん》ばかり訪ね歩くという、いまにして思えば狭量な街歩きから少しばかり解き放たれ、あらためてその広大さと奥深さを思い出すことができた。貴重な機会を下さった氏に、心からの謝意を表したい。そして、担当を引き継いでくれた吉田亮子さんは、字数が大幅に膨らんでしまった初稿を削る手助けをして下さるとともに、読者の視点に立った的確な助言やアイデアを幾つも下さった。本書が世に出たのは、ひとえに彼女のお陰である。ここに記して深く感謝したい。有難うございました。

ところで、本書にはまだ一つ宿題が残されている。耳を澄ませてイスタンブールの声を聴き分けるというはしがきで発したあの問いかけの答えがまだなのである。はなから答えなき無理難題であったとやや後悔しているのだが、どうにかこうにか本書が形をなしたところを見ると、四方《よも》から集う人々をあまねく迎えいれ、しかも彼らによって自らが語られることを許容し続けてきた無言の寛恕《かんじょ》こそが、イスタンブールの声なき声であるのかもしれない。

令和三年八月一五日　疫禍の北摂にて

Cenensem, 1600.
図　7：Grelot, G. *Relation nouvelle d'un voyage de Constantinople*, Paris, Pierre Rocolet, 1681.
図　8：Uluhogian, G. *Un'antica mappa dell'Armenia: Monasteri e santuari dal I al XVII secolo*, Ravenna, Longo Editore, 2000 所収
図　9：Anonym, *Moeurs et costumes des Orientaux*.（フランス国立図書館所蔵）
図 10：チェスター・ビーティ美術館所蔵
図 11：Walsh, R. *Constantinople and the Scenery of the Seven Churches of Asia Minor*, Vol. 1, London, Fisher, son, & co, 1838.
図 12：le Comte de Choiseul-Gouffier, *Voyage pittoresque de la Grèce*, Vol. 3, Paris, J. J. Blaise, 1822.
図 13：Melling, *op. cit.*
図 14：D'Ohsson, *op. cit.*, 1820.
図 15：Kaerius, P.（Pieter van den Keere）, *Constantinopolitanæ urbis effigies ad vivum expressa, qvam turcæ stampoldam vocant*, Amsterdam, Pieter van den Keere, 1616.
図 16：Taeschner, F. *Alt-Stambuler Hof-und Volksleben: ein türkisches Miniaturenalbum aus dem 17. Jahrhundert*, Bissendorf, Biblio Verlag, 1978.
図 17：Grelot, *op. cit.*, 1681.
図 18：スウェーデン国立地中海・中近東古美術博物館所蔵
図 19：フランス国立図書館所蔵
図 20：Akpınar, İ. "The Rebuilding of Istanbul after the Plan of Henri Prost（1937-1960）: from Secularisation to Turkish Modernisation," Doctor Thesis, University of Lodon, 2003 所収

図版出典一覧

序　章：Schedel, H. *Weltchronik 1493: Kolorierte Gesamtausgabe*, Köln, Taschen Verlag, 2013 所収

第1章：Nasûh Silâhî, *Beyân-ı Menâzil-i Sefer-i 'Irakeyn-i Sultân Süleymân Hân*, H. G. Yurdaydın（ed.）, Ankara, Türk Tarih Kurumu Basımevi, 1976 所収

第2章：バンベルク州立図書館所蔵

第3章：Silâhî, op. cit.

第4章：D'Ohsson, I. M. *Tableau général de l'Empire othoman*, Vol. 3, Paris, Pierre Didot, 1820.

第5章：Melling, A. I. *Voyage pittoresque de Constantinople et des rives du Bosphore*, Paris, Treuttelet Würtz, 1819.

第6章：Engin, V. "İstanbul' da Kara Ulaşımı," in *Antikçağ'dan XXI. Yüzyıla Büyük İstanbul Tarihi*, 6. vol., İstanbul, İslâm Araştırmalar Merkezi ve İstanbul Büyükşehir Belediye Başkanlığı Kültür A.Ş., 2020 所収

第7章：イスタンブール大都市圏市役所サイトより

終　章：筆者撮影

図　1：De la Motraye, A. *Voyages du Sr. A. de la Motraye en Europe, Asie et Afrique*, Vol. 1, La Haye（Den Haag）, T. Johnson et J. Van Duren, 1727.

図　2：Scylitzes, I. *Synopsis Istorion*, 11 世紀後半.（スペイン国立図書館所蔵）

図　3：De Villehardouin, G. *Histoire de la conquête de Constantinople par les croisés*, 1204.（フランス国立図書館所蔵）

図　4：トプカプ宮殿博物館所蔵

図　5：*Gravürlerde Türkiye: İstanbul*, Vol. 3, Ankara, Kültür Bakanlığı, 1996 所収

図　6：Onofrio, P. *De ludis circensibus, libri II.*, Venetiis, J.B. Ciottum

参考文献

宮下遼『多元性の都市イスタンブル—近世オスマン帝都の都市空間と詩人、庶民、異邦人』大阪大学出版会, 2018.

は1993)
永田雄三，江川ひかり『世紀末イスタンブルの演劇空間―都市社会史の視点から』白帝社，2015.
ハーニオール，M. シュクリュ『文明史から見たトルコ革命―アタテュルクの知的形成』新井政美（監訳），柿﨑正樹（訳），みすず書房，2020.
山田寅次郎『土耳古畫観』オクターブ，2016.（初版は1911）

第7章

Çelik, Z. *The Remaking of Istanbul: Portrait of an Ottoman City in the Nineteenth Century*, Washington, University of Washington Press, 1986.
Karpat, K. H. *The Gecekondu: Rural Migration and Urbanization*, Cambridge, Cambridge University Press, 1976.
Sentürk, B. *Urban Poverty in Turkey: Development and Modernisation in Low-Income Communities*, London, I.B. Tauris, 2016.
Tekeli, İ. *İstanbul ve Ankara için Kent İçi Ulaşım Tarihi Yazıları*, İstanbul, Tarih Vakfı Yurt Yayınları, 2009.
Tekeli İ. *Modernite ve Türkiye'nin Kent Planlama Tarihi*, İlhan Tekeli Tophu Eserler, Vol. 8, İstanbul, Tarih Vakfı Yurt Yayınları, 2009.
Tümertekin, E. *İstanbul: İnsan ve Mekân*, İstanbul, Tarih Vakfı Yurt Yayınları, 1997.
今井宏平『トルコ現代史―オスマン帝国崩壊からエルドアンの時代まで』中公新書，2017.
テキン，ラティフェ『乳しぼり娘とゴミの丘のおとぎ噺』宮下遼（訳），河出書房新社，2014.
パムク，オルハン『僕の違和感』上下，宮下遼（訳），早川書房，2016.
村上薫「トルコの都市貧困女性と結婚・扶養・愛情―ナームス（性的名誉）再考の手がかりとして」『アジア経済』54巻3号，2013, pp. 28-47.

終　章

Kafadar, C. *Kendine Ait Bir Roma: Diyar-ı Rum'da Kültürel Coğrafya ve Kimlik üzerine*, İstanbul, Metis Yayınları, 2017.
ダウトオウル，アフメト『文明の交差点の地政学―トルコ革新外交のグランドプラン』内藤正典（解説），中田考（監訳），書肆心水，2020.

the Eighteenth Century, London, Tauris Academic Studies, 2008.
Şinasi, A. *Boğaziçi Mehtapları*, İstanbul, Yapi Kredi Yayınları, 2017.（1. ed., 1942.）
キング，チャールズ『黒海の歴史―ユーラシア地政学の要諦における文明世界』前田弘毅（監訳），居阪僚子，浜田華練，仲田公輔，岩永尚子，保苅俊行，三上陽一（訳），明石書店，2017.
坂本勉『イスタンブル交易圏とイラン―世界経済における近代中東の交易ネットワーク』慶應義塾大学出版会，2015.
松木栄三『ロシアと黒海・地中海世界―人と文化の交流史』風行社，2018.

第6章

Akıncı, T. *Beyoğlu: Yapılar, Mekânlar, İnsanlar*（*1831-1923*）, İstanbul, Remzi Kitabevi, 2018.
——*Cumhuriyet'te Beyoğlu: Kültür, Sanat, Yaşam*（*1923-2003*）, İstanbul, Remzi Kitabevi, 2018.
Kabagöz, M. C. *Eğlenirken Modernleşmek:Meyhaneden Baloza, İmparatorluk'tan Cumhuriyet'e İstanbul*, Ankara, Heretik Yayınları, 2016.
Kaygılı, O. C. *Akşamcılar: Bir Akşamcının Defterinde*, İstanbul, Arama Yayınları, 2013.
Koçu, R. E. *Eski İstanbul'da Meyhaneler ve Meyhane Köçekleri*, İstanbul, Doğan Kitap, 2015.（1. ed., 1947）
Marmara, R. *Pancaldi: Quartier Levantin du XIXe siècle*, Istanbul, ISIS, 2004.
Öncel, A. D. *Apartman: Galata'da Yeni Bir Konut Tipi*, İstanbul, Kitabevi, 2010.
Pamukciyan, K. *Ermeni Kaynaklarından Tarihe Katkılar, Vol. I: İstanbul Yazıları*, O. Köken（ed.）, İstanbul, Aras Yayıncılık, 2002.
Tevfik, M. *Meyhane Yahut İstanbul Akşamcıları*, İstanbul, Gram Yayınları, 2016.（1. ed., 1883）
秋葉淳，橋本伸也（編）『近代・イスラームの教育社会史―オスマン帝国からの展望』昭和堂，2014.
佐原徹哉『近代バルカン都市社会史―多元主義空間における宗教とエスニシティ』刀水書房，2003.
鈴木董『ナショナリズムとイスラム的共存』千倉書房，2007.（初版

Freely, B. and J. *Galata, Pera, Beyoglu: A Biography*, Istanbul, Yapı Kredi Yayınları, 2016.
Klopsteg, P. E. *Turkish Archery and the Composite Bow*, Mansfield, Martino Publishing, 2016.（1. ed., 1947）
Kurz, O. *European Clocks and Watches in the Near East*, London, Warburg Institute, 1975.
Schefer, C. H. A. and Galland, A. *Voyage à Constantinople, 1672-1673*, Paris, Maisonneuve et Larose, 2002.
Tunç, Ş. *Tophâne-i Âmire ve Osmanlı Devletinde Top Döküm Faaliyetleri*, İstanbul, Başak Kitap, 2004.
Ünsal, Y. *Türk Okçuluğu*, Ankara, Atatürk Kültür Merkezi Başkanlığı, 1999.
Yaron, B. N. *Jews in the Realm of the Sultans: Ottoman Jewish Society in the Seventeenth Century*, Tübingen, Mohr Siebeck, 2008.
小松香織『オスマン帝国の海運と海軍』山川出版社，2002.
澤井一彰「16 世紀後半のイスタンブルにおける飲酒行為と「禁酒令」」『東洋史研究』79 巻 4 号，2021, pp. 35-71.
三沢伸生「戦間期のイスタンブルにおける日本の経済活動（1）-（7）コンスタンチノープル日本商品館（イスタンブル日本商品館）に関する研究」『アジア文化研究所研究年報』, Vol. 41-45, 48, 50, 2006-2010, 2013, 2015.
宮武志郎「オスマン帝国とユダヤ教徒」，深沢克己（編）『ユーラシア諸宗教の関係史論―他者の受容、他者の排除』勉誠出版，2010, pp. 147-169.

第4章　&　第5章

Eldem, S.H. *Boğaziçi Yalıları*, 2 vols., İstanbul, Vehbi Koç Vakfı Yayınları, 1993.
Erderen, O. *Boğaziçi Sahilhaneleri*, 4 vols., İstanbul, İstanbul Büyükşehir Belediyesi Yayınları, 1993.
Gyllius, P. *İstanbul Boğazı*, E. Ozbayoğlu（trans.）, İstanbul, Eren, 2000.
Hamadeh, S. *The City's Pleasures: Istanbul in the Eighteenth Century*, Seattle, University of Washington Press, 2007.
İnciciyan, G. V. *Boğaziçi Sayfiyeleri*, O. Duru（trans. and ed.）, İstanbul, Eren, 2000.（1. ed., 1794）
Sajdi, D.（ed.）*Ottoman Tulips, Ottoman Coffee: Leisure and Lifestyle in*

Kurumu Basımevi, 1988.
Yerasimos, S. *Légendes d'Empire: la fondation de Constantinople et de Sainte-Sophie dans les traditions turque*, Paris, l'Institut français d'études anatoliennes d'Istanbul, 1990.
浅野和生『イスタンブールの大聖堂—モザイク画が語るビザンティン帝国』中公新書，2003.
飯島英夫『トルコ・イスラム建築』冨山房インターナショナル，2010.
井上浩一『ビザンツ 文明の継承と変容』京都大学学術出版会，2009.
勝田茂「トルコ影絵芝居（カラギョズ）の世界」『Ex Oriente』Vol. 3, 2000, pp. 55-77.
川本智史『オスマン朝宮殿の建築史』東京大学出版会，2016.
澤井一彰『オスマン朝の食糧危機と穀物供給—16世紀後半の東地中海世界』山川出版社，2015.
鈴木董『食はイスタンブルにあり—君府名物考』NTT出版，1995.
——『世界の食文化 9　トルコ』農山漁村文化協会，2003.
ハトックス，ラルフ・S.『コーヒーとコーヒーハウス—中世中東における社交飲料の起源』斎藤富美子，田村愛理（訳），同文舘出版，1993.
長谷部圭彦「オスマン帝国の「大学」—イスタンブル大学前史」『大学史研究』No. 25，2013, pp. 83-102.
藤木健二「オスマン朝下イスタンブルにおけるイェディクレ周辺の皮鞣工と皮鞣工房群」『史學』81巻1-2号，2012, pp. 151-168.
ペンザー，N. M.『トプカプ宮殿の光と影』岩永博（訳），法政大学出版局，2010.（1. ed., 1992.）
護雅夫（監修）『トプカプ宮殿博物館』1-5巻＋概論，トプカプ宮殿博物館全集刊行会，1980.
リウトプランド『コンスタンティノープル使節記』大月康弘（訳），知泉書館，2019.

第3章

Arseven, C. E. *Eski Galata ve Binâları*, İstanbul, Şefik Matbaası,1989.
Bulnur, K. İ. *Osmanlı Galatası（1453-1600）*, İstanbul, Bilge Kültür Sanat, 2014.
Dursteler, E. R. *Venetians in Constantinople: Nation, Identity, and Coexistance in the Early Modern Mediterranean*, Baltimore, The Johns Hopkins University Press, 2006.

—第四回十字軍』伊藤敏樹（訳），講談社学術文庫，2003.
ド＝クラリ，ロベール『コンスタンテチノープル遠征記』伊藤敏樹（訳），筑摩書房，1995.
永田雄三（編）『西アジア史II　イラン・トルコ』山川出版社，2002.
中谷功治『テマ反乱とビザンツ帝国—コンスタンティノープル政府と地方軍団』関西学院大学研究叢書，大阪大学出版会，2016.
根津由喜夫『聖デメトリオスは我らとともにあり—中世バルカンにおける「聖性」をめぐる戦い』山川出版社，2020.
野中恵子『ビザンツ、オスマン、そしてトルコへ—歴史がつなぐ社会と民族』渓流社，2010.
林佳世子『オスマン帝国500年の平和』講談社，2008.
ヘリン，ジュディス『ビザンツ—驚くべき中世帝国』井上浩一（監訳），足立広明，中谷功治，根津由喜夫，高田良太（訳），白水社，2010.

第１章　&　第２章

And, M. *Istanbul in the 16th Century: The City, the Palace, Daily Life*, Istanbul, Akbank, 1994.
Bassett, S. *The Urban Image of Late Antique Constantinople*, Cambridge, Cambridge University Press, 2004.
Cerasi, M. *The Istanbul Divanyolu: A Case Study in Ottoman Urbanity and Architecture*, Würzburg, Ergon Verlag, 2004.
Faroqhi, S. *Subjects of the Sultan: Culture and Daily Life in the Ottoman Empire*, London, I. B. Tauris, 2000.（1. ed., 1995）
İnalcık, H. *Essays in Ottoman History*, İstanbul, Eren, 1998.
Kırımtayıf, S. *Converted Byzantine Churches in Istanbul: Their Transformation into Mosques and Masjids*, Istanbul, Ege Yayınları, 2001.
Mantran, R. *Istanbul dans la seconde moitié du XVIIe siècle: essai d'histoire institutionnelle, économique et sociale*, Paris, Adrien Maisonneuve, 1962.
Necipoğlu, G. *Architecture, Ceremonial, and Power: The Topkapi Palace in the Fifteenth and Sixteenth Centuries*, Cambridge, The MIT Press, 1991.
Sinanlar, S. *Atmeydanı: Bizans Araba Yarışlarından Osmanlı Şenliklerine*, İstanbul, Kitabevi, 2005.
Ufkî Bey, *Saray-ı Enderun: Topkapı Sarayı'nda Yaşam*, İstanbul, Kitap Yayınevi, 2013.
Uzunçarşılı, İ. H. *Osmanlı Devletinin Saray Teşikilâtı*, Ankara, Türk Tarih

Tarih Vakıfı Yayınları, 1993-1994.
Ünver, S. *İstanbul Risaleleri*, 5 vols., İ. Kaya (ed.), İstanbul, İstanbul Büyükşehir Belediyesi, 2015.
尚樹啓太郎『コンスタンティノープルを歩く』東海大学出版会，1988.
陳舜臣『イスタンブール—世界の都市の物語』文春文庫，1998.
長場紘『イスタンブル—歴史と現代の光と影』慶應義塾大学出版会，2005.
橋口倫介『中世のコンスタンティノープル』講談社学術文庫，1995.
フリーリ，ジョン『イスタンブール—三つの顔をもつ帝都』鈴木董（監修），長縄忠（訳），NTT出版，2005.
渡辺金一『コンスタンティノープル千年—革命劇場』岩波新書，1985.

序　章

Ahmad, F. *The Young Turks and the Ottoman Nationalities: Armenians, Greeks, Albanians, Jews, and Arabs, 1908-1918*, Salt Lake City, University of Utah Press, 2014.
Babinger, F. *Mehmed the Conqueror and His Age*, R. Manheim (trans.), W. Hickman (ed.), Princeton, Princeton University Press, 1978.
Kafadar, C. *Between Two Worlds: The Construction of the Ottoman State*, Berkeley, University of California Press, 1995.
Mango, C. *Byzantium: The Empire of New Rome*, Worthing, Littlehampton Book Services Ltd, 1988.
Zürcher, E. J. *The Young Turk Legacy and Nation Building: From the Ottoman Empire to Atatürk's Turkey*, London, Tauris Academic Studies, 2010.
新井政美『トルコ近現代史—イスラム国家から国民国家へ』みすず書房，2001.
井上浩一『生き残った帝国ビザンティン』講談社学術文庫，2008.
小笠原弘幸『オスマン帝国—繁栄と衰亡の600年史』中公新書，2018.
尚樹啓太郎『ビザンツ帝国史』東海大学出版会，1999.
鈴木董『オスマン帝国—イスラム世界の「柔らかい専制」』講談社現代新書，1992.
田中創『ローマ史再考—なぜ「首都」コンスタンティノープルが生まれたのか』NHK出版，2020.
ド・ヴィルアルドゥワン，ジョフロワ『コンスタンチノープル征服記

参考文献

イスタンブール都市史に関連する主な研究書、論文、文学作品を中心に、邦訳や英訳のある場合はそちらを優先して取り上げた。

全体に関わる文献

Antikçağ'dan XXI. Yüzyıla Büyük İstanbul Tarihi, 10 vols., İstanbul, İslâm Araştırmalar Merkezi ve İstanbul Büyükşehir Belediye Başkanlığı Kültür A.Ş., 2020.

Accounts of Medieval Constantinople: The Patria, A. Berger (trans.), Cambridge, Harvard University Press, 2013.

Ayverdi, E. H. *Osmanlı Mîmârisinde Fatih Devri*, 3 and 4 vols., İstanbul, İstanbul Fetih Cemiyeti, 1989. (1. ed., 1953)

Evliya Çelebi, *Evliya Çelebi Seyahatnâmesi 1. Kitap*, O. Ş. Gökyay (ed.), İstanbul, Yapı Kredi Yayınları, 1996.

Gillius, P. *Pierre Gilles' Constantinople: The Latin Text*, K. Byrd (ed. and trans.), New York, Italica Press, 2008.

Guilland, R. *Études de topographie de Constantinople byzantine*, Amsterdam, Akademie Verlag; Adolf M. Hakkert, 1969.

Kafescioğlu, Ç. *Constantinopolis/Istanbul: Cultural Encounter, Imperial Vision, and the Construction of the Ottoman Capital* (*Buildings, Landscapes, and Societies*), University Park, Pennsylvania State University Press, 2009.

Koçu, R. E. *İstanbul Ansiklopedisi*, vol. 1-11, İstanbul, İstanbul Ansiklopedisi Neşriyatı, 1944-1973.

Mango, C. *Studies on Constantinople*, London, Routledge, 1993.

Procopius, *On Buildings*, Loeb Classical Library, H. B. Dewing and G. Downey (trans.), Cambridge, Harvard University Press, 1940.

Sumner-Boyd, H. and Freely, J. *Strolling through Istanbul: a Guide to the City*, İstanbul, Redhouse Press, 1972.

Tekeli, İ. (ed.) *Dünden Bugüne İstanbul Ansiklopedisi*, 8 vols., Ankara,

宮下 遼（みやした・りょう）

1981年，東京都生まれ．東京外国語大学外国語学部卒業，東京大学大学院総合文化研究科博士課程修了．現在は大阪大学言語文化研究科准教授．専門はトルコ文学（史）．
著書『無名亭の夜』（講談社）
『多元性の都市イスタンブル—近世オスマン帝都の都市空間と詩人、庶民、異邦人』（大阪大学出版会）
訳書 オルハン・パムク『わたしの名は赤』『僕の違和感』『雪』『無垢の博物館』（いずれも早川書房）
ラティフェ・テキン『乳しぼり娘とゴミの丘のおとぎ噺』（河出書房新社）
ほか

物語《ものがたり》 イスタンブールの歴史《れきし》
中公新書 2663

2021年9月25日発行

著者 宮下 遼
発行者 松田陽三

本文印刷 暁印刷
カバー印刷 大熊整美堂
製本 小泉製本

発行所 中央公論新社
〒100-8152
東京都千代田区大手町1-7-1
電話 販売 03-5299-1730
編集 03-5299-1830
URL http://www.chuko.co.jp/

Published by CHUOKORON-SHINSHA, INC.
Printed in Japan ISBN978-4-12-102663-7 C1222

中公新書刊行のことば

いまからちょうど五世紀まえ、グーテンベルクが近代印刷術を発明したとき、書物の大量生産は潜在的可能性を獲得し、いまからちょうど一世紀まえ、世界のおもな文明国で義務教育制度が採用されたとき、書物の大量需要の潜在性が形成された。この二つの潜在性がはげしく現実化したのが現代である。

いまや、書物によって視野を拡大し、変りゆく世界に豊かに対応しようとする強い要求を私たちは抑えることができない。この要求にこたえる義務を、今日の書物は背負っている。だが、その義務は、たんに専門的知識の通俗化をはかることによって果たされるものでもなく、通俗的好奇心にうったえて、いたずらに発行部数の巨大さを誇ることによって果たされるものでもない。現代を真摯に生きようとする読者に、真に知るに価いする知識だけを選びだして提供すること、これが中公新書の最大の目標である。

私たちは、知識として錯覚しているものによってしばしば動かされ、裏切られる。私たちは、作為によってあたえられた知識のうえに生きることがあまりに多く、ゆるぎない事実を通して思索することがあまりにすくない。中公新書が、その一貫した特色として自らに課すものは、この事実のみの持つ無条件の説得力を発揮させることである。現代にあらたな意味を投げかけるべく待機している過去の歴史的事実もまた、中公新書によって数多く発掘されるであろう。

中公新書は、現代を自らの眼で見つめようとする、逞しい知的な読者の活力となることを欲している。

一九六二年一一月

世界史

1353 物語 中国の歴史　寺田隆信
2392 中国の論理　岡本隆司
2303 殷—中国史最古の王朝　落合淳思
2396 周—理想化された古代王朝　佐藤信弥
2542 漢帝国—400年の興亡　渡邉義浩
12 史記　貝塚茂樹
2099 三国志　渡邉義浩
7 宦《かん》官《がん》(改版)　三田村泰助
15 科《か》挙《きょ》　宮崎市定
1812 西《せい》太《たい》后《こう》　加藤徹
2030 上海　榎本泰子
1144 台湾　伊藤潔
2581 台湾の歴史と文化　大東和重
925 物語 韓国史　金両基
1367 物語 フィリピンの歴史　鈴木静夫

1372 物語 ヴェトナムの歴史　小倉貞男
2208 物語 シンガポールの歴史　岩崎育夫
1913 物語 タイの歴史　柿崎一郎
2249 物語 ビルマの歴史　根本敬
1551 海の帝国　白石隆
2518 オスマン帝国　小笠原弘幸
1858 中東イスラーム民族史　宮田律
2323 文明の誕生　小林登志子
2523 古代オリエントの神々　小林登志子
1818 シュメル—人類最古の文明　小林登志子
1977 シュメル神話の世界　岡田明子 小林登志子
2613 古代メソポタミア全史　小林登志子
1594 物語 中東の歴史　牟田口義郎
2496 物語 アラビアの歴史　蔀勇造
1931 物語 イスラエルの歴史　高橋正男
2067 物語 エルサレムの歴史　笈川博一
2205 聖書考古学　長谷川修一

2647 高地文明　山本紀夫
2253 禁欲のヨーロッパ　佐藤彰一
2409 贖罪のヨーロッパ　佐藤彰一
2467 剣と清貧のヨーロッパ　佐藤彰一
2516 宣教のヨーロッパ　佐藤彰一
2567 歴史探究のヨーロッパ　佐藤彰一
2661 アケメネス朝ペルシア—史上初の世界帝国　阿部拓児

中公新書

世界史

e2

1045 物語 イタリアの歴史 藤沢道郎
1771 物語 イタリアの歴史 II 藤沢道郎
2508 貨幣が語るローマ帝国史 比佐篤
2413 ガリバルディ 藤澤房俊
2595 ビザンツ帝国 中谷功治
2152 物語 近現代ギリシャの歴史 村田奈々子
2440 バルカン―「ヨーロッパの火薬庫」の歴史 M・マゾワー 井上廣美訳
1635 物語 スペインの歴史 岩根圀和
1750 物語 スペインの歴史 人物篇 岩根圀和
1564 物語 カタルーニャの歴史(増補版) 田澤耕
2582 百年戦争 佐藤猛
2658 物語 パリの歴史 福井憲彦
1963 物語 フランス革命 安達正勝
2286 マリー・アントワネット 安達正勝
2466 ナポレオン時代 A・ホーン 大久保庸子訳
2529 ナポレオン四代 野村啓介
2318 2319 物語 イギリスの歴史(上下) 君塚直隆
2167 イギリス帝国の歴史 秋田茂
1916 ヴィクトリア女王 君塚直隆
1215 物語 アイルランドの歴史 波多野裕造
1420 物語 ドイツの歴史 阿部謹也
2304 ビスマルク 飯田洋介
2490 ヴィルヘルム2世 竹中亨
2583 鉄道のドイツ史 鴋澤歩
2546 物語 オーストリアの歴史 山之内克子
2434 物語 オランダの歴史 桜田美津夫
2279 物語 ベルギーの歴史 松尾秀哉
1838 物語 チェコの歴史 薩摩秀登
2445 物語 ポーランドの歴史 渡辺克義
1131 物語 北欧の歴史 武田龍夫
2456 物語 フィンランドの歴史 石野裕子
1758 物語 バルト三国の歴史 志摩園子
1655 物語 ウクライナの歴史 黒川祐次
1042 物語 アメリカの歴史 猿谷要
2209 アメリカ黒人の歴史 上杉忍
2623 古代マヤ文明 鈴木真太郎
1437 物語 ラテン・アメリカの歴史 増田義郎
1935 物語 メキシコの歴史 大垣貴志郎
1547 物語 オーストラリアの歴史 竹田いさみ
2545 物語 ナイジェリアの歴史 島田周平
1644 ハワイの歴史と文化 矢口祐人
2561 キリスト教と死 指昭博
2442 海賊の世界史 桃井治郎
518 刑吏の社会史 阿部謹也
2663 物語 イスタンブールの歴史 宮下遼

中公新書

現代史

f 3

2590 人類と病 詫摩佳代
2451 トラクターの世界史 藤原辰史
2368 第一次世界大戦史 飯倉 章
27 ワイマル共和国 林 健太郎
478 アドルフ・ヒトラー 村瀬興雄
2553 ヒトラーの時代 池内 紀
2272 ヒトラー演説 高田博行
1943 ホロコースト 芝 健介
2349 ヒトラーに抵抗した人々 對馬達雄
2610 ヒトラーの脱走兵 對馬達雄
2448 闘う文豪とナチス・ドイツ 池内 紀
2329 ナチスの戦争 1918-1949 R・ベッセル 大山 晶訳
2313 ニュルンベルク裁判 A・ヴァインケ 板橋拓己訳
2266 アデナウアー 板橋拓己
2615 物語 東ドイツの歴史 河合信晴

2274 スターリン 横手慎二
530 チャーチル（増補版） 河合秀和
2643 イギリス1960年代 小関 隆
2578 エリザベス女王 君塚直隆
1415 フランス現代史 渡邊啓貴
2356 イタリア現代史 伊藤 武
2221 バチカン近現代史 松本佐保
2538 アジア近現代史 岩崎育夫
2586 東アジアの論理 岡本隆司
2437 中国ナショナリズム 小野寺史郎
2600 孫基禎《ソン・ギジョン》―帝国日本の朝鮮人メダリスト 金 誠
2034 感染症の中国史 飯島 渉
1959 韓国現代史 木村 幹
2262 先進国・韓国の憂鬱 大西 裕
2602 韓国社会の現在 春木育美
1876 インドネシア 水本達也
2596 インドネシア大虐殺 倉沢愛子

1596 ベトナム戦争 松岡 完
2330 チェ・ゲバラ 伊高浩昭
1664 1665 アメリカの20世紀（上下） 有賀夏紀
2626 フランクリン・ローズヴェルト 佐藤千登勢
1920 ケネディ―「神話」と実像 土田 宏
2527 大統領とハリウッド 村田晃嗣
2479 スポーツ国家アメリカ 鈴木 透
2540 食の実験場アメリカ 鈴木 透
2504 アメリカとヨーロッパ 渡邊啓貴
2415 トルコ現代史 今井宏平
2163 人種とスポーツ 川島浩平

中公新書

地域・文化・紀行

t 1

285 日本人と日本文化 司馬遼太郎 ドナルド・キーン
605 絵巻物に見る日本庶民生活誌 宮本常一
201 照葉樹林文化 上山春平編
799 沖縄の歴史と文化 外間守善
2298 四国遍路 森 正人
2151 国土と日本人 大石久和
2487 カラー版 ふしぎな県境 西村まさゆき
1810 日本の庭園 進士五十八
2633 日本の歴史的建造物 光井 渉
2511 外国人が見た日本 内田宗治
1909 ル・コルビュジエを見る 越後島研一
1009 トルコのもう一つの顔 小島剛一
2032 ハプスブルク三都物語 河野純一
2183 アイルランド紀行 栩木伸明
1670 ドイツ 町から町へ 池内 紀
1742 ひとり旅は楽し 池内 紀
2023 東京ひとり散歩 池内 紀
2118 今夜もひとり居酒屋 池内 紀
2331 カラー版 廃線紀行―もうひとつの鉄道旅 梯 久美子
2290 酒場詩人の流儀 吉田 類
2472 酒は人の上に人を造らず 吉田 類

中公新書

地域・文化・紀行